KB121361

# 완벽이 아닌 최선을 위해

**완벽이 아닌 최선을 위해**

—

2023년 4월 12일 초판 1쇄 발행

—

**지은이** 맥스 베이저만
**옮긴이** 안솔비
**펴낸이** 강준규
**책임편집** 유형일
**마케팅지원** 배진경, 임혜솔, 송지유, 이원선

—

**펴낸곳** (주)로크미디어
**출판등록** 2003년 3월 24일
**주소** 서울특별시 마포구 마포대로 45 일진빌딩 6층
**전화** 02-3273-5135
**팩스** 02-3273-5134
**편집** 02-6356-5188
**홈페이지** http://rokmedia.com
**이메일** rokmedia@empas.com

—

ISBN 979-11-408-0901-1 (03320)
책값은 표지 뒷면에 있습니다.

—

잘못 만들어진 책은 구입하신 서점에서 교환해 드립니다.

# 완벽이 아닌 최선을 위해

가능한 최대의 선을 실현하는 현실적인 의사결정 안내서

# BETTER, NOT PERFECT

맥스 베이저만 지음 · 안솔비 옮김

## | 저자·역자 소개 |

### 저자 · 맥스 베이저만Max H. Bazerman

맥스 베이저만은 하버드 경영대학원 경영학 교수이다. 의사결정, 협상, 행동경제학, 윤리학 분야를 연구하며 200개가 넘는 연구 논문을 집필했으며, 지속적인 사회활동을 통해 세계적 명성을 얻고 있다. 조직, 국가, 사회의 의사결정을 개선하는 데 중점을 두고 세계 굴지의 기업들과 수많은 프로젝트를 진행했으며, 여러 나라에서 컨설팅과 강연하고 있다. 에티스피어 인스티튜트가 뽑은 경영윤리 부문에서 가장 영향력 있는 100인에 이름을 올렸으며, 조지 W. 부시 대통령 재임 동안 부시 행정부가 담배회사 소송 재판 과정에 관여한 정황을 폭로하여 데일리코스에서 부시 시대의 영웅으로 선정되기도 했다. 탁월한 멘토십을 보여준 교수에게 수여하는 와이스상과 탁월한 가르침을 보여준 교수에게 수여하는 찰스 윌리엄스상을 수상했으며, 2014년 하버드 케네디 스쿨 올해의 조언자로 선정되기도 했다. 이그제큐티브 엑설런스가 선정한 경영 부문 최고의 저자, 강연자, 교수 30인에 여러 차례 이름을 올렸으며, 국제 갈등 예방과 해결연구소CPR가 수여하는 올해 최고의 저서상, 액시엄 비즈니스 도서상 기업윤리 부문 은메달, 미국 경영학회에서 최고 교육자상을 수상했다. 전 세계의 대학과 교수들이 모여 만든 네트워크인 책임 경영 네트워크RRBM에서 책임 경영 연구 우수상을 수상했으며, 국제 분쟁 관리 협회에서 공로를 인정받아 평생공로상을 수상했다. 주요 저서로는 《협상의 정석》, 《예측 가능한 돌발사태》, 《경영의사결정론: 행동주의 접근》, 《협상 천재》, 《Blind Spots, 이기적 윤리》 등이 있다.

### 역자 · 안솔비

글밥 아카데미 수료 후 바른번역 소속 번역가로 활동하고 있다. 어릴 때부터 우리말과 영어를 좋아했고 현재는 두 언어에 발을 담그고 일한다. 옮긴 책으로 《정원을 가꾸는 오래된 지혜》가 있다.

협상과 의사결정의 전문가 맥스 베이저만이 완벽이 아닌 최선을 목표로 함으로써 더욱 도덕적인 선택을 할 수 있는 방법을 탐구한다.

우리는 매일 수백 가지가 넘는 선택을 한다. 대부분은 개인적 문제이지만, 도덕적인 요소가 들어 있기도 하다. 이러한 문제들에서는 특정 원칙이나 목적이 더 중요해진다. 맥스 베이저만은 우리가 양쪽의 균형을 잘 맞출 수 있다고 주장한다. 그리고 나 자신과 이 세상의 진정한 변화를 이루기 위해 완벽을 추구할 필요도 없다고 말한다.

이 책은 우리의 쾌락을 극대화하고 고통을 최소화할 방법을 담은 탐구적이고 처방적인 로드맵을 제시한다. 1부에서는 '지속 가능한 최대선'에 도달할 수 있도록 더욱 현명하고, 효율적이고, 정직하며 부패를 잘 알아챌 수 있는 체계를 제시한다. 2부에서는 더 큰 영향력을 발휘하기 위해 새롭게 배운 기술을 네 가지 영역에서 훈련하는 시간을 갖는다. 평등과 내집단, 일반 쓰레기와 기업 차원의 낭비, 현명한 시간 활용,

시간이나 돈의 기부에 대해 배워 본다. 더 나은 방향으로 나아갈 준비가 되었다면, 3부에서는 지금까지 배운 내용을 확장하는 판단력을 키우고 다른 사람에게 긍정적인 영향을 줄 수 있는 방법을 알아본다.

철학과 심리학의 전례 없는 결합으로 탄생한 이 현실적인 가이드는 당신의 목표가 선명해지고, 지구에서의 제한된 시간 동안 더 많은 선을 실현하고, 그 과정에서 더 큰 만족을 느낄 수 있도록 도울 것이다.

# 추천사

우리는 다른 사람들의 도덕적 실수는 쉽게 알아채지만, 자신의 실수는 너무 늦어 버리고 나서야 깨닫는다. 이 문제에 있어 중요하게 여겨지는 전문가 맥스 베이저만은 어떻게 도덕적 실수를 피할 수 있는지 보여 준다. 그리고 그 과정에서 더 많은 선을 실현하는 방법도 놓치지 않는다.

**애덤 그랜트, 펜실베이니아대학 교수, 《기브 앤 테이크》 저자, TED 팟캐스트 〈워크라이프WorkLife〉 진행자**

맥스 베이저만은 행동과학자이면서 훌륭한 인격자이다. 내가 인생의 중요한 결정에 부딪힐 때마다 조언을 구하는 지혜로운 사람이기도 하다. 이 대단하고 현명한 안내서는 왜 완벽함이야말로 선함의 적인지, 그리고 어떻게 더 나은 삶을 살 수 있을지 가르쳐 준다.

**앤절라 더크워스, 펜실베이니아대학 교수, 《그릿》 저자**

맥스 베이저만은 효율적 이타주의를 토대로 더 나은 세상을 만들기 위해 우리가 시간과 돈, 지능 그리고 영향력을 어떻게 활용할지 매우 중요하고 새로운 통찰력을 제공한다. 이 책은 더 많은 선을 실현할 수 있도록 도와줄 것이다.

윌리엄 맥어스킬, 옥스퍼드대학 교수, 효율적 이타주의 센터 공동 창설자, 《냉정한 이타주의자》 저자

철학에서 최고의 아이디어를 넣고, 심리학에서 관련 있는 연구를 섞은 다음, 실용적인 인생의 지혜를 더하라. 이대로 조리하면 정확히 이 책 부제가 말하고 있는, 가능한 최대의 선을 실현하는 현실적인 안내서를 얻을 것이다. 이 책을 읽어라. 그러면 더 나은 삶을 살 것이고, 당신뿐만 아니라 이 세상도 더 좋아질 것이다!

피터 싱어, 프린스턴대학 교수, 《동물해방》, 《실천윤리학》 저자

우리에게 실용주의를 선사한 미국의 위대한 철학자 윌리엄 제임스는 "생각하는 것은 행동하기 위함이다"라고 썼다. 이 책은 21세기의 논쟁에 영향을 끼친 본연의 이상에 대한 완벽한 해설이다. 베이저만은 타고난 재능으로 가장 어려운 도덕적 문제의 핵심을 간파하고, 우리가 그 문제를 극복할 수 있도록 최고의 지식과 논쟁을 제공한다. 인간 본성에 대한 명쾌한 이해와 애정을 가지고 쓴 그의 책을 읽으면 당신은 그냥 고개만 끄덕이는 것이 아니라 당장 일어나 행동을 취하게 될 것이다! 우리에게 영감을 주는 맥스 베이저만은 가능성으로 가득 찬 불확실한 세상에서 당신을 인도해 줄 것이다. 우리가 완벽이 아닌, 최선의 선택을 한다면 말이다.

마자린 R. 바나지, 하버드대학 교수, 《마인드버그》 공동 저자

우리는 모두 더 나은 세상으로 만드는 데 도움이 되고 싶다. 하지만 평생에 걸쳐 가장 최대의 선을 실현하려는 목표에 어떻게 도달할 수 있을까? 한 번에 한 걸음씩 나아가면 된다. 매우 흥미롭고 매력적인 이 책에서 맥스 베이저만은 철학을 우리의 일상 속으로 가져오고, 주변 친구와 공동체 그리고 궁극적으로 우리 사회 전체를 위해 더 많은 가치를 실현할 수 있도록 어떻게 더 나은 선택을 할지 고민하게 한다. 어쩌면 당신은 채식주의의 길을 걷기보다는 고기 섭취를 줄일 수 있다. 그리고 수입의 50퍼센트를 자선단체에 기부하기보다는 식물성 대체육을 개발할 수도 있다. 베이저만은 우리에게 조금 더 이타적인 사람이 되라고 말한다. 완벽이 아니라 최선을 목표로 말이다! 더 이성적으로 사고하고 덜 직감적으로 행동하면 당신은 지금보다 훨씬 도덕적인 선택을 하게 될 것이고 결국 북극성에 점점 더 가까워질 것이다.

**셰릴 우던, 퓰리처상 국제 보도 부문 수상자, 《절망 넘어 희망으로》 공동 저자**

베이저만은 행동과학에서 얻은 강력한 통찰력과 하버드 경영대학원에서 얻은 예리함을 한데 모아 우리 세상을 도덕적이고 덜 부패하며 지속 가능한 더 좋은 세상으로 만들 수 있는 방법을 찾았다. 이 책은 베이저만의 가장 개인적이며 가장 가치 있는 업적이다. 그는 사람들이 스스로 바꿀 수 있도록 내적 도구와 외적 도구를 모두 제공함으로써 더 나은 세상이 되기를 바란다.

**데이비드 핼펀, 영국 행동통찰팀 CEO, 《국가의 숨겨진 부》 저자**

우리 지구는 세계 보건, 환경, 동물 복지 등과 관련된 위기가 넘쳐난다. 문제를 해결하려면 우리가 할 수 있는 일이 무엇인지 파악하는 것이 가장 중요하다. 이 책에서 하버드 경영대학원 교수인 맥스 베이저만은 로드맵을 제시하며 독자가 주변의 세상을 이해할 수 있도록 돕고, 가장 전략적이고 효율적으로 문제를 개선할 방법도 알려준다. 나는 대학을 졸업한 뒤 10년 동안은 완벽해지려고 노력했다. 그때 나에게 업무 결정을 도와줄 이 책이 있었다면 얼마나 좋았을까.

브루스 프리드리히, 굿푸드 협회의 공동 설립자이자 이사

완벽을 향한 질주가 아니라 올바른 길로 나아가라는 격려가 담긴 맥스 베이저만의 주장이야말로 개인의 성장을 위해 꼭 필요한 합리적인 접근이다.

〈퍼블리셔스 위클리〉

이 책은 사업과 자선 활동을 증진하기 위해 실용적인 조언을 찾는 사람들의 마음을 사로잡을 것이다.

〈라이브러리 저널〉

나에게 성장의 길을 보여 준
이 책 속의 놀라운 등장인물들에게 바칩니다.

|

레이철 애치슨, 베카 베이저독, 마크 부돌프슨,
돌리 추그, 말라 펠처, 브루스 프리드리히, 조슈아 그린,
윌리엄 맥어스킬, 더그 메딘, 피터 싱어

## 차례

## 2부 영향력 발휘하기

## 3부 사회 전체에 가치 확대하기

## 서문

1993년, 노스웨스턴대학의 교수직에 있던 나는 행동과학과 자연환경에 관한 학회에서 강연을 한 적이 있다. 장소는 일리노이 주 에번스턴의 앨런 센터로 평범한 현대식 건물이지만 미시간 호의 탁 트인 경관을 자랑하는 곳이었다. 강연 중에 지나가는 말로 채식주의자의 길을 걷고 있다고 이야기하자 청중 가운데 누가 자신도 채식주의자이지만 생선은 먹는다고 말했다. 나는 이렇게 답했다. "그렇다면 당신은 생선주의자fisheterian겠네요." "페스코 채식주의자pescatarian"라는 단어를 알고 있었지만, 유머랍시고 던진 말이 실수였다. 강연이 끝난 후 인지심리학자 더그 메딘Doug Medin이 나에게 다가왔다. 이곳에 더그의 말을 옮기기 전에, 그가 아주 온화한 성품을 지닌 친절하고 멋진 친구라는 사실을 분명히 해 둔다. "맥스, 생선을 먹는다는 그 남자를 향한 자네의 공격적인 발언은 정말 어리석었어." 그의 "어리석다"는 표현은 조금 강했지만 사실이었다. 더그는 해산물을 먹는 사람이라도 채식주의자라고 불리게 되면 그 사람은 붉은 고기를 섭취할 가능성이 작아지고 결국에는 해산물마저 먹지 않을 것이라며 나를 설득했다. 누군가가 최선을 다해 성장하고 있다면 매 걸음 격려해 줘야 마땅하며, 부족한 점을 부각해선 안 된다는 것이 그의 요점이었다.

더그가 옳다는 것을 나도 알았다. 나는 비난 섞인 말투로 그 남자를 더욱 도덕적인 사람으로 만들려고 했고, 어떤 관점에서 봐도 잘못된 방법이었다. 일단 나는 그의 행동이 도덕적으로 개선되어야 한다는 뜻을 내비치며 그 사람에게 나의 목표를 강요했다. 그리고 나의 가치 체계, 그중에서도 생선을 먹는 것이 도덕적으로 잘못되었다는 생각을 투영해 그가 자기 행동을 의심하도록 부추겼다. 게다가 사회과학자가 하는 것처럼 잘 알지 못하는 사람의 행동을 실제로 변화시키는 것은 무엇일지 생각한 것도 아니었다. 확실한 것은 나의 노력은 실패로 돌아갔고, 더그는 그 청중의 도덕적 행동을 이끌 수 있는 심리학에 대해 나보다 잘 이해하고 있다는 사실이었다.

지난 몇 십 년 동안 나 스스로 도덕적인 삶을 살고 통찰력을 기르고 다른 사람에게도 도덕적인 행동을 장려하고자 부단히 노력해 왔지만, 이제는 더욱 효율적인 방법을 이용해 볼까 한다. 책을 써 내려가면서 이러한 목표에 도달할 효과적인 방법을 충분히 탐구할 수 있었다. 나의 노력이 성공했다면, 여러분은 이 책을 통해 훨씬 성공적이고 도덕적이고 효과적으로 다른 사람을 위해 가치를 실현할 수 있을 것이다. 최신 이론과 다양한 자료를 함께 살펴보면서 자기 자신은 물론 주변 사람들까지도 '지속 가능한 수준의 최대의 선maximum sustainable level of goodness'에 도달할 수 있는 효과적인 방법을 알아보도록 하자.

물론 그러기 위해서는 먼저 도덕이란 무엇인지에 대해 합의가 이루어져야 한다. 나는 공리주의 철학 그리고 대부분의 철학 사상에서 벗어나 당신의 현재 행동의 도덕성을 판단하지 않을 것이다. 그 대신 모든 사람들이 자기 자신과 다른 사람을 위해 더 많은 가치를 창출하기를 원하고 또 우리는 생각보다 성장 가능성이 높다고 가정해 보자. 채식 이슈와 같은 도덕적 요소가 포함된 문제에 대해 여러분이 나와 같은 가치나 우선순위를 공유하기를 기대하지 않는다. 선한 행동에 대해서 엄격한 사회적 규칙을 설정하고 싶지는 않다. 그리고 나는 절대 여러분을 특정 교리로 인도하지 않을 것이다. 또한 협상 테이블에서 언제나 사실만 말하라거나 가지고 있는 모든 패를 보이라고 강요하지도 않을 것이다.

그 대신, 공리주의 철학에서 의미하는 '도덕'의 개념을 빌려오려고 한다. 공리주의에서 도덕이란 지구상의 모든 지각 있는 존재를 위해 가능한 최대의 가치를 실현함으로써 최대의 선을 이루는 것이다. 더 많은 가치를 만들어 낼수록 우리는 점점 행복해지고 성장할 것이다. 이제 우리는 더 많은 가치를 실현하고 '지속 가능한 수준의 최대의 선'에 도달할 수 있는 우리의 능력을 활용하기 위해 구체적인 방법을 찾을 것이다. 즉 이 목표는 당신에게 완벽함을 강요하는 것이 아니라 지속할 수 있고 평생 즐길 수 있는 선의 길을 걸어가도록 힘을 실어 줄 것이다.

## 함께 살펴볼 이야기

1부에서는 더 나은 도덕적 의사결정을 위해 새로운 사고방식을 배운다. 이 사고방식은 더 나은 도덕적 선택을 위한 처방적 접근법(뒤에서 더 자세히 설명하겠다)의 기반이 된다. 1장에서는 먼저 보편적인 관점을 확장한다. 또한 우리는 모두 자기 자신과 사회를 위해 더 많은 선을 실현할 수 있는 가능성이 있으며, 완벽해지기 위해 노력할 필요가 없고(그럴 수도 없지만), 도덕적인 행동을 방해하는 체계적인 장애물이 존재한다는 사실을 배운다. 2장에서는 가치를 극대화하는 결정을 내리기 위해선 최대한의 지능을 발휘해야 하지만, 때로는 인지적, 도덕적 장애물이 우리의 판단을 흐리게 한다는 사실을 탐구한다. 바로 이 장애물을 효율적으로 피해 가는 법을 배움으로써 성장하는 마음가짐을 얻을 수 있다. 3장에서는 협상 이론의 흔한 주제인 타협의 개념을 소개한다. 여기에서 말하는 타협은 당사자만이 아닌 모두를 위해 최대의 가치를 실현하는 것을 목표로 한다. 4장에서는 부패를 예방하는 방법을 파헤쳐 본다. 당연한 이야기 같겠지만, 대부분의 사람이 알고 있는 것보다 훨씬 다양한 변화의 수단을 제공할 것이다. 5장은 우리의 관심에서 쉽게 벗어나 버리는 가치 창출의 기회를 어떻게 포착할지에 대한 조언을 담았다.

2부에서는 지금까지 배운 내용을 대부분의 사람이 개선할 수 있는 영역에 적용하는 시간을 갖는다. 여기에서는 평등, 부족주의, 낭비 줄이기, 주어진 시간 잘 활용하기, 효율적인 자선 결정 내리기 등에 대해 살펴본다. 그리고 마지막 3부에서는 주변 사람도 더 큰 선을 위해 행동할 수 있도록 우리의 영향력을 발휘하는 법을 담았다. 그렇게 하면 우리는 지속 가능한 최대 선을 어떻게 이룰 수 있을지에 대한 결론에 가까워질 것이다.

도덕적 문제는 오래전부터 존재했지만, 여전히 매일매일 새로운 문제들이 생겨난다. 버나드 메이도프Bernard Madoff의 수십억 달러 사기 사건을 통해 우리는 그 어느 때보다 사기꾼에게 취약하며 어쩌면 일부러 그들의 범죄에 눈감아 주기도 한다는 사실을 알았다. 테러리즘은 사람들을 안전하게 지킬 정보를 얻으려면 어떤 절차가 적절한지에 대한 까다로운 문제를 낳는다. 기업들이 우리의 삶을 편안하게 만드는 방법을 끊임없이 생각해 낼수록 환경 발자국은 매일매일 진해지고 자연을 더 훼손시킨다. 미국 시민들은 국가의 리더가 더 이상 진리를 추구하지 않을 때 어떻게 행동해야 할지 어려움을 겪는다. 수많은 나라에서는 총체적 가치 추구가 이미 국가적 목표로서는 힘을 잃고 말았다. 그러니 우리는 서둘러 더 많은 도덕성과 가치를 만들고 더 나은 삶을 살 수 있도록 힘을 주는 북극성을 찾아 따라가야 한다.

# 1부

# 도덕적 의사결정을 개선하기 위한 새로운 사고방식

A New Mindset for Improving Moral Decision Making

01

# 완벽이 아닌 최선을 향해

2018년 4월, 매사추세츠 주 케임브리지에 살던 나는 집에서 약 5킬로미터 거리의 매사추세츠공과대학MIT에서 열리는 효율적 이타주의Effective Altruism 회담에서 인터뷰 약속이 있었다.[1] 회담에는 온전히 참석하지 못하고 약속 시각 1시간 전에 장소에 도착했다. 넓은 홀은 수백 명의 사람들로 가득 차 있었고 20대 젊은 친구들이 대다수였다. 그리고 나는 매우 운 좋게도 내 앞 순서인 브루스 프리드리히Bruce Friedrich의 연설을 들을 수 있었다. 브루스와는 첫 만남이었지만 그날 그의 연설은 개인적으로나 학문적으로나 나의 인생을 뒤흔들어 놓았다. 변호사 겸 대체 단백질 식품을 연구하는 비영리단체 굿푸드 협회Good Food Institute, GFI의 CEO인 브루스는 동물의 고통을 줄일 수 있는 새로운 길을 제시했다. 그는 육류나 어류를 섭취하지 않는 채식주의자의 수가 늘기에는 아직 한계가 있다고 지적했다. 한 가지 확실한 이유로 채식의 장점을 설교하는 방법으로는 친구들의 행동을 바꾸기는커녕 우정을 지키기조차 어렵다는 것이었다. 육류 소비가 감소하면 자연환경과 인류의 건강에 이롭고, 효율적인 음식 생산으로 전 세계 기아 문제가 해소되고, 또 항생제 내성 위기도 극복하여 사회 전체의 발전으로 이어질 것이다. 채식주의자가 주변 사람들을 이와 같은 길로 인도하려면 어떻게 해야 할까?

브루스는 이 질문의 답으로 GFI와 일하는 수많은 기업가와 투자자(몇몇은 놀랍도록 부유하다), 과학자 들을 소개했다. 이들은 그 어떤 동물도 고통받거나 도살당할 필요 없는, 고기와 매우 비슷한 맛이 나는 '새로운 고기'의 소비 촉진을 위해 힘쓰고 있었다. 이러한 대체육의 종류로는 비욘드 미트Beyond Meat나 임파서블 버거Impossible Burger처럼 이미 시중에 나와 있는 식물성 대체육뿐만 아니라 가축을 도살하지 않고도 실제 동물에서 채취한 세포를 배양하여 생산하는 '배양육cultivated meat'(또는 청정육, 세포 기반 육류)도 있다. 브루스는 고기 소비의 부정적 면을 부각하는 것보다 맛 좋고 가격도 적당하며 식료품점이나 식당에서 쉽게 접할 수 있는 대체육을 생산하는 방법이 동물의 고통을 줄이는 데 훨씬 효과적이라고 주장했다. 게다가 수익 면에서도 유리한 산업이다. 브루스의 강연 이후 채 1년도 안 된 시점에서, 비교적 신생 기업이었던 비욘드 미트의 기업공개IPO 공모가는 약 37억 달러에 달했다. 그리고 몇 달 만에 회사의 가치는 수십억 이상 치솟았다.

수많은 경영학자들이 정의하는 리더십이란 추종자들의 마음과 신념을 바꾸는 능력이다. 하지만 브루스는 사람들의 가치관에는 전혀 관심이 없었고, 그들에게 희생을 강요하지 않으면서 스스로 행동을 바꿀 수 있도록 동기를 부여했다. 이처럼 자신의 행동을 바꾸고 다른 사람에게도 같은 선택을 장려하여 더 많은 사회의 선을 실현한 사람은 브루스뿐만이 아니다. 앞으로 다양한 사례를 함께 탐구해 보자.

## 철학과 심리학 그 중간에서

나는 오랫동안 경영대학원 교수로 일했다. 경영대학원은 현명하게 일하기 위한 실용 지식을 전달하는 데 목표를 둔다. 나는 주로 학생들에게 올바른 판단을 내리는 법부터 효율적으로 협상하는 법, 폭넓은 시야를 가지는 법 등 일을 잘 처리할 수 있는 기술을 가르친다. 이와 다르게, 윤리학자는 사람이 '해야 하는' 것에 중점을 두는 철학자가 되거나, '실제로' 행동에 옮기는 것을 중요하게 생각하는 행동과학자의 길을 걷는다. 우리는 철학과 행동과학 그 중간 지점에서 더 나은 판단을 내릴 수 있는 길을 개척할 것이다. 그러기 위해선 가장 먼저 기본 개념들을 명확히 이해해야 한다.

### 철학의 규범적 접근

여러 분야의 학자들이 저마다 도덕적 의사결정에 대해 다양한 주장을 펼쳐 왔지만, 아직 주도권은 철학이 쥐고 있다. 지난 몇 백 년 동안 철학자들은 도덕적인 행동이란 무엇인지에 대해 논쟁을 이어 왔고, 그 대안으로 '마땅히 해야 하는 것'을 규정하는 규범 이론을 제시했다.

일반적으로 규범 이론은 학파마다 차이를 보이는데, 공리주의는 최대 다수의 최대 행복을, 의무론은 인간의 권리와 기본 자율성을, 자유지상주의는 개인의 자유를 중요하게 여긴다. 좀 더 넓은 관점에서 보면 도덕 철학들은 가치 창출과 인간의 권리 및 자유 존중 간의 타협점에서 차이를 보이는 것이다. 그러나 이들은 행동 규범을 제시한다는 점에서 성격이 비슷하며 '해야 한다'에 초점을 맞춘다. 즉 철학 이론은 도덕적 행동이 무엇인가에 대해 명백한 기준을 세운다. 장담하건대 나는 많은 도덕 철학, 그중에서도 특히 공리주의가 요구하는 도덕적 행동의 기준을 곧잘 충족하지 못했으며, 만약 철학적 관점에서 도덕적으로 완벽한 사람이 되고자 노력한다 해도 분명 실패할 것이다.

### 심리학의 서술적 접근

최근 수십 년간, 특히 2000년대 초 미국 엔론Enron 사가 파산

한 이후 행동과학자들은 윤리의 영역에 발을 들이기 시작했고 행동윤리학이라는 분야를 개척했다. 행동윤리는 인간의 행동을 자세히 기록하는 학문으로 사람들의 실제 행동에 대한 서술적 해석을 내놓는다.[2] 그 예로 심리학에서는 이기적인 마음으로 비윤리적 행동을 저지르고도 스스로 인지하지 못하는 사람들을 연구해 왔다. 우리는 실제보다 자신이 사회에 더 큰 기여를 하고 있으며 자신이 속한 단체나 주변 사람들이 훨씬 훌륭하다고 믿는 경향이 있다고 한다. 넓은 관점에서 보면 행동윤리학은 주변 환경과 심리적 작용으로 인해 개인의 가치관이나 선호도에 반하는 비도덕적 행동을 저지르는 현상을 연구한다. 이러한 서술적 연구는 금융 사기범 메이도프나 회계 사기범 스킬링Skilling, 아동 성범죄자 엡스타인Epstein처럼 뉴스에 나올 법한 악한 사람을 분석하기보다 오히려 연구를 통해 밝혀졌듯이 대부분의 좋은 사람들도 종종 나쁜 행동을 저지른다는 사실에 주목한다.[3]

### 새로운 길: 처방적 접근

철학과 심리학에서 출발해 새롭게 정한 항로는 바로 처방적 접근법이다. 우리는 행동과학자가 관찰하고 분석한 현실 세계의 직관적 행동보다 더 나은 선택을 내릴 수 있고, 공리주의 철학자가 세운 말도 안 되게 높은 기준을 자기 자신과 다른 사람에게 요구하지 않을 수 있다. 철학자처럼 도덕적 행동이 무엇인지 판단하거나 심리학자처럼 어떤 지점에서 실수했는지 찾는 것이 아니라 각자의 기준에 따라 지금보다 더 도덕적이고 선한 행동을 할 수 있는 방법을 찾을 것이다. 완벽한 도덕적 선택이 무엇일지 고민하기보다, 하나둘 쌓여 보람찬 삶을 만들 수 있도록 매일 매일의 선택과 행동을 바꿀 것이다. 이러한 삶을 살기 위해서는 철학과 심리학 양쪽의 지식이 모두 필요하다. 두 분야를 신중하게 결합하여 탄생한 매우 현실적이고 실용적인 접근법을 통해 우리는 지구에서의 유한한 시간 동안 더 많은 선을 실현하고 또 그 과정에서 얻은 업적에 만족할 줄 아는 지혜도 얻을 수 있다. 철학은 우리에게 목표를 주고, 심리학은 인류가 살아남은 이유를 이해시켜 줄 것이다. 두 영역의 중간 지점에서 항해하다 보면 우리가 실제로 발을 붙이고 있는 이 세상을 더 잘 살아갈 수 있을 것이다.

## 다른 분야에서 찾은 길잡이

규범적 해석과 서술적 해석을 이용하여 새로운 처방적 접근의 길을 여는 시도는 윤리의 영역에서는 처음이지만, 사실 협상이나 의사결정 같은 분야에서는 전부터 존재해 왔다.

### 협상

수십 년 전부터 협상에 관한 다양한 연구와 이론은 두 갈래로 나뉘어 왔다. 하나는 사람들이 해야 하는 행동에 집중하는 규범적 접근이고, 나머지는 실제로 나타나는 행동에 집중하는 서술적 접근이다. 경제학의 게임이론에서는 모든 사람이 완전히 이성적이고 상대방에게도 같은 수준의 합리성을 기대할 수 있는 세상에서 사람들이 어떻게 행동해야 하는지 규범적으로 설명한다. 반면 행동과학자는 사람들이 현실에서 실제로 어떻게 행동하는지를 서술적으로 설명한다. 과거에는 두 분야 사이의 연관성이 거의 없었다. 그리고 시간이 지나 하버드대학의 하워드 라이파Howard Raiffa 교수가 두 분야를 융합하는 아주 기발한(하지만 네이밍 센스는 부족한) 개념을 하나 떠올린다. 그것은 바로 협상에 관한 비대칭적인 규범적/서술적 접근asymmetrically prescriptive/descriptive approach이다.[4] 이 개념의 핵심은 상대방이 완전히 이성적으로 행동한다고 가정하지는 않은 채 협상가에게는 가능한 최고의 조언을 제공하는 것이다. 스탠퍼드대학의 마거릿 닐Margaret Neale 교수와 나는 최고의 동료들과 함께 이성적으로 행동하고자 노력하는 협상가가 완전히 이성적이지만은 않은 상대방의 행동을 예측하는 방법을 연구하면서 라이파 교수의 이론을 확장해 나갔다.[5] 협상가가 가능한 최고의 결정을 내릴 수 있도록 돕는다는 목표를 유지하면서도 사람들이 실제로 어떻게 행동하는지에 관한 더욱 정확한 서술적 내용을 받아들이는 방식으로 라이파 교수와 닐 교수 그리고 나를 포함한 여러 동료들은 협상의 실용적인 길을 닦을 수 있었다. 이는 오늘날 대학에서 가르치는 협상 이론뿐만 아니라 현실에서의 협상에까지 전 세계적으로 변화를 주는 계기가 되었다.

### 의사결정

의사결정 분야에서도 이와 비슷한 도약이 있었다. 2000년대에 들어오기 전, 의사결정을 연구하던 경제학자들이 합리적인 인간이 어떻게 행동해야 하는지 규범적인 해석을 내놓을 때, 새롭게 떠오르는 행동적 의사결정behavioral decision 분야에서는 사람들의 실제 행동을 서술하는 데 주력했다. 행동적 의사결정이 세운 가설은 만약 우리가 사람들의 잘못된 행동을 알아내고 그 사실을 일깨워 준다면 그들은 편견에서 벗어나 더 나은 결정을 내릴 수 있다는 것이었다. 하지만 안타깝게도 이는 틀린 가설이었다. 오히려 사람들의 직관적 판단에서 편견을 제거할 수 없다는 사실을 몇 번이나 확인할 수 있었다.[6] 예를 들어, 인간이 얼마나 쉽게 자만하게 되는지 아무리 상기시켜 주어도 사람들은 자신만만한 선택을 거듭하곤 했다.[7]

다행히 사람들이 가지고 있는 편견에도 불구하고 더 나은 결정을 내릴 수 있도록 도와주는 방법을 찾을 수 있었다. 한 가지 예를 들면, 대니얼 카너먼Daniel Kahneman의 책 《생각에 관한 생각*Thinking, Fast and Slow*》에서 아주 잘 설명하고 있는 인지 기능의 시스템 1과 시스템 2는 사람의 의사결정 과정에서 중요한 두 가지 방식의 차이점을 구분하는 데 도움이 된다.[8] 직관 시스템이라고도 부르는 시스템 1은 대체로 빠르게 일어나고 무의식적이며 자연스럽고 함축적이고 감정적이라는 특징이 있다. 인생에서 일어나는 대부분의 결정은 시스템 1에 의해 이루어진다. 마트에 들어가서 어떤 브랜드의 빵을 살지, 운전 중에 언제 브레이크를 밟을지, 방금 만난 사람에게 어떤 말을 할지 등을 시스템 1이 결정한다. 이와 반대로, 추론과 관련 있는 시스템 2는 속도가 느리고 의식적이며 노력이 필요하고 명시적이고 논리적이다. 시스템 2는 이득과 손실을 따질 때, 공식을 사용할 때, 똑똑한 친구와 대화할 때 쓰인다. 평균적으로 시스템 1보다 시스템 2가 더 현명하고 도덕적인 결정을 내린다는 사실이 이미 많은 연구 결과를 통해 밝혀졌다. 인지 기능의 시스템 2가 반드시 현명한 선택을 장담하는 건 아니지만, 사람들에게 중요한 결정의 순간에는 시스템 1이 아닌 시스템 2를 이용하는 것이 더 유리하다는 사실을 알려주고 또 그렇게 하도록 장려하면 우리는 더 현명하고 도덕적인 선택을 내릴 것이다.[9]

의사결정의 또 다른 처방적 접근은 리처드 탈러Richard Thaler와 캐스 선스타인Cass Sunstein의 2008년 출간된 화제의 책 《넛지*Nudge*》에서 찾아볼 수 있다.[10] 우리는 사람의 직감을 바로잡는 법은 모르지만, 의사결정 환경을 재설계할 수 있어서 우리의 직감이 언제 문제를 일으킬지 예측함으로써 현명한 결정을 내릴 수 있다고 한다. 이것이 바로 선택 설계choice architecture라고 알려진 개입전략이다. 예를 들어 미국의 경우, 근로자들이 은퇴 자금을 잘 모으지 않는 문제가 지속되자 많은 기업이 직원들을 401k 퇴직연금에 자동으로 가입시켰고 원하지 않는 사람은 해지할 수 있도록 했다. 의사결정의 기본 설정이 연금에 직접 가입해야 하는 것에서 자동 가입으로 바뀌자 근로자의 저축률이 급격히 상승했다.

이처럼 협상과 의사결정의 뜻깊은 발전을 길잡이 삼아 규범적 도구에서는 유용한 목표를 찾아내는 지식을 빌려 오고(더욱 합리적인 결정 내리기 등), 최적 행동의 한계를 분명히 하는 서술적 연구와 결합할 것이다. 바로 이 처방적 접근은 무엇이 옳고 정당하며 도덕적인지에 대한 우리의 생각을 바꿀 것이고, 결국 더 나은 삶으로 이끌어 줄 것이다.

## 도덕의 북극성

앞으로의 여정을 통해 우리는 더 나은 선택이 무엇인지 판단하는 법을 배우고 그 방향으로 이끌어 줄 길을 찾을 것이다. 대부분의 도덕 철학은 다양한 도덕적 딜레마 속에서 가장 도덕적인 행동이 무엇인지에 대한 논리를 기반으로 하고 있다. 철학자들은 특정 상황을 가정한 뒤 도덕적 선택의 순간에서 기본적으로 지켜야 한다고 믿는 규칙들을 규정했다.

도덕적 행동에 대한 관점의 차이를 강조하기 위해 가장 흔히 사용되는 문제는 '트롤리 딜레마trolley problem'다. 대표적인 설정은 다음과 같다. 통제 불능의 전차가 철길 위를 달려오고 있다. 전차를 막지 못하면 다섯 명이 죽는다. 당신은 스위치를 눌러 전차의 진로를 변경할 수 있는데, 그러면 옆 선로에 서 있던 인부 한 명이 전차에 치여 죽을 것이다. 법적으로는 문제가 없다고 가정한다면, 스위치를 눌러 전차의 방향을 바꾸는 것이 과연 도덕적 행동일까?[11]

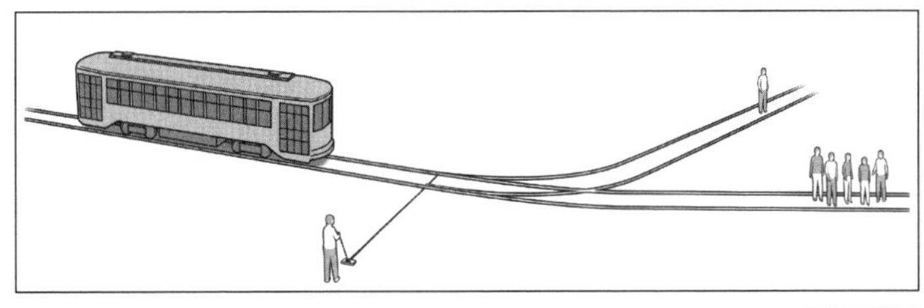

트롤리 딜레마
*© 2019 Robert C. Shonk*

많은 사람들이 그렇다고 답한다. 한 사람의 죽음보다 다섯 사람의 죽음이 더 참혹한 일이기 때문이다.[12] 트롤리 딜레마에서 사람들이 가장 많이 선택하는 대답은 공리주의의 논리와 일치한다. 제러미 벤담Jeremy Bentham, 존 스튜어트 밀John Stuart Mill, 헨리 시지윅Henry Sidgwick, 피터 싱어Peter Singer, 조슈아 그린Joshua Greene

같은 철학자들의 연구에 뿌리를 두고 있는 공리주의 철학은 사회의 효용을 극대화하는 쪽으로 도덕적 행동을 판단해야 한다고 주장한다. 이는 곧 모든 지각 있는 존재에게 가장 많은 가치를 만들어 내는 행동이야말로 도덕적이라고 해석할 수 있다. 물론 어떤 행동이 효용을 극대화할지 판단하기란 매우 어렵다. 하지만 공리주의자는 이러한 목표를 가지고 있기 때문에 트롤리 딜레마 같은 수많은 문제에서 명확한 답을 내릴 수 있다.

일단 우리는 새로운 분야로 안내해 줄 분명한 지표로서 공리주의 철학을 이용하려고 한다. 흥미롭게도 많은 사람이 이미 공리주의의 기본적인 도덕관념을 받아들이고 있다.

- 모든 지각 있는 존재에게 가능한 많은 가치 실현하기
- 실현 가능한 선을 이루기 위해 효율적으로 행동하기
- 개인의 사회적 부나 지위에 얽매이지 않고 도덕적인 결정 내리기
- 모든 이익을 동등하게 여기기

앞으로 등장할 나의 조언 속에는 공리주의를 향한 비판이 녹아 있을 것이고, 공리주의의 일부 논리에 반대하는 독자와도 통하는 부분이 있을 것이다.

실용적인 목적을 위해서라면, 모든 지각 있는 존재를 위한 가치 창출의 극대화라는 목표를 도덕적 행동의 길잡이로 삼을 수도 있다. 하지만 우리는 사람이기에 이러한 목표에 도달하

기 어렵다. 심리학으로 잠깐 돌아가서, 허버트 사이먼Herbert Simon은 인간에게 '제한적 합리성bounded rationality'이 있다고 주장했다.[13] 즉, 우리가 이성적으로 행동하려고 노력해도 인지적 한계에 부딪치고 만다는 것이다. 이와 마찬가지로, 체계적인 인지 장벽이 공리주의의 목표를 실현하기 어렵게 만들기 때문에 사회의 효용을 극대화할 수 있는 우리의 능력도 제 기능을 하지 못한다. 다음 장에서는 어떠한 인지 장벽이 있는지 알아보고 이를 피하는 방법에 대해 배울 것이다. 어떤 장벽은 이성적으로 행동하기 어렵게 만드는데 이 경우에는 자아 인식을 통해 변화할 수 있다. 또는 도덕적 사각지대를 경계할 수 있도록 개입이 필요한 경우도 있다. 어느 쪽이든 자신에게 아무 손해 없이 선을 실현할 수 있다면 우리가 원하는 방향으로 나아가기가 한결 수월할 것이다.

## 공리주의를 향한 오해

공리주의를 나침반 삼아 긴 여정을 떠나기 전에, 공리주의 하면 빼놓을 수 없는 이야기부터 살펴보도록 하자. 첫째, 전부는 아니어도 대부분의 사람이 공리주의의 핵심 개념에 동의하는 편이지만, '공리주의'라는 용어 자체가 사람들의 신경을 거스르곤 한다. 공리주의라는 형편없는 이름부터가 걸림돌이 되는데, 효율성과 이기심에만 관심이 있고 심지어는 휴머니즘을 경멸하는 것처럼 보인다. 하지만 이는 창시자들의 의도와는 전혀 다르다. 벤담과 밀은 분명 마케팅에는 소질이 없었던 것 같다. 최근 들어서 조슈아 그린은 '공리주의'라는 용어 대신 '깊은 실용주의deep pragmatism'를 사용하자고 주장한다. 그는 《옳고 그름*Moral Tribes*》이라는 책에서 이렇게 말하고 있다. "만약 데이트 상대가 '저는 공리주의자예요'라고 말한다면 곧장 계산서를 받고 자리에서 일어나라. 하지만 그가 '깊은 실용주의자'라면 오늘 밤 집에 초대해 시간을 보내고 나중에는 부모님에게 소개하는 자리를 가져도 좋다."[14]

둘째, 많은 사람들이 이런 의문을 품는다. 과연 최대의 선을 추구하는 것을 올바른 목표라고 볼 수 있는가? 거의 대부분의 사람은 모두가 동등하다는 생각을 전제로 선한 행동을 하고 싶어 한다. 하지만 모든 것은 동등하지 않고, 다른 사람의 권리와 자유, 자율성은 많은 이들에게 중요하다. 이러한 특성은 트롤리 딜레마와 짝을 이루는 육교 딜레마footbridge dilemma에서 분명히 드러난다.

육교 딜레마 역시 다섯 명의 사람을 향해 전차가 달려오고 있다. 하지만 이번에 당신은 철길 위의 육교에 서 있고 당신 옆에는 커다란 배낭을 멘 인부가 있다. 당신이 이 남자와 그의 무거운 배낭을 육교 아래로 떨어뜨린다면 다섯 명의 사람을 살릴 수 있다. 떨어진 남자는 죽겠지만 그의 몸이 전차를 막아 세울 것이다. 당신은 전차를 멈출 만한 무거운 배낭이 없어서 직접 사람들을 구할 수는 없다. 타인을 죽음으로 내몰아서 다섯 사람을 구하는 것이 과연 도덕적 행동일까?[15]

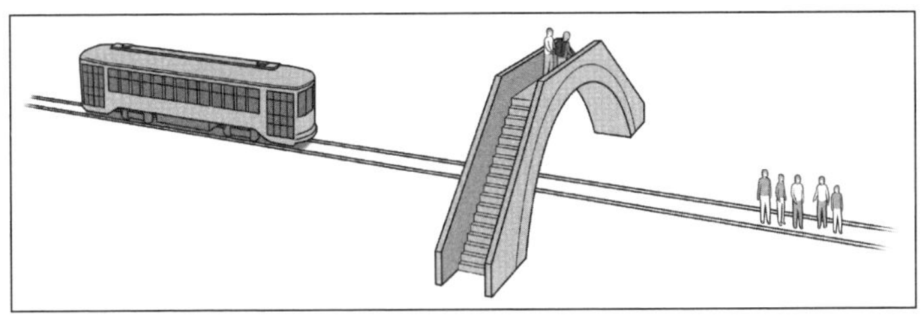

육교 딜레마
© 2019 Robert C. Shonk

대다수의 사람은 육교 위의 사람을 밀면 안 된다고 답한다. 다섯 생명과 한 생명을 맞바꾼다는 점에서 트롤리 딜레마와 조건은 비슷했지만 답은 달랐다. 육교 딜레마는 매우 다른 형태의 도덕성을 드러낸다. 왜 남자를 밀지 않는지 이유를 묻자 사람들은 이렇게 답한다. "그건 살인이에요!", "목적이 수단을 정당화할 수 없어요!", "사람에게는 인권이 있다고요!"[16] 이 대답들은 의무론 학자들의 공통된 주장이다. 조슈아 그린과 동료 학자들의 훌륭한 연구에 따르면 두 딜레마에서 대답이 갈리는 현상은 뇌의 서로 다른 영역에서 일어나는 경쟁 반응을 나타낸다고 한다.[17] 육교 딜레마에서 다섯 사람을 구하게 될 잠재적 '희생자'의 인권을 생각할 때 우리 뇌의 복내측 전전두피질ventromedial prefrontal cortex에서 정서 반응이 일어난다. 하지만 만약 누군가가 이러한 감정적 자극을 무시하고 가능한 많은 생명을 살리는 방식으로 가치를 창출한다면 그 결정은 배외측 전전두피질dorsolateral prefrontal cortex 내부의 통제된 인지 과정에서 처리하게 된다.[18] 이러한 신경학적 증거를 통해 사람을 육교에서 떨어뜨리는 행동에 대해서는 정서 반응이 나타났지만, 트롤리 딜레마에서는 대부분의 사람들에서 이러한 반응이 없었다는 사실을 알 수 있다. 그럼에도 두 딜레마에서 같은 결정은 내리는 사람도 있다. 이들은 첫 번째 딜레마에서 스위치를 누를 것이고, 두 번째 딜레마에서 사람을 떨어뜨릴 것이라고 답한다.

하지만 아직 딜레마 문제가 하나 더 남아 있다. 이번 건 심지어 자칭 공리주의자들을 벼랑 끝으로 내몰았다. 아래의 수술 딜레마는 영국 철학자 필리파 풋Philippa Foot이 고안한 것이다.[19]

> 어떤 병원에 다섯 명의 환자가 입원 중이고 이들은 모두 죽어 가고 있다. 그리고 마침 또 다른 사람이 같은 병원에 정기 검진을 받으러 왔다. 이 병원의 이식 외과 의사는 다섯 명의 병든 환자를 살리는 유일한 길은 여섯 번째 사람을 죽이고 그의 건강한 장기를 다섯 명에게 이식하는 것이라는 결론에 이른다. 과연 도덕적으로 옳은 판단일까?

당연히 대부분의 사람들은 이 질문에 경악을 금치 못하고 곧장 제안을 거절한다. 노파심에 말하자면 나 역시 강력하게 반대한다. 그렇다면 왜 많은 사람이 트롤리 딜레마에서는 기꺼이 스위치를 누르면서도 수술 딜레마에서는 건강한 사람에게서 장기를 꺼내는 일에 쉽게 찬성하지 못할까? 극단적인 공리주의자조차도 의사결정의 순간에 현실적 문제를 떠올리기 때문이다. 공리주의는 사회의 많은 권리와 규칙이 부가적인 가치를 만든다고 믿는다. 다시 말해, 아무 죄 없는 사람이 다섯 명의 생명을 살리기 위해 희생될 수 있는 사회라면 질서가 무너질 것이고 기쁨을 누리거나 고통을 최소화할 기회도 줄어들 것이다. 따라서 우리 공리주의자들 역시 권리와 자유, 자율성을 중요하게 여기는데 그 이유는 이러한 속성이 장기적인 가치를 만들 것이라고 믿기 때문이다. 이와 반대로 다른 철학에서는 공리주의의 이러한 간접적인 접근법을 거부하며 인간의 권리와 자유, 자율성에는 고유의 가치가 존재한다고 주장한다. 예를 들어, 의무론은 도덕적인 사람이 되려면 정의 그 자체를 목적으로 여겨야 한다고 주장한다. 어떠한 행동의 도덕성을 판단하는 기준은 최종 결과가 아니라 그 행동 자체가 옳은가에 두어야 한다는 것이다. 그러므로 의무론자는 그 누구에게도 육교 위의 남자를 떨어뜨릴 권리가 없다고 믿는다. 한편 자유지상주의자는 모두에게 개인의 자유와 자율성이 주어졌다고 믿으며, 이는 가능한 최대의 선을 실현하는 목적보다 훨씬 중요하다고 본다.

공리주의는 오랜 세월 동안 의무론, 자유지상주의 그리고 여러 윤리적 관점들과 갈등 관계에 있었다. 나는 도덕 철학 간의 논쟁에 흥미를 느꼈지만, 가능한 최대의 선을 실현하는 것이 대체로 옳은 길이며 특정 상황에 따라 정의나 권리, 자유, 자율성을 고려하여 어느 정도 조정될 수 있다는 입장을 고수한다. 우리의 목적을 위해 정의, 권리, 자율성, 자유 등 당신이 중요하게 생각하는 가치를 포기하지 않으면서도 여전히 유용한 방법을 여기에서 찾을 수 있다는 사실에 주목하자. 공리주의가 제안하는 해결책은 보통 다른 철학과 일치하는 편이다. 더 많은 선을 실현하고 고통을 줄이자는 목표를 공유하기 때문이다. 이론 간의 충돌이 일어나는 이유는 도덕성을 바라보는 관점의 차이 때문인데, 나는 이들 사이의 불화를 해결하는 데는 관심이 없다. 더 나은 사람이 되고자 노력하는 것이 우리의 목표라면 수많은 도덕적 가치에는 고유의 가치도 있고 장기적인 이익도 있다고 주장하는 것으로 충분하다. 만약 공리주의에 회의감이 든다면, 이 책의 관점을 이렇게 단순화해도 된다. 이 세상의 모든 것이 거의 평등하다면, 우리는 가능한 많은 가치를 실현하고자 노력해야 한다고 말이다.

공리주의를 향한 비판 그 세 번째는 사회의 효용을 극대화한다는 목표가 도덕적 선택을 판단하기에 너무 엄격한 기준이라는 입장이다. 순수 공리주의는 나의 기쁨과 고통이 타인의 기쁨과 고통보다 결코 더 중요하지 않으며, 가까운 사람의 기쁨과 고통은 먼 나라 사람을 포함한 낯선 이의 감정과 동일하다고 생각한다. 하지만 실질적으로 불가능한 일이다. 결국 많은 사람이 공리주의 철학에 거부반응을 보였고 작은 부분을 신경 쓰다가 큰 목표를 놓치고 말았다.

앞서 이야기했듯이, 의사결정학자들은 사람에게 완벽한 합리성을 기대하지 않지만 합리성이라는 개념을 목표로 삼아 완벽하지 않아도 더욱 이성적인 의사결정을 내릴 수 있는 방법을 찾아 나간다. 이처럼 공리주의도 도덕적 의사결정으로 안내해 줄 북극성으로 삼을 수 있다. 목표 지점에 절대 도달할 수는 없더라도 더 나은 의사결정을 위해 우리가 가진 에너지를 쏟을 것이다. 공리주의는 결국, 완벽하지 않지만 더 나은 삶을 위한 유용한 이정표가 되어 줄 것이다.

마지막으로, 많은 사람들이 공리주의뿐만 아니라 많은 도덕 철학의 아쉬움으로 꼽는 점은 현실에서 절대로 마주칠 것 같지 않은 생소한 문제를 다루는 경우가 많다는 것이다. 그러나 '트롤리 세계'에는 당대의 현실과 상통하는 면이 있다. 예를 들어, 머지않은 미래에 자율 주행 차량이 도로 위를 차지하게 되면 운전자 과실로 일어나는 대부분의 사고가 줄고 그 과정에서 수백만 명의 생명을 구할 것으로 예상된다. 컴퓨터가 스스로 학습하는 머신러닝 기술을 통해 도로는 더 안전해질 것이다. 하지만 어쩔 수 없는 사고는 존재하고 그와 함께 어쩔 수 없는 피해자도 생기기 마련이다. 자동차는 운전자와 다섯 명의 행인 중에서 누구를 구할지와 같은 딜레마를 마주할 것이고, 기업은 이 문제의 우선순위를 정하는 알고리즘을 넣어 자동차 프로그램을 만들어야 한다. 자율 주행 차량이 지켜야 할 사람은 탑승자인가 행인인가, 아니면 노인인가 앞으로 살날이 더 많은 젊은이인가, 임신부인가(배 속의 아기까지 두 명이라고 봐야 하는가?) 아니면 또 다른 누구인가?

바로 이러한 문제들이 현재 논의되고 있는 실제 의사결정 문제다. 자동차 제조사 입장에서는 차의 소유주가 전혀 모르는 행인보다 자신과 가족들의 생명을 우선순위에 두는 프로그램을 선호할 것으로 판단한다. 그에 반해, 관련 규제 기관은 가능한 많은 사람을 보호하는 판단 기준을 요구할 것이다.

## 여러 측면에서 도덕성 판단하기

당신에 대해 잘은 모르지만 대충 판단해 보자면 아마도 당신은 어떤 관계에서는 매우 좋은 사람이고, 또 다른 곳에서는 꽤 괜찮은 사람이며, 누구도 믿지 못하는 무리에서는 그리 좋은 사람은 아닐 것이다. 당신이 누구인지 모르면서도 이렇게 예측할 수 있는 이유는 당신은 인간이고 인간의 행동에는 일관성이 없기 때문이다. 자신의 배우자에게 더할 나위 없이 완벽한 사람이 일터에 가서는 고객이나 동료와의 협상 중에 속임수를 써도 아무 문제가 없다고 생각할 수 있다.

거울 속의 자신을 면밀히 분석하는 것보다 유명인의 도덕성을 판단하는 것이 더 수월할 테니, 자선사업가 앤드루 카네기Andrew Carnegie의 삶과 더불어 엘리자베스 콜버트Elizabeth Kolbert 기자가 〈뉴요커〉에 보도한 그의 모순된 도덕성에 대해 알아보자.[20] 카네기는 1800년대 후반 동안 철도와 철강으로 막대한 부를 축적한 뒤, 재산의 약 90퍼센트에 달하는 3억 5000만 달러를 사회에 환원했다. 기금이 기증된 곳으로는 카네기 국제 평화 기금, 카네기 홀, 카네기재단, 현재 카네기 멜런 대학에 속해 있는 카네기 공과대학, 그리고 2500여 곳이 넘는 도서관이 있었다. 또한 카네기는 자선을 결정하게 된 이유와 함께 자신의 신념을 사람들에게 이야기했는데, 우리는 살아 있는 동안 기부해야 하고 상속인에게 유산을 남기기보다 넓은 사회에 기부해야 더 많은 가치를 실현할 수 있다는 것이었다. 효율적 이타주의자가 카네기의 자선적 선택에 대해 몇 가지 트집을 잡을지 모르지만, 그의 관대함 덕분에 사회의 대단한 가치를 실현할 수 있었다는 점에는 의심의 여지가 없다.

자선 활동으로 많은 가치를 실현한 앤드루 카네기는 이와 동시에 기업인으로서 탐욕스럽고 불법에 가까운 무익한 행동들을 일삼으면서 그 가치를 파괴하기도 했다. 카네기는 자기 직원에게는 매우 악덕한 사장이었다. 그는 펜실베이니아에 위치한 카네기 소유의 홈스테드 제강소Homestead Steel Mill의 노조를 해체하기 위해 카네기 철강회사Carnegie Steel Company에 권한을 위임해 노동자 임금을 대폭 삭감하도록 했다. 노조가 새로운 계약 조건을 받아들이지 않자 경영진은 공장을 폐쇄했고 시설을 '보호'하겠다는 명목으로 사설 경비 업체에서 수백 명의 보안 요원을 고용했다. 보안 요원과 노동자 간의 투쟁은 16명의 사망자를 내고서야 끝났다. 결국 노조는 해체했고 많은 노동자가 직장을 잃어야 했다. 아래는 앤드루 카네기의 가치 창출과 가치 파괴 사이의 괴리를 풍자한 1892년도 만평이다.

천만장자 카네기의 놀라운 두 얼굴.
인색한 고용주 카네기, 노동자 임금을 깎아서 자선활동에 도서관 기부까지.

이러한 이중성을 현대에서 찾자면 새클러 가문Sackler family을 꼽을 수 있다. 다양한 자선 활동을 벌인 덕분에 이 가문의 이름은 중요한 기관들에서 발견할 수 있다. 이러한 곳으로는 워싱턴 D.C.에 있는 새클러 갤러리, 하버드대학 내의 새클러 박물관, 구겐하임 미술관 내의 새클러 예술교육센터, 루브르 박물관의 새클러관, 뉴욕 메트로폴리탄 미술관의 북관, 그리고 옥스퍼드나 컬럼비아 등 수많은 대학교 내의 새클러 연구기관 등이 있다. 이들은 또한 수많은 교수직을 후원했고 의학 연구에도 기금을 지원했다.

하지만 바로 이 새클러 가문이 최근 몇 년간 미국 사회를 위험에 빠뜨린 오피오이드opioid 유행의 주범으로 떠올랐다. 새클러 가문의 소유인 퍼듀Purdue 제약회사는 1996년에 옥시콘틴OxyContin이라는 처방용 진통제를 출시했다. 그리고 이들은 과대광고를 통해 수십억 달러를 벌어들였다. 2018년에는 한 해 동안 오피오이드 성분 진통제로 인해 매일 100명이 넘는 사람들이 사망한 것으로 추정된다. 퍼듀 사는 매출을 올리기 위해 고의로 오피오이드 중독을 조장했으며 온갖 비윤리적인 광고를 일삼아 비난받았다. 또한 새클러 가문이 피해 보상을 피하려고 해외계좌로 회사 자금을 부적절하게 빼돌렸다는 혐의도 있다.[21] 이 사건의 책임을 묻기 위해 도시와 주, 여러 단체에서 수천 건의 소송을 제기했으나 새클러 가문은 잘못을 인정하지 않고 제약회사의 파산 보호를 신청했다. 정확히 계산할 수는 없지만 새클러 가문의 자선 기부금으로 사회가 본 이득보다 오피오이드로 입은 피해가 더 클 것이다.

아난드 기리다라다스Anand Giridharadas는 자신의 책 《엘리트 독식 사회*Winners Take All*》에서 우리 사회는 사회 가치를 파괴하는 자선가의 행위에 눈감아 준다고 주장한다.[22] 실제로 손 큰 자선가들은 자신들이 끼치는 피해를 시민이 알아채지 못하도록 기부를 통해 시선을 끈다는 것이다. 그의 주장이 다소 냉소적이기는 하지만 본질은 잘 포착했다고 생각한다. 우리는 자선가들의 활동 자체만 따로 놓고 그들의 공로를 인정할 것이 아니라 그동안 축적하거나 파괴해 온 가치를 누계한 순가치로 그들을 판단해야 한다. 그는 또한 대부분의 사람이 가치를 만드는 행동과 가치를 파괴하는 행동에 모두 참여한다는 중요한 핵심을 짚는다. 인간 행동의 다차원적 속성을 잘 파악하고 우리가 만들어 내는 가치와 피해에 관심을 가지면, 어느 곳에서 변화가 가장 필요할지 찾을 수 있다.

그러므로 우리는 나무가 아닌 숲을 보면서 결정을 내려야 하고, 잘할 때는 칭찬을 아끼지 않으면서도 어떤 부분을 수정해야 가장 효과적일지 판단할 수 있어야 한다. 하지만 안타깝게도 우리는 후자에 거의 시간을 투자하지 않는다. 우리의 행동이 조금 더 관대해질 수 있도록 변화를 받아들여야 하고 다른 사람의 선을 위해 자신을 희생할 줄도 알아야 한다. 하지만 자기 자신을 희생하는 것뿐만 아니라 현명하게 결정함으로써 많은 가치를 실현해야 한다. 그러기 위해선 분명하게 생각하고, 효과적으로 협상하고, 무언가 잘못되었을 때 바로 조치를 취하고, 더 나은 삶을 위한 기회를 잘 포착해야 한다.

02

# 능동적 지능 기르기

나의 친구이자 하버드대학 동료 교수인 심리학자 마자린 바나지Mahzarin Banaji는 2007년에 출간한 《상식을 넘어서*Beyond Common Sense: Psychological Science in the Courtroom*》에서 '똑똑해야 하는 도덕적 의무'에 관한 흥미로운 서문을 실었다.[1] 그녀는 예일대학 입학생에게 했던 강연으로 이야기를 시작하면서 개인의 인지 능력을 성장시키지 못하는 것은 학생 개인뿐만 아니라 사회 전체에도 안타까운 일이라고 주장했다. 바나지 교수는 청중에게 현명한 선택에 대한 의무감을 심어 주기 위해 노력했다.

인생에서 잘못된 선택을 하면 병에 걸리고, 일찍 세상을 떠나고, 직업을 잘못 선택하고, 직장을 잃고, 결혼 상대를 잘못 고르고, 재산을 잃을 가능성이 커진다. 이뿐만이 아니라 자선 활동의 효율이 떨어지고, 지구에 해를 끼치고, 가족 구성원이나 친구, 동료 외에도 지구를 함께 공유하고 있는 모든 사람에게 해를 끼치고, 우리가 중요하게 여기는 기관들의 효율성이 제한될 수 있다.

우리는 '지능'을 거의 바뀌지 않는 타고난 특성이라고 생각하는 경향이 있다. 물론 사람마다 지능 수준에 차이가 있긴 하지만, 우리에게는 현명한 결정을 내리고 인생의 많은 가치를 실현하기 위해 최고의 지적 능력을 능동적으로 발휘할 힘이 있다. 그렇다면 우리를 가로막고 있는 것은 무엇일까? '능동적 지능active intelligence'이란 자신이 누구인지 설명해 주는 변치 않는 속성이 아니라 결정을 내릴 때 사용하는 지혜를 말하는데, 이 능동적 지능에 접근하기 위해서는 먼저 여러 장애물을 분간할 수 있어야 한다. 우리의 목표는 윤리적 문제가 포함된 중요한 결정의 순간에 훨씬 능동적이고 신중한 사고 과정(일반적으로 시스템 2를 의미한다)에 참여하는 습관을 쌓는 것이다. 사람들은 현명하고 도덕적인 선택을 내리지 못하게 하는 인지(시스템 1)의 지름길로 쉽게 빠지는 경향이 있다. 이제부터 살펴보겠지만, 우리 안에 숨어 있는 현명한 의사결정 과정에 도달하기 위해서는 우리의 의지와 지식이 모두 필요하다.

## 능동적 지능을 방해하는 장애물 뛰어넘기

심리학과 행동경제학에서는 우리의 지능을 충분히 활용하고 도덕적인 행동을 할 수 있는 방법에 관한 통찰력을 제공한다. 그중 한 방법으로 편향 줄이기가 있다. 허버트 사이먼이 제한적 합리성에 대한 연구로 노벨상을 받은 이후, 대니얼 카너먼과 아모스 트버스키Amos Tversky는 개인이 이성적인 의사결정에서 엇나가는 체계적이고 예측 가능한 과정을 자세히 기술함으로써 현대의 행동적 의사결정 분야를 개척했다. 우리가 충분히 이성적으로 행동하지 못하게 방해하는 인지 편향의 종류는 아래와 같다.[2]

- **과신 오류**: 매우 어려운 질문에 적절히 대답할 때 자신의 판단이 틀릴 리 없다고 과신하는 경향이 있다.[3]
- **틀 짜기 효과**: 위험에 대한 태도는 문제 상황이 어떤 방식으로 제시되었느냐에 따라 달라진다. 특히 손해보다 이득이 부각될 때 위험을 회피하려는 경향이 있다.
- **닻 내리기 효과**: 수치를 추정할 때 우리는 처음에 제시된 숫자나 값에 영향을 받으며 그 기준점에서 크게 바뀌지 않는 경향이 있다.
- **확증 편향**: 자신의 믿음을 입증하는 정보만 믿으려고 하고, 자신의 신념을 반박하는 증거는 무시하는 경향이 있다.

- **사후 과잉 확신**: 어떤 사건의 발생 여부를 알고 나면 우리는 결과(예를 들어 선거에서 특정 후보자가 뽑힐 확률)를 더 잘 예측할 수 있었다고 과대평가하는 경향이 있다.
- **지식의 저주**: 특정 분야의 전문 지식이나 정보를 알고 있을 때, 관련 정보나 지식이 없는 사람들이 문제를 어떻게 바라볼지 잘 이해하지 못한다.[4] 그래서 교사는 지식이 부족한 학생의 입장에 공감하지 못하곤 한다.

돈 무어Don Moore와 나는 《판단과 결정*Judgment in Managerial Decision Making*》에서 의사결정 과정에서 발생하는 편견들을 포괄적으로 정리한 바 있다.[5]

## 도덕적 편향

전문가들이 밝혀낸 다양한 인지 편향cognitive bias 중에는 특히 도덕적 의사결정과 관련 있는 것도 있다. 이러한 인지 편향은 우리 내면의 성찰적인 도덕적 기준을 지키지 못하게 하고, 대부분의 사람은 이와 같은 요인이 어느 정도로 우리의 결정에 편견을 심고 해를 끼치는지 잘 알지 못한다. 이러한 도덕적 편향이 발생하는 원인으로는 부족한 숫자 감각, 다른 사람을 도움으로써 느끼고 싶은 만족감, 연대감에 대한 욕구 그리고 자신의 관점에만 몰입하는 것이 있다.

수학 교수 존 앨런 파울로스John Allen Paulos는 자신의 베스트셀러 《숫자에 약한 사람들을 위한 우아한 생존 매뉴얼*Innumeracy*》에서 수학적 문맹, 즉 수문맹에 관해 설명한다. 수문맹이란 글자가 아닌 숫자에 무능한 것을 말한다. 숫자에 무능한 이유는 양적인 정보를 처리할 기술이나 그럴 만한 동기가 부족하기 때문이라고 볼 수 있다. 인지 편향 연구와 유사하게, 그는 수문맹 역시 교육의 기회가 적은 사람과 제대로 교육받고 지식이 많은 사람 모두에게 발생한다고 주장한다.

체계적 편향systematic bias은 양적인 정보를 명확하게 처리할 수 있는 능력을 저하한다. 예를 들어 한 연구에서는 사람들을 세 그룹으로 나누고 기름 유출로 인해 익사하는 철새의 수가 첫 번째 그룹에게는 2000마리, 두 번째 그룹에게는 2만 마리, 세 번째 그룹에게는 20만 마리라는 정보를 준 뒤 이들을 구조하기 위해 돈을 얼마나 지불할 의사가 있는지 물었다. 피실험자들이 새들의 고통에 공감한다고 가정했을 때, 합리적으로 분석하면 세 가지 다른 수의 새를 구조하는 행동의 가치가 이들의 기부 의지에 매우 큰 차이로 반영될 것이라고 예상했다. 즉 사람들은 2000마리 새보다 20만 마리 새에게 더 많은 돈을 기부해야 했다. 하지만 각 그룹이 지불하기로 한 금액의 평균값은 각 80달러, 78달러, 88달러로 사실상 같은 수준이었다.[6] 이러한 종류의 수문맹은 범위 무감각scope insensitivity 또는 범위 무시scope neglect라고 설명한다. 다시 말해, 이타적 행동의 범위는 문제를 해결하기 위한 기부의 규모에 거의 영향을 미치지 않았다.[7] 카너먼과 그의 동료들이 분석한 바로는 피실험자들이 "새 한 마리가 검은 기름에 날개가 완전히 뒤덮여 빠져나가지 못하고 기진맥진한 모습"을 상상했다고 한다.[8] 동정심을 자극하는 새의 이미지가 사람들을 기부하게 만드는 가장 중요한 요소였고, 위험에 처한 새가 2000마리건 2만 마리건 20만 마리건 상관없었다. 우리는 양적 정보에 집중하지 않고 감정에 호소하는 이미지에 반응하여 결정을 내린다.

2007년 한 연구에서, 의사결정학자 데보라 스몰Deborah Small과 조지 로웬스타인George Loewenstein, 폴 슬로빅Paul Slovic은 피실험자에게 5달러씩 준 뒤 설문지를 작성하도록 했다.[9] 그중 절반에게는 아래 문장을 읽도록 했다.

> 아프리카 말라위에서는 식량 부족 문제로 300만 명이 넘는 어린아이들이 병들고 있습니다. 잠비아에서는 극심한 가뭄으로 인해 옥수수 생산량이 2000년도에 비해 42퍼센트나 감소했습니다. 그 결과 대략 300만 명의 잠비아 국민이 기아 문제를 겪고 있습니다. 또한 앙골라 전체 인구의 3분의 1인 400만 명이 집에서 쫓겨나야 하는 처지입니다. 그리고 에티오피아의 1100만 명 국민은 식량 지원이 시급합니다.

그리고 나머지 절반의 사람들에게는 아래의 메시지와 함께 한 여자아이의 사진을 보여주었다.

> 이 소녀는 당신의 금전적 기부가 있다면 조금 더 평온한 삶을 살 수 있습니다. 우리 세이브더칠드런은 당신과 여러 사려 깊은 후원자가 내미는 도움의 손길을 받아 로키아의 가족과 지역 사회 이웃들을 포함해 이 소녀에게 음식과 교육 기회는 물론 기본적인 의료 지원과 개인위생 교육까지 제공하고자 노력할 것입니다.

두 조건에 놓인 참가자에게 5달러의 일부 또는 전부를 기부할 의향이 있는지 질문했다. 첫 번째 그룹에서는 23퍼센트의 참가자들이 기부하겠다고 답했고, 두 번째 그룹에서는 2배에 해당하는 46퍼센트의 사람들이 기부를 결심했다. '인식 가능한 희생자 효과identifiable victim effect'에 따르면 사람들은 같은 수준의 어려움을 겪는 대규모의 모호한 대상에 대한 정보를 들었을 때보다 구체적이고 인식할 수 있는 한 명의 희생자가 특정되었을 때 더 큰 도움을 제공한다고 한다.[10]

범위 무시 편향과 인식 가능한 희생자 효과는 우리의 직관적인 수문맹을 부추기고 현명하지 못한 결정을 내리게 만든다. 이와 반대로 대부분 사람은 단순히 좋은 일을 했다는 기분을 느끼기보다 가능한 최대의 선을 실현할 수 있는, 예를 들어 기부를 하거나 시간을 투자하는 행동을 선택하고 싶어 한다.

그렇다면 우리는 왜 애초에 인식 가능한 희생자와 같은 사람들을 위해 좋은 일을 하는 것일까? 다른 사람을 위해 가치를 실현하기 위함인가, 아니면 은근한 경쟁 구도에서 인정받기 위함인가? 대부분의 사람은 전자가 옳다고 믿고 싶을 테지만 대니얼 카너먼과 동료 학자들의 설득력 있는 분석에 의하면, 범위 무시 현상은 사람들이 실현 가능한 최대의 선을 생각하기보다는 문제 해결에 참여했다는 만족감을 느낄 수 있을 만큼의 돈을 기부하기 때문에 발생한다고 한다.[11]

예를 하나 들자면, 나는 개인적으로 비슷한 금액을 기부한다면 유명 오페라 하우스에 기부하는 것보다 신흥 시장국의 기아 문제에 기부하는 것이 더 큰 선을 만든다고 믿는다. (보스턴 오페라 하우스는 나를 성가셔 하거나 이런 생각을 표현하는 것조차 문화적 소양이 부족하다고 여길지 모르겠다.) 하지만 주요 문화적 장소들은 기금을 거두는 데 있어 기아 구조 단체보다 매우 유리하다. 이들은 후원자에게 소책자를 발행하거나 가끔은 명판에 기부 규모 순으로 명단을 새겨 벽에 붙여 놓는다. 이와 비슷하게 대학교도 기부자들이 건물에 새겨진 자신의 이름을 볼 수 있다는 점에서 유리하다. 사람들은 자신의 기부가 인정받지 못하면 기부금을 줄이거나 아예 그만둘 정도로 기부로 인한 인정을 매우 중요하게 여긴다.

많은 사람이 자기 내면의 인정받고 싶은 욕구를 한 번쯤 돌이켜보기를 바라지만, 이 욕구가 완전히 사라질 것이라 기대하기는 어렵다. 결국에는 선한 영향력을 행사하는 단체들이 어떻게 기부자들의 공로를 인정할 것인지 생각해 볼 필요가 있다.

철학자 피터 싱어Peter Singer는 종종 강의를 시작하며 우연히 한 아이가 연못에 빠져 허우적거리는 상황을 목격했다고 가정해 보라곤 한다.[12] 아마 사람들은 아이를 구하기 위해 물에 뛰어들 것이고 그들의 옷은 흠뻑 젖고 진흙투성이가 될 것이다. 피터는 이렇게 묻는다. "당신에게는 아이를 구할 의무가 있나요?" 청중은 즉시 그렇다고 답할 것이다. 그러면 피터는 옷이 젖고 진흙이 묻는 만큼의 희생을 감안해야겠지만 우리의 기부로 생명을 구할 수 있는 수백만 명의 아이들이 먼 나라에도 존재한다고 지적한다. 하지만 우리는 이런 기회를 그냥 지나친다. 왜 그런 것일까? 왜냐하면 이 아이들은 멀리 떨어져 있어서 직접 볼 수 없으며 개개인으로 인식할 수 없기 때문이다. 대부분의 사람은 멀리 떨어진 곳에서 발생하는 고통에는 공감하지 못한다.

피터 싱어의 일화를 통해 왜 우리는 같은 기부금으로 더 큰 선을 실현할 수 있는데도 불구하고 먼 나라에 기부하는 것보다 가까운 지역사회 이웃에게 기부하기를 선호하는지 분명하게 알 수 있다. 자신이 기여한 선과 직접적으로 연결되고 싶기 때문이다. 게다가 왜 우리에게 직접 호소하는 사람들의 이야기에는 귀를 기울이면서, 훨씬 가치 있는 또 다른 단체가 우리의 기부로 더 많은 일을 할 수 있다는 생각은 하지 못하는지도 설명해 준다. 하지만 사람들에게 기부 수혜자와의 연대감을 얼마나 중요하게 여기는지 물어보면, 그들은 이러한 감정의 이유를 잘 설명하지 못하고 오히려 최대의 선을 실현할 수 있는 곳에 기부하려는 경향을 보인다. 즉 직관적으로는 연대감을 추구하지만, 더욱 능동적인 지능은 실질적인 영향력에 관심을 가진다.

이와 관련한 한 연구에서, 심리학자 니콜라스 에플리Nicholas Epley와 유진 카루소Eugene Caruso는 사람들이 다른 사람의 생각과 감정에 공감하는 놀라운 능력을 가지고 있지만, 그들이 눈앞에 있지 않은 이상 그 능력이 쉽게 발휘되지 않는다는 사실을 발견했다.[13] 우리는 다른 사람들의 표정을 살피기 때문에 그들의 감정에 바로 공감할 수 있다. 그리고 상대가 선호하는 바를 아주 예리하게 알아챌 수 있다. 게다가 지구에서 가장 가난한 사람의 삶이 어떠할지 상상할 수 있지만, 일반적으로는 이러한 상상력을 발휘하는 데 실패한다.

인지심리학자 보아즈 케이사Boaz Keysar는 사람들이 그런 능력이 있는데도 다른 사람의 입장에서 잘 생각하지 못하는 현상을 '의도의 투명성 착각illusory transparency of intent'이라는 개념을 들어 설명했다.[14] 그는 원하는 장소로 길을 안내해 주는 GPS가 없던 옛날에 친구에게 집으로 오는 길을 말로 설명해 주는 상황을 예로 들었다. 당신도 기억나겠지만, 친구들은 중간에 길을 잃고 공중전화를 걸어(그 시대의 핸드폰이었다) 다시 길을 물어보곤 했다. 왜 우리의 똑똑한 친구는 정확하게 알려줘도 길을 잃어버렸을까? 왜냐하면 우리는 의식하지 못한 익숙한 정보들, 예를 들면 우리 집 몇 블록 전의 갈림길에서 왼쪽으로 가야 한다는 사실을 잊어버리고 알려주지 않았기 때문이다. 마찬가지로 그동안 반복적으로 해 오던 업무 수행 방법을 동료에게 설명할 때도 그다지 신통하지 못하다. 다른 사람에게 설명할 때 우리는 그 업무를 상대방의 입장에서 생각하지 못한다. 즉 우리의 의도와 지식이 투명하다고 착각하는 것이다. 이처럼 의도의 투명성을 착각하는 현상은 앞서 이야기했던 지식의 저주와도 상통하는 이야기다.

우리의 자기중심적 성향을 보여 주는 또 다른 예시는 인생의 흔한 사회적 과제인 선물 주기다. 가치 극대화의 관점에서 누군가를 위한 가장 이상적인 선물을 어떻게 고를 수 있을까? 당신이 선물을 고르는 데 발생한 비용(시간 또는 돈)보다 받는 사람이 선물로 인해 얻는 가치가 더 커야 할 것이다. 이 목표를 이루기 위해 지식을 동원해 선물 받을 사람이 중요하게 여기면서도 잘 모를 만한 상품이나 서비스를 찾으려고 할 것이다. 자, 그럼 이제 당신이 지금껏 이사하면서 가지고 있는지도 몰랐고 짐을 싸거나 이사할 때 전혀 관심 없었던 물건들을 떠올려 보자. 이런 물건들의 공통점은 무엇일까? 내 경험으로는 유치한 책이나 우스꽝스러운 미술품, 장난기 넘치는 선물처럼 다소 '엉뚱한' 물건이곤 했다. 주고받는 순간에는 재미있지만 다음 날이면 가치가 떨어지는 것들이다. 그 선물을 한 사람은 선물을 줄 때의 즐거움만 생각하고 당신이 얻게 될 실질적인 장기적 가치는 고려하지 않았다. 중요한 요점은 선물을 주는 순간의 즐거움보다 선물 받는 사람의 장기적인 경험을 더 중요하게 생각하면 많은 가치를 창출할 수 있다는 사실이다.

사람의 자기중심적 성향에 관한 또 다른 증거는 캘리포니아대학 버클리 캠퍼스 교수이자 《지나친 자신감*Perfectly Confident*》의 저자 돈 무어의 연구에서 찾을 수 있다. 그의 연구에 따르면 사람들은 객관적으로 어려운 일은(일반적으로 저글링을 들 수 있다) 평균보다 못한다고 생각하고, 객관적으로 쉬운 일은(보통 운전이 그렇다) 평균에 비해 잘한다고 생각한다.[15] 물론 일반적으로 사람은 어려운 일은 잘하지 못하고 쉬운 일은 잘 수행한다. 하지만 사람들은 자신의 수행 능력을 평가할 때 그 일에 대한 자기 능력 자체에만 초점을 두는 경향이 있고, 심지어 다른 사람의 수행 능력에 대한 정보를 제공해도 서로 비교하여 생각하지 않는다.

비슷한 맥락에서 다양한 연구들은 사람들이 자기중심적 성향으로 인해 실제로 자신이 기여한 수준보다 더 많은 공로를 요구한다는 사실을 보여 준다. 이러한 현상은 가난한 사람이든 부자든, 남자든 여자든, 어떤 인종이든 상관없이 전반적으로 나타났다. 나와 닉 에플리 그리고 유진 카루소가 함께한 연구에서 우리는 학술 논문을 공동 집필한 사람들에게 자신이 연구에 기여한 정도가 전체에서 어느 정도 비율을 차지한다고 생각하는

지 물어보았다. 평균적으로, 4명의 공동 저자가 있는 경우 이들은 통틀어서 140퍼센트의 공로를 주장했다.[16] 그 이유는 이들이 이기적으로 행동해서가 아니라 다른 사람의 노력보다 자신의 노력에 더 중점을 두었기 때문이다. 실제로 질문을 바꿔 논문에 대한 집필자들의 공이 각각 어느 정도라고 생각하는지 물어보자, 이들은 다른 사람의 노력에 좀 더 집중하는 모습을 보였고 이기적 편향도 절반가량 감소했다.

## 능동적 지능 발휘하기

앞서 설명한 편향의 네 가지 원인(수문맹, 만족감과 인정, 연대감, 자기중심)을 돌아보면, 우리는 정확한 숫자보다 직감을 따르고, 희생자와 공감대를 형성하고, 인정받고, 연대감을 느끼고, 자기에게 집중하는 등 모두 자기 자신을 중심에 두고 있다는 사실을 알 수 있다. 많은 선을 실현하기 위해서는 우리 자신을 넘어 그 이상을 생각할 수 있어야 한다. 그러기 위해서는 의사결정의 두 가지 기본 방식인 시스템 1과 시스템 2에 주의를 기울이는 것이 좋은 출발점이다.

의사결정의 처방적 모형은 때로 체계를 규정함으로써 이성적으로 생각하도록 힘을 실어 준다. 한 예로 돈 무어와 나는 《판단과 결정》에서 여러 선택지 사이에서 올바른 답을 고르는

과정을 아래와 같이 단계별로 정리한 바 있다.[17]

1. 문제 상황 정의하기
2. 관련 기준 정리하기
3. 기준의 중요도 판단하기
4. 대안 찾기
5. 기준별로 대안 평가하기
6. 최적의 결정 계산하기

대부분 사람이 과정 자체는 잘 납득하지만, 이 절차를 자주 지키는지 물어보면 '물론 아니죠'라고 답한다. 물론 슈퍼마켓에서 물건을 고를 때마다 매번 이 단계를 밟는다면 쇼핑이 몇 시간이나 걸릴 것이다. 그러나 중요한 결정을 앞두고 있다면 이 방법이 적절하겠지만, 심지어 이런 순간에도 많은 사람이 체계적인 것과는 거리가 멀다.

1장에서 이야기했듯이 좋은 선택을 하기 위한 한 가지 방법은 시스템 1 사고에서 시스템 2 사고로 이동하는 것이다. 하지만 중요한 결정의 순간에도 정신없이 바쁘다 보면 시스템 1 사고에 의지할 가능성이 높다. 미친 듯이 바쁜 직장 생활의 속도로 미루어보아 회사의 중요한 리더들 역시 시스템 1의 사고 과정에 의존한다는 사실을 추측할 수 있다.[18] 심지어 말콤 글래드웰Malcolm Gladwell의 《블링크*Blink*》 같은 여러 베스트셀러가 시스템

1의 직관적 사고를 믿어도 된다는 잘못된 희망을 주고 있다.[19] 아무리 똑똑한 사람이라도 종종 잘못된 판단을 내리는 것처럼, 사람의 직관에는 의심을 제기할 만한 많은 근거가 있다.

시스템 1에서 시스템 2로 넘어가는 방법으로는 다양한 것들이 있다. 먼저, 위에서 설명한 것과 같은 체계화된 의사결정 과정을 그대로 따를 수 있다. 그리고 자신의 직감이 어느 쪽으로 치우쳐 있는지 비판적인 시각으로 살펴볼 수도 있다. 시간이 촉박하거나 스트레스 받는 상황 등 가장 잘못된 선택을 내릴 수 있는 시기가 지나갈 때까지 기다리는 방법도 있다. 똑똑한 친구나 파트너, 동료에게 문제를 분석하는 일을 도와달라고 부탁하거나, 집단에 결정을 넘길 수도 있다. 또는 계산기나 컴퓨터, 알고리즘을 이용하여 논리적 분석을 얻는 방법도 있다.

윤리 영역으로 다시 돌아가서, 조슈아 그린은 이중 처리dual-processing 이론을 이용하여 의사결정 과정처럼 도덕적 추리에도 두 가지 독립적인 과정이 있다고 주장했다. 우리는 시스템 1의 추리 과정, 즉 직관적이고 본능적인 반응을 이용하여 대부분의 도덕적 상황에 대처한다. 그린은 충분한 증거를 통해, 신중한 시스템 2 사고 과정이 더 큰 가치 창출을 위한 결정을 내린다고 주장한다. 그린의 연구는 공리주의적이고 가치 창조적인 판단을 내리는 방법을 알려준다. 물론 효율을 위해 대부분의 일상적 의사결정에서 빠르고 직관적인 시스템을 사용할 수 있다. 하지만 시간을 할애할 수 있다면 중요한 결정의 순간에 신중한 사고 과정을 이용함으로써 많은 가치를 창출할 수 있다.

## 능동적 지능을 위한 조력자

자기 자신이나 다른 사람을 위해 현재 어떻게 가치를 창출하고 있는지 스스로 질문해 보자. 더 많은 가치를 만드는 방법이 있지는 않은가? 흥미롭게도 많은 사람이 자신의 현재 도덕적 행동을 충분히 살펴보거나 점검하지 않는다. 시스템 2 사고 과정을 더 자주 활용하고 싶다는 의지가 생겼다면 이제는 유용한 도구가 필요하다. 도덕적 선택을 내리는 데 사용할 수 있는 실용적 전략 세 가지를 소개한다.

### 독립 평가보다 통합 평가 이용하기

우리는 도덕적 문제에 감정적으로 반응하곤 한다. 하지만 안타깝게도 감정적 결정은 이성적 상태에서 내린 결정과 다를 때가 많다. 결정을 내릴 때 감정에 비중을 두는 한 가지 이유는 선택지를 한 번에 하나씩 고민하기 때문이다. 다양한 연구에서 밝혀진 것처럼, 한 번에 한 가지 선택지(예를 들어, 상품이나 지원자, 취업 제의, 휴가지 등)를 선택할 때는 시스템 1 사고가 우리의 결정에 큰 영향력을 발휘한다. 반면 동시에 여러 가지 선택지를 비교할 때는 시스템 2 사고가 작동된다. 그래서 우리는 의식적이고 편견이 덜하며 더욱 공리주의적인 결정을 내릴 수 있다.

취업 제의를 따져보는 상황을 예로 들어보자. 동료들과 나는 경영학 석사 졸업생들에게 모집 기간이 빠듯한 상황에서 컨설팅 회사가 제시한 각각의 일자리를 수락할 것인지 물어보았다.[20] A 조건의 학생들에게는 적당한 수준의 월급을 받게 되고 다른 졸업생들도 같은 조건의 제안을 받았다고 이야기했다. B 조건의 학생들에게는 높은 월급을 제안했지만 몇몇 다른 학생들은 훨씬 좋은 조건을 제안받았다는 사실을 알려주었다. A의 일자리가 B보다 월급이 낮았지만, B에서는 다른 사람에게 돈을 더 준다는 도덕적 문제가 생겼기 때문에 학생들이 감정적 반응을 일으켰다. 이러한 사회적 비교는 사람들의 판단과 결정에 아주 강력한 영향을 미친다.

사회적 비교와 그로 인한 감정적 반응은 여러 가지 선택지를 동시에 비교할 때보다 선택지를 한 가지씩 평가할 때 훨씬 많이 일어난다. 경영학 석사 졸업생에게 일자리 A 또는 일자리 B를 제안하자 이들은 A가 더 매력적이라고 평가했는데, 일자리 B에서는 다른 사람보다 낮은 월급을 제안받았다는 감정적 반응 때문이었다. 하지만 이들에게 A와 B 일자리를 동시에 제시하고 둘 중 하나를 고르게 하자 A가 아닌 B를 택했다. 통합 평가에 쓰이는 인지 기능은 졸업생들이 감정적 반응을 무시하고 일자리 A보다 B가 더 많은 월급을 준다는 사실에 집중하도록 했다.

좋은 직원을 고용하면서도 그 과정에서 차별을 줄이는 방법에 관심 있는가? 또 다른 연구에서 나와 아이리스 보넷Iris Bohnet, 알렉산드라 반 진Alexandra van Geen은 이러한 도구로서 통합적 의사결정을 발견했다.[21] 사람들은 직원을 한 번에 한 명씩 평가할 때 시스템 1 사고의 지배를 받는 특징을 보였다. 그래서 결국성 고정관념에 의존하곤 했다. 수학적 업무가 많은 곳은 남자 직원으로, 언어적 기술이 필요한 곳에는 여자 직원으로 마음이 기울었다. 그에 비해 한 번에 두 명 이상의 직원을 비교할 수 있게 하자 이들은 직무 기준 자체에 집중하는 모습을 보였다. 이러한 결정은 입사 지원자에게도 더 도덕적이며 더불어 조직의 성과도 향상시킨다.

## 무지의 베일

철학자 존 롤스John Rawls는 사회를 위한 최선의 선택을 고민하는 하나의 도구로 '무지의 베일veil of ignorance'이라는 개념을 제안했다.[22] 무지의 베일은 사회에서 자신이 어떤 위치인지 전혀 모른다고 가정하는 것이다. 충분한 정보가 없을 때, 즉 무지의 베일에 가려질 때 비로소 우리는 더 큰 선을 위해 사회가 어떻게 조직되어야 하는지 결정할 수 있는 상태가 된다. 롤스는 무엇이 정당한지 객관적으로 파악하는 데 있어 우리의 사회적 신분이나 부, 지위 등이 인지 장벽을 형성한다는 사실을 직감적으로 깨달았다. 무지의 베일에 가려지면 우리는 더 나은 선택을 할 수 있다.

무지의 베일은 현실의 수많은 도덕적 문제 속에서 우리의 역할이 무엇인지 알지 못하게 해서 더 현명하고 도덕적인 선택을 내릴 수 있게 한다. 1장에서 마지막으로 다루었던 딜레마 문제로 돌아가서, 다섯 명의 사람이 병원에서 죽어가고 있고 의사에게 건강한 여섯 번째 사람을 죽여서 다섯 명을 살릴 기회가 주어진 상황을 다시 살펴보자. 당신은 이 이야기 속 여섯 명의 인물 중 한 명이 당신이라는 사실을 알고 있지만, 롤스의 무지의 베일에 가려져서 이 중 누가 당신의 역할인지는 모른다. 아마 이제 당신은 한 명을 희생하여 다섯 명을 구하는 결정에 조금 더 찬성할 것이다. 결국 건강한 한 사람의 죽음은 당신의 생존 확률을 17퍼센트에서 83퍼센트로 높여 준다. 이러한 생각의 흐름을 따라가다 보면 당신의 결정은 공리주의에 가까워질 것이고, 그건 당신이 더 이상 이 이야기 속 캐릭터가 아니라 하더라도 마찬가지일 것이다. 그리고 나는 캐런 황Karen Huang, 조슈아 그린과 함께 일련의 실험 연구를 통해 이러한 예측이 사실임을 확인했다.[23]

롤스는 어떻게 하면 자기 자신이 누군지 모르게 할 수 있을지에 대해 고민했다. 도덕성과 객관성을 높일 수 있는 또 다른 방법은 의도적으로 다른 사람이 누구인지 알지 못하게 하는 것이다. 그러면 인구학적 정보에 휘둘리지 않을 수 있다. 1960년대만 해도 미국의 주요 오케스트라에서 여성 단원이 차지하는 비율은 채 10퍼센트도 되지 않았다. 이후로 이 수치는 크게 달라졌는데, 오케스트라 오디션에 생긴 약간의 변화 덕분이었다. 그것은 바로 연주자와 심사위원 사이에 가림막을 설치하는 것이었다. 과거에는 심사위원이 오디션에 참가한 연주자들을 볼 수 있었다. 현재는 가림막 뒤에서 오디션을 보는 것이 일반적인 일이 되었는데 덕분에 심사위원은 참가자를 오로지 연주 실력으로만 평가할 수 있었고, 외적인 모습 또는 전문 음악가가 갖추어야 하는 자질에 대한 고정관념에 의해 판단이 흐려지지 않을 수 있었다.[24] 비슷한 맥락에서 많은 테크 기업에서 1차 서류 심사에서 지원자의 이름과 사진을 가리고 평가한다. 그 결과 인사팀이 주시하는 지원자를 알아보지 못하게 되어 도덕적이고 객관적인 판단을 내리는 데 도움이 된다.

조금 더 현실적인 방법은 의사결정 과정에서 자신의 정체성을 지우려고 노력하는 것이다. 예를 들어 새로운 직원을 뽑기 위해 지원자들을 평가할 때 자신의 권력이나 종교, 졸업한 학교나 그 외 특성을 잊도록 하라. 또는 공정한 세금 제도를 고민한다면, 당신이 태어난 나라의 부의 수준이 무작위로 정해진다고 생각하는 것도 도움이 된다. 당신이 어느 정도의 부를 가질지 알 수 없다면 어떤 과세 제도가 공평할까? 무지의 베일을 이용하면 이기적 편향을 줄일 수 있고 선택의 도덕성을 높일 수 있다.

### 사전에 기준 세우기

그렇지만 도덕적 의사결정을 앞두고 언제나 무지의 베일 전략을 택하거나 동시에 여러 선택지를 비교할 수 있는 건 아니다. 이 외에도 유용한 방법은 확실한 결정을 내리기 전에 미리 기준을 세우는 것이다. 예를 들어 당신은 숫자를 잘 다루는 사람을 고용해야 한다고 가정해 보자. 현실적 제약으로 인해 지원자를 물색하다가 괜찮은 인재를 찾으면 그때 고용하려고 한다. 즉 지원자를 한 번에 한 명씩 판단해야 하는 것이다. 어떻게 해야 당신은 성차별을 하지 않으면서 기업이 원하는 최고의 직원을 뽑을 수 있을까?

나와 린다 창Linda Chang, 미나 시카라Mina Cikara, 아이리스 보넷은 지원자를 판단하기 전에 원하는 기준을 미리 생각해 두면 성차별적 판단을 줄이고 능력 좋은 직원을 고용할 수 있다는 사실을 발견했다.[25] 사전에 채용 기준을 정할 때 우리는 시스템 2를 사용하여 어떤 것이 좋은 선택일지 고민하게 된다. 하지만 미리 기준을 세우지 않고 특정 지원자를 판단하면 시스템 1이 우세하게 되고 수많은 편견에 사로잡혀 어리석고 비도덕적인 결정을 내리게 된다.

통합적으로 평가하기, 무지의 베일 이용하기, 사전에 기준 정하기까지는 우리를 시스템 1에서 시스템 2의 사고 과정으로 이끌고 결국 도덕적인 결정으로 안내한다. 우리는 모두 지적 능력을 능동적으로 활용할 수 있고 더 현명하고 도덕적인 결정을 내릴 수 있다. 다음 장에서는 매우 중요한 인지 장벽에 대해 살펴볼 것이다. 우리는 일반적으로 파이의 크기가 고정되어 있다고 생각하기 때문에 다른 사람이 연관된 의사결정에서 이와 같은 인지 장벽이 생긴다. 최고의 선택과 옳은 선택은 양립할 수 없다는 미신을 벗어 던질 때, 비로소 최고의 선택과 옳은 선택이 모두 가능한, 도덕적으로 효율적인 세상으로 가는 길이 열릴 것이다.

03

# 현명한 타협하기

당신은 많은 연봉을 받는 것이 중요한가, 아니면 어떤 일을 하느냐가 중요한가? 와인의 품질이 더 중요한가, 음식의 맛이 더 중요한가? 집을 구매할 때는 위치가 중요한가, 평수가 중요한가? 열심히 저축하는 삶과 하루하루를 즐기는 삶 중에 무엇을 선택할 것인가?

의아하게도 내 경험상 대부분 사람은 일에 만족하기 위해 연봉을 얼마나 희생해야 하는지 그리고 집 평수와 비교하려면 위치는 얼마나 좋아야 하는지를 잘 알지 못하면서도 이 문제에 쉽게 답한다. 전문가들은 단순하게 어떤 속성이 더 중요하게 느껴지는지에 따라 선택해서는 안 된다고 조언한다. 그보다는 하나를 얻기 위해 다른 하나를 얼마나 포기할 것인지 알아야 한다.

선거에 출마한 정치인이 공약을 위해 모든 힘을 쏟겠다고 약속하는 모습을 흔하게 볼 수 있다. "세금을 내리겠습니다", "원하는 의사에게 진료받을 수 있습니다", "환경을 지키는 정부로 만들겠습니다", "가장 강력한 군사력을 갖추겠습니다", "국가 부채를 늘리지 않겠습니다" 등을 약속한다. 그리고 유권자는 이런 간단한 공약을 좋아한다. 적어도 자신의 정치적 사상과 일치하는 공약은 좋아한다. 하지만 현명한 리더라면 이러한 공약에는 타협이 필요하다는 사실을 잘 알고 있다. 군사력을 키우고, 복지 사업에 투자하고, 세금을 줄이면 국가 부채는 늘기 마련이다. 그리고 공약 실행에 필요한 타협이라는 것 자체가 말이 안 되는 경우가 많다. 대부분의 거래는 한쪽에서 아주 조금의 이익을 보는 동안 다른 쪽에서는 큰 손해가 난다. 또한 시민에게 투표의 편리성을 제공하는 것과 같은 많은 가치를 실현하고 폭넓은 지지를 받을 수 있는 거래는 간과하기도 한다.

잘 맞는 직업을 고르고, 집을 사고, 휴가 계획을 세우거나 좋은 정책을 만들기 위해서는 다양한 요소 간의 현명한 타협이 필요하다. 이를 통해 우리는 더 좋은 결과를 얻고 가치를 실현할 수 있다. 어떤 문제는 타협점이 분명해서 선택이 어렵지 않다. 예를 들어 매력적이고 재미있어 보이는 직장과 조금 지루하지만 연봉이 1000달러 높은 직장 사이에서 선택해야 한다면, 마음이 끌리는 곳을 고르기 쉬울 것이다. 반면 어려운 문제는 판단 기준끼리 팽팽하게 맞서고, 선택지들의 전체적인 가치가 비슷하게 느껴진다. 만약 두 직장 중 마음이 덜 가는 곳에서 2만 달러 높은 연봉을 부르고 당신이 현재 학자금 대출이 많은 상황이라면 두 선택지가 서로 다른 기준에서 월등하기 때문에 선택이 훨씬 어려울 것이다. 사람들은 흔히 이러한 결정 앞에서 직감에 의존하고 감정적 기준에 중점을 둔다. 그래서 체계적으로 선택지들을 비교하는 것이 도움이 된다. 맨 위에 두 가지 선택지를 적고 두 칸으로 나눈 뒤, 왼쪽에는 판단 기준을 나열한다. 그리고 각 기준이 당신에게 얼마나 중요한지 따져 본 다음, 선택지들을 기준에 따라 평가한다. 좀 고지식한 방식 같긴 하지만, 시스템 2가 시스템 1의 직감을 저지한다면 현명한 타협을 이루는 데 큰 도움이 될 것이다.

가장 중요한 결정을 내릴 때, 그리고 때로는 그 결정이 자기 자신을 넘어서는 영향력을 가질 때, 우리는 여러 기준에 대해 현명한 거래를 함으로써 많은 가치를 실현할 수 있다. 비영리단체들의 간접비 지출 비율에 대한 정보를 제공하는 온라인 플랫폼 채리티 내비게이터Charity Navigator를 살펴보자. 이 단체는 낮은 간접비를 유지하는 자선단체를 지나치게 옹호한다. 간접비 절감이 자선단체가 추구해야 할 좋은 목표라는 점에는 나도 동의한다. 하지만 효율적 이타주의자가 주장하듯이 이 외에도 자선단체의 효율성이나 자선 금액 대비 실현하는 선의 양, 리더의 청렴과 관용 역시 유의미하다고 생각한다. 예를 들어, 어떤 자선단체가 대부분의 성공적인 기업이 그러듯이 실력 좋은 직원을 채용하고 관리하기 위해 연구 및 수준 높은 급여에 많은 돈을 투자하고 있다면 간접비 비율이 높을 수도 있다. 만약 이 직원 덕분에 자선단체의 효율성이 좋아진다면 높은 간접비도 가치 있을 것이다. 편리한 측정 기준으로서 간접비에만 초점을 맞춘다면 자선단체의 효율성이나 그들이 실현한 순가치의 양 같은 다른 중요한 기준에 대해서는 현명한 타협을 하기가 어려워진다.

우리는 이전 장에서 두 가지 이상의 선택지를 한 번에 비교하는 것보다 한 번에 하나의 선택지를 판단할 때 직관 시스템이 결정을 주도하고, 안 좋은 선택을 내리고, 결국 많은 가치를 실현하지 못한다는 사실을 살펴보았다. 루시우스 캐비올라Lucius Caviola와 그의 동료들은 이 연구 결과를 이용하여, 사람들이 자선단체를 개별적으로 판단할 때는 간접비 지출에 주목하는 데 반해, 여러 단체를 한 번에 비교할 때는 전체 효율성에 집중하여 현명한 기부를 선택한다는 사실을 발견했다.[1] 자선 활동에 대한 내용은 9장에서 더 자세히 살펴보겠다.

## 협상에서의 가치 창출과 가치 획득

우리가 할 수 있는 가장 간단한 유형의 타협은 어디에 살지, 어떤 일을 할지 등 개인적인 문제로 제한된다. 우리의 결정에 다른 사람이 발언권을 가지고 있을 때 종종 협상을 하게 된다. 협상 과정에서 타협의 가능성은 널리 퍼져 있다. 복합적인 문제를 협상할 때, 협상 상대와 경쟁하고 협동할 때, 그리고 사회 전체의 이익과 자기 그룹의 이익 사이에서 선택해야 할 때 타협 상황에 놓이게 된다. 우리는 저마다 중요하게 여기는 쟁점들을 타협함으로써 가치를 실현한다. 이러한 문제는 오래전부터 협상이나 게임이론 영역에서 탐구해 오던 분야다. 하지만 이들이 중점을 두었던 부분은 각각의 의사결정자를 위한 최고의 선택을 찾는 것이었다. 다른 사람과 사회 전체를 고려한다면 당신의 결정은 가치를 실현하고, 서로 협동하고, 점점 더 많은 집단을 위해 고민하는 방향으로 기울어야 한다.

금요일 저녁, 당신은 연인과 함께 외출하기로 했지만 구체적인 계획은 없다. 여느 커플처럼, 저녁 식사 이야기를 꺼내자 당신의 연인은 A 식당을 선호하는 반면 당신은 C 식당을 선호할 것이다. 둘은 모두 이성적인 사람이기에 B 식당으로 타협한다. 저녁 식사를 마친 후 영화를 보기로 한다. 연인은 D 영화가, 당신은 F 영화가 보고 싶다. 역시 이성적인 사람들은 E 영화로 타협을 본다. 두 사람은 B 식당과 E 영화의 조합으로 즐거운 데이트를 했다. 하지만 집으로 돌아가는 길에 당신의 연인은 어떤 식당에 가는지가 더 중요했고, 당신은 어떤 영화를 보는지가 더 중요했다는 사실을 깨닫는다. 결과적으로 A 식당과 F 영화 조합이 두 사람 모두에게 더 좋은 선택이었을 것이다. B-E 선택지에서는 A-F 선택지에서 실현할 수 있는 가치를 만들 수 없었다.

이 소소한 이야기는 협상에 관한 사고방식을 하나 보여 준다. 그것은 바로 가치 창출에 주력하는 것이다. 거의 모든 협상 수업에서 가르치는 아주 기본적인 원칙 하나는 여러 쟁점에 대해 타협함으로써 가치를 창출할 수 있다는 것이다. 이것은 협상에는 언제나 두 가지 이상의 쟁점(저녁 식사, 영화 또는 가격, 대출 기간, 납기일)이 존재한다는 뜻이며, 타협점을 찾기 위해 모든 당사자에게 각 쟁점이 얼마나 중요한지 아는 것이 중요하다. 당신이 이 책의 공리주의적 성향을 받아들이지 않는다 해도, 주어진 협상 상황에서 상대방과 나눠 가질 파이를 더 크게 만들기 위해서 현명한 타협을 이루고 싶을 것이다.

협상에서 타협을 추구하는 것이 얼마나 중요한지 다음 그래프를 통해 알 수 있다. 오랫동안 협상을 가르치고 경영 컨설팅을 해 온 나의 경험으로 알 수 있는 것은 대체로 협상가들이 그래프의 A값과 비슷한 합의에 이른다는 사실이다. A에서는 당사자들이 합의에 이르렀고 양쪽 모두 이를 통해 가치를 얻었지만, 그보다 많은 가치를 얻을 수 있는 합의 지점이 아직 남아 있다는 것을 알 수 있다. D와 E 그리고 F에서의 합의는 A보다 양쪽 당사자 모두에게 더 좋은 선택이지만, 당신은 D를 선호하고 상대방은 F를 선호할 것이다. 당신과 상대방이 서로 가치를 획득하려는 갈등으로 인해 현명한 가치 추구가 어려워지고 그 대신 이득이 적은 A에서 합의하게 된다.

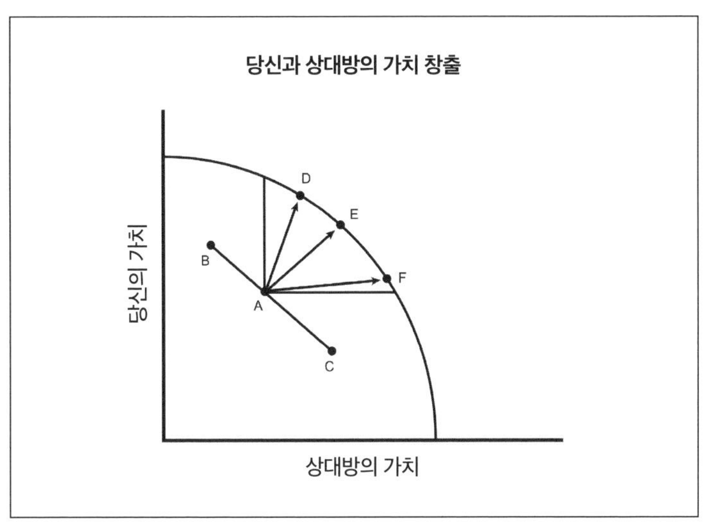




협상을 가르치다 보면 많은 학생이 자신을 훌륭한 협상가라고 생각하면서 수업에 들어온다. 이는 일반적으로 그들이 가격 흥정에 뛰어나며, 지나치게 강경한 태도로 허사가 되어 버린 많은 거래에 대해 미련을 갖지 않는다는 것을 의미한다. 자신을 '훌륭한 협상가'라고 표현하는 대부분의 사람은 가치 창출에 대해서는 거의 생각하지 않는다. 그리고 이들은 보통 한정된 파이fixed pie라고 부르는 편견에 사로잡혀 고통받는다. 다시 말해, 나누어 가지게 될 파이의 크기가 한정되어 있다고 착각하는 것이다.

운동 경기나 사립학교 입학, 시장 점유율에 대한 기업 간의 대결 등 많은 경쟁이 이기느냐 지느냐의 싸움이지만, 대부분의 협상에서는 파이의 크기를 키울 가능성이 있다. 각자가 가장 중요하게 생각하는 부분을 더 많이 얻을 수 있도록 여러 쟁점에 걸쳐 가치를 창출하는 타협을 통해 파이를 키울 수 있다. 나는 학생들에게 가능한 많은 가치를 창출하는 협상을 할 것을 권하는데, 좀 더 전문적으로 표현하면 파레토 최적의 협상을 하라고 말한다. 이는 양쪽 당사자 모두 더 이익을 낼 수 있는 다른 경우의 수가 존재하지 않는 협상을 말한다. 여전히 많은 협상가들이 가치 창출에 필요한 정보를 공개하면 상대가 더 많은 가치를 가져가고 자신은 바보가 될까 봐 두려워한다. 디팩 맬호트라Deepak Malhotra와 나는 가치를 창출하면서도 가치 분배에서 손해를 낮출 방법을 《협상 천재*Negotiation Genius*》에서 정리했다.[2]

파이가 한정되어 있다는 잘못된 생각을 떨쳐내기 어렵다면, 다음의 약간 변형된 그래프를 살펴보자. 당신은 자기 자신을 위한 다수의 선과 세상을 위한 다수의 선을 실현하고 있다. 다음의 그래프에서 당신의 현재 위치를 A라고 해 보자.

만약 당신이 덜 관대해진다면 A에서 B로 이동할 것이고, 좀 더 너그럽다면 A에서 C로 이동할 것이다. 하지만 만약 희생이 줄고 영향력은 더욱 커지는 D, E, F 중 하나로 이동하여 당신이 더 많은 가치를 얻으면서 사회 전체에도 더 많은 가치를 창출할 수 있다면 어떨까? 이번 장에서는 당신의 관대함뿐만 아니라 높은 효율성으로 더 많은 선을 실현할 방법에 집중하려고 한다. 이러한 효율성은 가치를 창출하는 거래를 위해 어떻게 결정

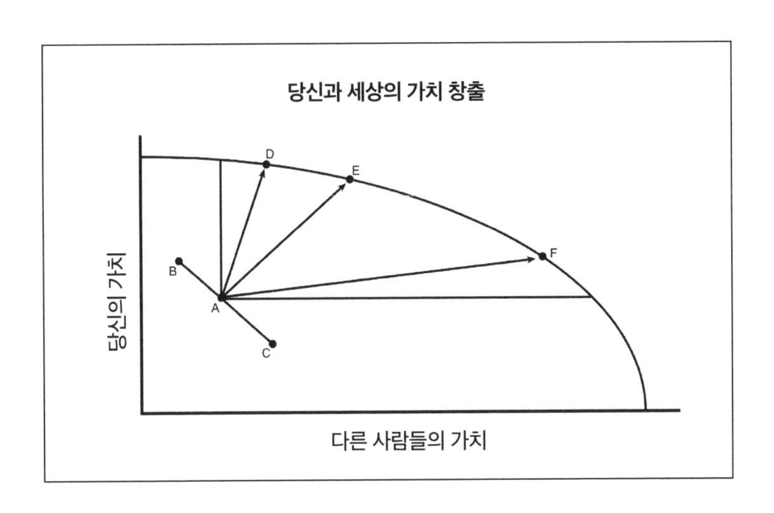


을 내리고, 협상하고, 기회를 찾는지에 따라 그래프의 북동쪽으로 이동하며 발생할 것이다.

마지막으로 이 그래프의 수평축이 수직축보다 긴 것에 주목해 보자.(그래서 A-F 선이 A-D 선보다 길다.) 이는 당신이 다른 사람을 위해 실현할 수 있는 선의 총합이 동일한 자원으로 당신을 위해 실현할 수 있는 선보다 크다는 의미다. 공리주의가 강조한 것처럼 한정된 돈은 이 책을 읽을 수 있을 정도로 넉넉한 사람보다 가난한 사람에게 더 유용하게 사용된다. 공리주의적 관점에서 당신이 A 합의에서 C 합의로 조금 이동하는 것에 대한 걱정 때문에 E 지점까지 나아갈 수 없다는 건 부끄러운 일이라고만 말해 두겠다.

때로는 당신의 가치가 떨어지더라도 가치 창출에 더 집중하면 결국 좋은 방향으로 흘러간다. 가치 창출에 집중함으로써 포기하는 부분은 종종 당신을 희생시키겠지만, 다른 사람을 위해 창출하는 가치에 의해 더 많이 채워질 것이다. 그 과정에서 당신은 더 좋은 세상을 만드는 전략을 하나 더 사용하는 것이다.

## 자유 무역

2018년 여름, 하버드 로스쿨의 협상 연구소에서 이런 질문을 받은 적이 있다. "맥스, 당신이 본 협상 중에서 최근에 있었던 가장 큰 실수는 무엇인가요?"[3] 내 대답은 당연히 이랬다.

> 제가 본 가장 큰 실수는…… 미국 정부가 중국 정부와 한 무역 협상입니다. 글로벌 경제 시대에서 경쟁자에 맞서고 싶다면 (다른 무역 동료들을 확실히 내 편으로 만들어서) 영향력을 얻는 것이 중요하죠. 이 경우에는 미국 정부가 협상에 앞서 다른 나라들을 소외시켰고, 그래서 우리는 동맹국들의 힘을 잃게 되었어요. 협상에서 지나치게 단순하고 공격적인 태도는 오늘날 글로벌 경제 시대에서 문제를 해결해 주지 않아요.

2018년부터 2020년 사이 미국의 무역 정책은 한쪽이 얻으면 다른 쪽은 잃는다고 믿는 파이 한정의 편견이 뚜렷하게 드러난다. 2016년까지 미국은 2008년의 금융 위기를 제대로 극복하고 있었고 경제력을 순조롭게 회복하는 중이었다. 이러한 경제 회복에는 연이은 자유무역협정도 포함되었다. 자유 무역은 무수한 방식으로 가치를 창출한다.[4] 치열한 경쟁을 통해 효율을 높인다. 그리고 가장 잘 생산하는 품목은 전문화할 수 있고, 상대적으로 불리한 상품은 다른 국가와 거래할 수 있다. 자유 무역 덕분에 소비자들은 매우 다양한 상품과 경쟁을 통한 낮은 가격에 접근할 수 있는 이득이 있다. 자유 무역은 다른 국가와 경쟁을 붙임으로써 특정 국가의 독점을 깬다. 또한 지식이 활발하게 전달되며, 중요한 무역 파트너를 잘 공격하지 않기 때문에 전쟁의 가능성도 줄어든다. 전체적으로 자유 무역은 무역 협정을 맺은 모든 국가에게 순가치를 창출한다. 하지만 특정 국가 안에서는 결국 패자가 있기 마련이고, 때로는 다른 국가의 품질 좋고 저렴한 상품이 들어오는 지역의 산업과 노조가 이러한 타격을 받곤 한다.

미국이 2018년까지 중국과의 무역에서 불만족스러웠던 이유는 여러 가지가 있었다. 일단 중국은 예전부터 자국 시장에 들어오려는 외국 기업에게 중국 기업과 함께 합작 투자에 참여할 것을 꾸준히 요구해 왔다. 또한 외국 기업은 중국 정부에게 지적 재산을 '점검' 받아야 했는데, 많은 미국 정부 관계자들은 이를 중국 기업이 지적 재산을 훔치는 편리한 수단으로 이용한다고 보고 있다. 다른 나라들도 같은 염려를 했지만 조치를 취하기에는 힘이 부족했다.

2016년까지 존재했던 무역 체제는 미국과 중국 모두에게 순가치를 창출했을지 모르지만, 현재의 협정들은 앞서 본 그래프의 F점에 가까우며 미국은 E점이나 D점에 도달하기 위해 재협상을 강구해야 한다는 목소리도 있었다. 하지만 미국 정부는 가치가 한정되어 있다는 잘못된 판단으로 파레토 최적에서 멀리 떨어진 협상을 했고 심지어는 A점까지 후퇴하게 되었다. 특히 중국으로부터 일방적인 양보를 얻어 내기 위해 미국은 중국 수입품에 세금을 부과했다. 그러나 중국은 양보하는 대신 너무 뻔하게도 중국에 들어오는 미국 수입품에 세금을 부과하는 보복을 했다.

무역 전쟁을 시작하고 싶다면 당신이 고른 상대가 어떤 반응을 보일지 미리 생각하는 것이 현명하다. 중국 같은 경우는 미국 시장 내에서 입지가 좁아진다면 미국의 수요를 대체할 다른 무역 파트너와 손잡을 것이라고 예상할 수 있다. 흥미로운 점은 다른 교역 상대국 대부분이 미국과 같은 이유로 중국에게 불만을 품어 왔다는 것이다. 현명한 협상가라면 동맹국들과 통상 전략을 통합할 필요가 있다고 판단할 것이다. 하지만 불행하게도 미국은 이와 동시에 주요 교역 상대국들을 적대시하는 선택을 했다. 결과적으로는 미국이 연합 작전으로 이익을 볼 수 있었던 바로 그 시점에 교역 파트너들은 중국과의 관계를 강화하는 데 주력했다. 이번 무역 전쟁의 경우, 중국이 받은 피해는 미국보다 훨씬 작았고, 자유 무역으로 이룰 수 있었던 가치 창출은 사라지고 말았다.

## 협력과 경쟁 사이에서 타협 꾀하기

미국과 중국 간의 무역 전쟁 이야기는 타협 그리고 전 세계의 선이라는 관점에서 풀어야 할 또 다른 문제를 부각시킨다. 그것은 바로 협동과 경쟁 사이의 갈등이다. 우리가 흔히 접할 수 있는 주제로 바꿔 보자. 당신은 직장 동료가 성공할 수 있도록 도와줘야 할까, 아니면 당신의 승진을 위해 그들과 경쟁해야 할까? 성과를 내세울 때 다른 사람들의 도움을 강조해야 할까, 아니면 자신의 공을 주장해야 할까? 이 주제들은 우리가 협력과 경쟁 사이에서 아주 흔하게 접하는 타협의 문제다.

사실 이러한 타협은 역사상 가장 유명한 게임이론 문제의 핵심과도 통하는 부분이 있다. 이 문제는 당신과 당신의 '동료'가 경찰에 체포되면서 시작된다. 경찰은 당신의 경범죄를 입증하고 당신과 공범에게 1년의 징역을 내릴 수 있는 증거를 충분히 확보했다. 하지만 경찰은 당신과 공범이 더 심각한 죄도 저질렀다는 사실을 (정확히) 알고 있다. 죄수 A인 당신과 죄수 B인 당신의 공범은 분리되어 다른 방에 있다. 경찰은 당신에게 거래를 제안한다.[5]

> 만약 당신이 자백하고 공범은 자백하지 않으면, 당신은 공범을 배신하고 경찰이 공범의 죄를 입증하는 데 필요한 증거를 제공할 수 있다. 이에 따라 공범은 징역 3년을 받고, 당신은 석방될 것이다.

불행하게도 경찰은 공범에게도 똑같은 거래를 제안했다(다음의 표를 확인하라). 경찰은 둘 다 자백할 경우 각각 징역 2년을 선고받는다는 사실을 분명히 해 두었다. 이제 당신과 공범은 똑같은 문제에 부딪혔다. 두 사람을 묶어서 생각하면 둘 다 자백하는 것(각각 2년 형)보다 자백하지 않는 것(각각 1년 형)이 더 낫지만, 개인으로 보면 상대가 어떤 선택을 하든지 상관없이 자백이 더 나은 선택이다. 다시 말해, 공범이 자백하면 그로 인해 당신은 1년 형이 아닌 2년 형을 받게 되고, 공범이 자백하지 않으면 당신은 1년 형을 받지 않고 석방될 것이다. 그러므로 전체적으로 보면 서로 협력하는 것이 낫지만, 두 사람에게는 각자 배신할 만한, 즉 경쟁할 만한 동기가 분명하다.[6]

| | | 죄수 B | |
|---|---|---|---|
| | | 죄수 B 침묵(협력) | 죄수 B 자백(배신) |
| 죄수 A | 죄수 A 침묵(협력) | 각각 징역 1년 | 죄수 A: 징역 3년<br>죄수 B: 석방 |
| | 죄수 A 자백(배신) | 죄수 A: 석방<br>죄수 B: 징역 3년 | 각각 징역 2년 |



이 '죄수의 딜레마' 게임은 경쟁과 협력 사이에 존재하는 타협의 본질을 잘 포착했기 때문에 유명해졌다. 이 딜레마는 하나의 모형으로써 협력을 결정하는 데 영향을 미치는 요인을 찾고, 상대가 어떤 행동을 할지 확실하지 않은 상황에서 협력과 경쟁 사이의 타협을 어떻게 볼지 파악하는 용도로 사용되기도 했다. 죄수의 딜레마를 주제로 한 수천 가지 과학 논문이 발표되었고, 이 과정에서 다음 페이지와 같은 모습으로 단순화되었다. (단위는 돈으로 생각하면 편리하다.)

이와 관련된 수많은 연구에서, 참가자들은 이 게임을 같은 '동료'와 반복적으로 시행하며 자신의 동료가 이전 순서에서 협력했는지 배신했는지 알 수 있다. 당신이 이 게임을 한 판 한다면 협력할 것인가, 배신(경쟁)할 것인가? 게임 횟수를 늘린다면 당신의 전략은 어떻게 달라질까? 아나톨 라파포트Anatol Rappaport

| | | 죄수 B | |
|---|---|---|---|
| | | 협력 | 배신 |
| 죄수 A | 협력 | A: 3<br>B: 3 | A: 0<br>B: 5 |
| | 배신 | A: 5<br>B: 0 | A: 1<br>B: 1 |



라는 심리학자는 죄수의 딜레마 게임을 아주 많이 반복하는 경우 '팃포탯tit-for-tat'이라는 맞대응 전략을 펼칠 것을 주장했다. 팃포탯은 1라운드에서는 상대에게 협력한 뒤, 그 후부터는 상대 플레이어가 이전 라운드에서 선택한 행동을 똑같이 따라 하는 전략이다. 다시 말해 상대 플레이어의 1라운드의 행동이 당신의 2라운드 선택이 되고, 상대의 2라운드 행동이 당신의 3라운드 선택이 되는 방식으로 이를 무려 200라운드까지 진행한다.

정치학자 로버트 액설로드Robert Axelrod는 죄수의 딜레마 게임을 여러 번 반복할 때 가장 효과적인 전략이 무엇인지 찾기 위해 흥미로운 연구를 진행했다. 그는 대학생을 대상으로 실험하지 않고(인터넷이 아직 없던 과거에 대부분의 연구가 그랬다), 죄수의 딜레마 게임의 전문가, 즉 사회과학자들을 초청해 최고의 전략을 뽑는 대회를 열고 각자 전략을 짜 오게 했다. 그는 사전에 모든 참가자에게 각자의 전략은 총 200라운드 게임을 통해 겨루게 될 것이라고 이야기했다. 각 팀의 전략은 토너먼트 경기를 통해 점수를 땄고 그 점수에 따라 순위가 정해졌다. 총 14팀이 참가했고 우승을 차지한 전략이 바로 라파포트의 팃포탯 전략이었다. 액설로드는 이 실험 결과를 발표하는 논문을 내며 두 번째 대회에 참가할 팀을 모집했다. 그리고 한 번 더 열린 대회에서는 무려 69개 팀이 참가했는데 또다시 팃포탯 전략이 우승했다. 이후에도 죄수의 딜레마 대회가 여러 차례 열렸지만 팃포탯 전략과 팃포탯을 약간 변형한 전략들이 계속 좋은 결과를 냈다.

하지만 팃포탯 전략만 배운다고 끝은 아니다. 액설로드는 현실에서 관계를 이어 나가고 가치를 실현하기 위한 효과적인 전략은 친절하고 단순하고 잘 반응하고 너그러운 것이라고 주장했다. 친절한 전략은 긍정적 관계를 만드는 데 목표를 두고 시작한다. 반복 게임에서 이 전략은 첫 라운드에서 협력한 뒤 상대가 같은 선택을 하는 한 계속 협력하는 방식이다. 현실에서의 친절한 전략은 상대에게 최고의 모습을 기대하고, 친절하지 않은 상대에게 이용당할 수 있는 사소한 위기를 받아들인다. 게다가 단순한 전략은 경쟁보다 협력을 더 이해하기 쉽게 한다. 물론 친절하게 행동하면 불리해질 수 있다. 당신은 협력했는데 동료는 배신한다면 최악의 결과를 얻겠지만, 오직 한 라운드에서 이용당한 것뿐이다. 죄수의 딜레마 토너먼트 경기에서 몇몇 전문가들은 이 '친절한' 전략을 쓰는 팀으로부터 이익을 얻어내려는 전략을 사용했다. 이들은 가끔 단기적 이익은 보았지만 장기적으로는 성공하지 못했다.

팃포탯 성공의 세 번째 키는 바로 잘 반응하는 것이다. 이 전략은 경쟁을 계속 피하지만은 않을 것이라는 의미를 상대에게 전달한다. 마지막으로 팃포탯 전략은 너그럽다. 원한을 품는 일이 없다. 상대가 새롭게 협력하는 행동을 보이면 팃포탯 전략은 효율적이고 가치 창조적인 관계를 회복하는 데 마음이 열려 있다. 지나친 처벌은 갈등을 키울 수도 있다. 팃포탯은 바로 앞의 상대보다 더 높은 점수를 얻을 수는 없다. 오로지 해당 게임을 함께 플레이하는 상대'만큼만' 얻을 수 있다. 절대 자발적인 경쟁을 선택하지 않기 때문이다. 하지만 상대와 이로운 관계를 꾸준히 쌓아서 결국 전체 토너먼트에서 승리했다. 이 책이 자기 자신 너머의 가치 창출을 지지하는 한편, 나는 팃포탯 전략이 언제나 협력하는 친절한 전략보다 더 공리주의에 가깝다고 생각한다. 상대도 협력하도록 행동을 유도하면서 결국 더 많은 공동의 가치를 실현할 수 있기 때문이다.

나는 참 이상한 산업인 학술계에 몸을 담고 있다. 일반적으로 이 산업의 전문가들은 새로운 지식을 찾고 다음 세대의 리더를 훈련하는 사회적 사명을 지니고 있다. 하버드대학은 다양한 분야에서 스탠퍼드나 노스웨스턴이나 옥스퍼드 같은 명문 대학과 경쟁한다. 그리고 우리는 최고의 학부생과 MBA 학생을 얻기 위해 적극적으로 움직인다. 경영자 교육 강의를 판매하기 위해 경쟁한다. 또한 우리 학교가 높은 순위에 들기 위해 경쟁한다. 하지만 이 학계에서 내가 가장 매력을 느끼는 부분은 다양한 영역에서 철저하게 협력한다는 점이다. 우리는 경쟁 대학과 가능한 한 빠르게 연구 내용을 공유한다. 마찬가지로 교수법에 대한 통찰도 공유한다. 그중에서도 가장 놀라운 협력은 아마 한 대학에서 박사 과정 학생 한 명을 훈련하고 지도하기 위해 수십만 달러를 지출할 때일 것이다. 여기에서는 새로운 박사 과정 자리에 우리 학교 학생을 앉히는 것이 아니라 주요 경쟁대학 중에서 뽑겠다는 분명한 목표가 드러난다. 이 외 대부분 산업의 입장에서 보면 학술계가 경쟁이 아닌 협력을 선택하는 것은 매우 특이한 행동이다. 하지만 이 규칙은 학술계 전체가 더 좋은 아이디어를 효율적으로 찾을 수 있게 하고 또 모든 대학의 교육의 질을 상승시킨다. 이 과정에서 대학은 사회적 가치를 창출한다. 나는 대학들이 서로 협력하는 모습에 항상 뿌듯함을 느낀다.

우리는 모두 협력과 경쟁 사이의 갈등을 경험하며, 이 갈등은 진정한 타협을 수반한다. 우리의 협력을 이용하는 사람에게 속고 싶지 않은 건 당연하다. 하지만 장기적 관점에서 보면 수많은 이로운 관계를 만들 수 있는 만큼 어쩌다 한 번의 작은 손해는 겪을 만한 가치가 있다. 우리는 자신이 속임수를 당하지 않는지에만 집착하며 이런 통찰을 보지 못하는 중요한 실수를 저지른다. 하지만 장기적으로 봤을 때 매 순간 협력을 추구하는 삶이 훨씬 효율적이다. 다른 사람을 위한 가치 실현을 고려하지 않아도 이것은 사실이다. 우리가 다른 사람이 얻는 결과에 대해 생각하고 이를 중요하게 여긴다면, 더 큰 협력을 주장하는 사람들의 목소리도 점점 커질 것이다.

## 전체와 부분 중에서 무엇을 중시할 것인가

비영리단체를 향한 흔한 비판 중 하나는 너무 많은 사람이 같은 문제에 매달리고 있다는 것이다. 즉 하나로 통합된 단체가 훨씬 효율적으로 할 수 있는 일을 다섯 단체가 나누어 하고 있다는 뜻이다. 결국 이들은 간접비를 감축하여 그 비용을 더 좋은 곳에 쓸 수 있는 기회를 놓치게 된다. 이 사례는 7장에서 낭비에 관해 이야기를 나눌 때 한 번 더 다루도록 하겠다. 국제적인 관심사이며 나 역시 더 많은 주목이 필요하다고 생각하는 문제가 바로 비영리단체의 이러한 문제를 어떻게 체계화하여 사회적 대의를 위해 가능한 많은 가치를 창출할 것인가이다. 이 분야를 현명하게 개혁한다면 막대한 선을 실현할 수 있을 것이다.

그러기 위해서는 조직을 위한 최선의 선택에 집중하는 것과 그 조직의 실제 목적을 위해 최대의 이익을 창출하는 것이 서로 상충할 수 있음을 아는 것이 중요하다. 하지만 합병을 통해 간접비를 줄인다면 어떤 조직의 리더는 일자리를 아예 잃거나 더 이상 리더의 역할을 맡지 못하게 된다. 게다가 조직들은 작은 문제에 대해 저마다 강경한 의견이 있을 테고, 합병 조직 안에서는 각자가 원하는 선택지가 항상 채택되는 것도 아니다. 그러므로 비영리 조직의 수혜자에게는 좋은 일이겠지만, 특정 조직과 그 직원들의 근시안적인 요구는 부정적 영향을 받을 것이다. 그렇다면 현재 조직의 요구와 사회 복지 사업의 수혜자 사이에서 우리는 어떤 타협을 이루어야 할까? 이 문제의 해답이 분명하기를 바란다. 비영리 집단은 이용할 수 있는 자원 내에서 최대의 선을 창출하기 위해 노력해야 한다. 다시 말해, 비영리 조직의 리더들은 사회적 목표에 기여할 더욱 효율적인 조직을 만들기 위해 그들의 명성과 자유를 기꺼이 희생해야 한다. 하지만 우리는 이러한 타협에 너무 쉽게 실패한다.

협력에 대한 이러한 주장은 비영리단체에만 적용되는 건 아니다. 내가 자주 이용하는 학습 도구로는 잭 브리튼Jack Brittain과 심 시트킨Sim Sitkin이 만든 카터 레이싱Carter Racing이라는 의사결정 시뮬레이션이 있다.[7] 이 시뮬레이션의 참가자는 수준 높은 자동차 레이싱 팀의 소유주라는 역할을 맡는다. 이 팀은 다음과 같은 상황에서 자동차 레이스에 참가할지 말지 결정을 내려야 한다. 이번 레이스에서 성공한다면(5위 안에 든다면) 추가 지원을 받는다는 점에서 큰 성과를 얻지만, 실패한다면 회사 문을 닫아야 한다. 몇몇 레이싱 팀 멤버는 경기 중 추운 날씨로 인한 엔진 고장이 우려되어 레이싱을 걱정하고 있다.[8]

나는 이 시뮬레이션을 가르칠 때 먼저 경영진들에게 개별적으로 레이스를 할지 말지 선택하게 한다. 그런 다음 일곱 명을 한 그룹으로 묶은 뒤 이번에는 그룹별로 어떤 결정을 내릴 것인지 질문한다. 다시 수업을 시작하면 이들에게 그룹 미팅에서의 목표는 무엇이었는지 물어보는 시간을 갖는다. 다음 중 어떤 것을 선택했는가?

a) 가능한 최고의 결정에 도달하기 위해 나머지 여섯 멤버로부터 의견을 모았는가?

b) 아니면 과반수 투표에서 이길 수 있도록 세 명의 멤버를 납득시켰는가?

대부분 경영진은 b)를 선택했다고 인정했다. a) 선택지가 더 현명한 결정을 내리고 효과적인 결과를 내는 최고의 방법이라는 사실을 알고 있었지만 말이다.

유능한 리더라면 조직 내부의 권력 싸움에서 이기는 것보다 모든 부서가 하나의 공동 목표를 달성하는 데 집중해야 한다. 전체 조직에 집중하면 효율이 높아지고 파레토 최적의 상태에 가까워져서 궁극적으로 가치를 실현하게 된다. 따라서 집단 전체를 위한 최고의 해결책을 추구하는 것이 특정 상황에서도 최선의 선택일지 확신이 들지 않을 수 있지만, 이것이야말로 우리 인생의 좋은 목표이자 사회 복지를 극대화하는 훌륭한 방법이다.

우리는 종종 작은 집단(가족, 지역 사회, 도시, 교회, 부서)에 집중할 것인가 또는 넓은 집단(당신이 속한 부서가 아닌 기업 자체)에 집중할 것인가의 문제에 부딪힌다. 만약 많은 선을 실현하는 것이 우리의 목표라면 시야가 매우 좁아질 수 있다. 공리주의적 관점에서 도덕적 결정은 무엇이 최대의 선을 실현할지 고민하는 과정에서 나오며, 자신과 밀접하게 연결된 작은 집단을 위한 선을 먼저 생각해서는 안 된다.

만약 비축과 지출 사이에서 타협을 이루는 데 계속 실패한다면 당신에게 몹시 나쁜 일이 일어날 수 있다. 가치를 획득하고 경쟁에서 이기고 승리 연합을 확보하는 데만 집중하면 단기적으로는 자기 자신에게 이로울 수도 아닐 수도 있지만, 명예가 훼손될 가능성은 충분하다. 협력하지 않거나 범지구적 관점에서 생각하지 않으면, 자기 자신과 전 세계를 위한 가치 창출의 능력이 제한될 것이다. 유능한 협상가처럼 지속 가능한 최대 선을 실현하고 싶다면 현명한 거래를 찾는 힘을 활용해야 한다.

04

# 부정부패 근절하기

나는 대체로 시장과 경쟁의 힘을 믿는다. 완벽하다고 할 수는 없지만, 덕분에 사회의 가치가 잘 실현되고 있다. 또한 기술 혁신을 꾀하며 인류가 더 오래 건강하게 살 수 있게 하는 제약회사에도 감사하다. 사실 나는 그동안 긍지를 가지고 수많은 제약회사에게 컨설팅 및 교육 프로그램을 제공했다. 하지만 제약회사의 부정부패 관행으로 인해 시장의 효과성이 제한되고, 고객으로부터 가치를 빼앗고, 전체적인 사회적 가치가 파괴되는 점은 마음에 들지 않는다. 우리는 이러한 종류의 부패를 너무 자주 용납한다.

의료비 상승은 미국이 현재 직면하고 있는 사회적 문제로 그 어떤 나라보다 의료비에 많은 돈을 쓰고 있다. 처방약은 의료비의 상당 부분을 차지하고 있으며, 2017년에는 총의료비의

10퍼센트 수준이었다.[1] 일반적으로 약값은 제약회사가 특정 약을 독점 판매할 때 터무니없이 비싸진다. 그리고 오리지널 의약품을 복제한 제네릭 의약품Generic drug이 이들의 독점을 깨면서 가격이 급격히 낮아진다. 하지만 일부 제약회사는 제네릭 의약품의 시장 진출을 어떻게든 막으려고 한다. 심지어는 부정한 방법을 이용할 때도 있다.

활발한 신약 개발을 위해 정부는 제약회사가 특허권을 가질 수 있게 했는데, 이는 개발 과정에서 투자한 비용을 회수할 수 있도록 일시적인 독점을 허락함으로써 기업에게 신약 개발에 힘쓰고 또 그 기술을 공개하도록 장려하는 역할을 한다. 의약품 특허가 만료되면 제네릭 의약품이 시장에 진출할 수 있고 그때부터 약값은 80퍼센트에서 90퍼센트 수준까지 급락하게 된다. 그래서 정부는 제약회사가 새로운 약을 개발할 수 있도록 특허 기간을 늘려 주거나 관련 상품의 시장 진출을 막아 줄 것인가, 아니면 제네릭 의약품 기업이 저렴한 가격의 약을 출시하게 하여 사회의 취약한 집단을 위해 약의 접근성을 높여 줄 것인가 하는 결정 사이에서 까다로운 균형을 잡으려고 노력한다. 그러나 오리지널 제약회사는 이러한 순환 구조를 방해하고 독점 이익을 유지하기 위해 제네릭 제약회사가 시장에 진출하지 못하도록 간접적인 비용을 지불하기도 한다. 직접 돈을 주는 것은 불법이기 때문에 '부가적인 거래'에 과도하게 지불하는 방식으로 자신의 목적을 달성한다.

제약회사가 제네릭 의약품의 시장 진출을 막기 위해 돈을 지불했다는 사실이 처음 보도된 것은 2001년 미국 연방거래위원회Federal Trade Commission(불법적인 거래 제한을 규제하는 기구), 일명 FTC가 제약회사 셰링플라우Schering-Plough와 제네릭 제약회사인 업셔스미스Upsher-Smith에 소송을 제기하면서다.[2] 업셔스미스 사는 혈액 내 칼륨 수치를 안정화하는 염화칼륨 보충제 케이두어K-Dur의 제네릭 의약품을 이제 막 출시하려는 상황이었고, 이 의약품은 그동안 셰링플라우 사가 거의 독점하고 있었다. 업셔스미스는 셰링플라우의 특허권을 침해하지 않으면서 시장에 제네릭 상품을 출시할 수 있다고 주장했다. 셰링플라우는 업셔스미스의 시장 진출을 막기 위해 특허침해 건으로 소송을 제기했다. 그러나 두 회사는 법정 공방 없이 합의에 도달했다. 이들은 업셔스미스가 셰링플라우의 특허권 만료가 거의 가까워질 때까지 기다렸다가 제네릭 의약품을 판매하기로 합의했고, 해당 합의문에는 셰링플라우가 이와 관련 없는 다섯 개의 특허권을 받는 대가로 업셔스미스에게 6000만 달러를 지불한다는 내용이 포함되어 있었다. FTC는 두 회사를 고소하며 두 회사가 주고받은 6000만 달러는 다섯 개 특허권에 대한 대가가 아니라 업셔스미스를 케이두어 시장에 들어오지 못하게 하고 셰링플라우의 독점 가격을 유지하기 위함이었다고 주장했다.

FTC의 고발에 대해 두 제약회사의 변호사들은 여러 쟁점에 걸쳐 협상하는 것은 가치를 창출하며 사회에도 이로운 일이라고 주장했다. 그들의 입장은 이 협상문의 중대한 기여 중 하나로 가치 창출을 꼽았던 저명한 분쟁 해결 전문가의 지지를 받았다. 이 주장은 3장에서 소개했던 논리와 직접적으로 연결된다. 협상에 쟁점을 추가함으로써 파이를 확장하면 3장 그래프의 북동쪽으로 이동하고, 대개는 협상 테이블 위의 양쪽 당사자 모두에게 가치를 창출한다는 것이다. 하지만 제임스 길레스피James Gillespie와 내가 주장했듯이, 아무리 가치를 창출하는 거래라고 해도 그 가치가 서로 공모한 두 기업이 소비자를 희생시킨 뒤 나누어 가진 것이라면 사회에 안 좋은 영향을 끼치고 결국 고객은 더 많은 돈을 지불하게 된다.[3] 두 기업이 협상 테이블 위에 있지 않은 대상자(그 약이 필요한 사람들)에게서 빼어와 가치를 창출한다면 기생 가치 창출parasitic value creation이 발생하는 것이다.

셰링플라우와 업셔스미스 소송에서 전문가 증인으로 출석한 나는 제약 기업들에게 특허권 합의와 부가적 거래의 결합을 통한 공모를 허용하게 되면 이 사건을 본보기 삼아 또 다른 기업들도 대가를 지불하고 경쟁사의 시장 진출을 막는 행태를 모방할 수 있다고 주장했다. 제약회사는 엉터리 거래를 정당화함으로써 법적 문제를 피해갈 것이다. 자신들의 행동이 소비자에게, 더 넓게는 사회 전체에 미칠 폐해에 대해서는 염려하지 않은 채 말이다.

이 사건을 심리한 행정법 판사는 FTC에게 불리한 재결을 내리며 시장 진출을 지연시킨 것과 6000만 달러의 거래가 서로 관련 있다는 증거가 부족하다고 판단했다. FTC 위원회는 적대적인 두 기업이 독자적으로 두 합의에 도달했을 리가 없다고 판단하며 기본 방침에서 벗어나, 5 대 0의 표결로 판사의 재결을 뒤엎었다. 하지만 항소심은 한 번 더 제약 기업의 손을 들어줬고, 대법원은 FTC의 상고를 기각했다. 나는 이 판결이 훗날 경쟁 기업 간의 기생적인 결탁에 유용하게 쓰일 각본을 제시했다고 생각한다. 이로부터 20년 후, 많은 제약회사들이 이 행정법 판결과 항소 법원이 보여 준 청사진을 그대로 따라 하며 의약품에 대한 독점권을 연장했으며, 혐의를 완강히 부인하거나 사건이 매우 복잡해지기도 했다.

수법은 아주 간단하다. 당신의 독점권을 위협하는 경쟁사를 하나 골라 고소한 뒤, 제네릭 의약품의 시장 진출을 늦추고 관련 없는 몇 가지 부가 거래로 잠재적 경쟁자에게 과도한 금액을 지불하고 합의를 보면 된다. FTC가 이들의 부당한 거래에 소송을 제기한 후, 2015년에는 세팔론Cephalon 제약회사가 12억 달러를 지불하는 합의를 보았다. 이 사건은 셰링플라우 사건보다 훨씬 복잡했고, 세팔론 사는 위반 사실을 전면 부인했다. 하지만 세팔론이 무려 12억 달러에 흔쾌히 합의를 본 것이야말로 오리지널 제약회사가 제네릭 의약품의 시장 진출을 늦추기 위해 돈을 지불했다는 확실한 증거라고 볼 수 있다. 그렇지 않고는 이 엄청난 규모의 합의를 어떻게 설명할 수 있겠는가?[4]

사나 라피크Sana Rafiq와 나는 두 제약 기업이 특허권 소송에

연루되었다면 연관이 있든 없든 그 어떤 사업적 거래도 허용해서는 안 된다고 주장해 왔다.[5] 부가적 거래가 경쟁 제품의 출시를 늦추기 위해 위장한 거래일 가능성이 크고, 소송 중인 기업 간의 사업적 거래를 금지하면 기업들이 무관한 합의 내용으로 흔치 않은 거액을 주고받을 가능성을 차단할 수 있기 때문이다.

이 글을 쓰고 있는 지금까지도 관련 규정은 찾아볼 수 없고, 제약 기업이 소비자의 가치를 훔쳐서 기생 가치를 창출하는 패턴은 여전히 계속되고 있다. 제약 기업 간의 거래는 매우 복잡해서 소비자들은 관심을 두지 않는다. 그저 약값이 너무 비싸다고 불평을 늘어놓는다. 이 패턴과 동일하지 않다 해도 사법부는 이를 동떨어진 개별 사건으로 치부하며 부가적인 거래에서 주고받는 돈은 언제나 독점기업에서 다른 기업으로 향한다는 현실을 직시하지 않는다. 그러는 동안 제약 기업은 벌어들인 이윤으로 의회에 로비 활동을 하거나 정치 자금 기부를 하고 기업의 부정부패를 막으려는 법안 개정을 방해한다.

그런데 이 지점에서 내가 부정부패에 반대하는 목소리를 내는 동시에 전문가 증인으로서 FTC에게 보수를 받았다는 점을 우려하는 이도 있을 것이다. 나는 내 논리에 확신이 있었을까, 아니면 단순히 많은 돈을 벌기 위해 말해야 하는 것을 말한 것일까? 이러한 이해관계의 충돌이 나는 고민이었다. 그래서 이와 비슷한 일을 통해 받은 보수는 전부 자선단체에 기부하기로 마음먹었고, 이 다짐은 증언에 앞서 항상 분명히 밝히고 있다.

그 결과 나는 부정부패와 싸우고 그 수익을 효과적인 자선 활동에 기부함으로써 가치를 창출하고 있다.

약값이 비싸다고 불평을 늘어놓거나 '현실이 뭐 그렇지'라고 체념하지 말고, 우리의 조직과 도시, 주 그리고 나라에 일어나는 부정부패에 관심을 가져야 한다. 부정부패를 단순한 나쁜 행위 그 이상으로 인식해야 한다는 뜻이다. 최대한의 가치 창출이라는 북극성으로부터 더욱 멀어지는 행동이라고 소리쳐 말해야 한다. 그렇다면 어떤 방법이 있을까? 투표를 하고 정치적 행동을 취하거나 주변에서 부정부패가 발생했을 때 자리를 박차고 일어나는 모습으로 우리의 뜻을 보여 줄 수 있다.

## 도덕적 권위를 파괴하는 부패

전 FBI 특별수사 감독관 조시 캠벨 Josh Campbell은 CNN 기사에서 '국가 브랜드의 힘'에 대해 이렇게 설명한 적이 있다.

> 자유와 정의의 가치에 헌신하는 미국의 국가로서의 명성은 자기 자신을 미국 관계자라고 밝히는 영광을 누리는 모든 사람을 이끈다. 나는 FBI와 함께 20여 개국에서 외교와 군사 임무를 수행하면서 미국이라는 브랜드의 힘을 아주 가까이

목격할 수 있었다. 내가 말을 하면 사람들이 귀를 기울였다. 내가 엄청난 재능이 있는 연설가여서가 아니라, 완벽하지 않아도 전 세계적으로 정의와 공정, 진실을 상징한다고 알려진 기관들의 집대성을 추구하는 미국 정부를 대표하는 사람이기 때문이다. 남아시아의 한 미국 대사가 나에게 이야기한 것처럼, 미국은 자국을 통치하는 방식과 법의 지배를 고수하는 태도에서 생겨난 도덕적 권위 때문에 지구 곳곳에 영향력을 발휘한다.[6]

국가의 도덕적 권위는 신뢰를 형성하고 강력한 협력과 국가 간의 현명한 무역 그리고 자국은 물론 전 세계를 위한 가치 창출을 가능하게 한다. 이 도덕적 권위에 크게 힘입어 미국 정부는 아주 많은 가치를 창출할 힘이 있다.

하지만 이에 반해 정부의 부패, 그중에서도 고위층의 부패는 단순히 돈이 무고한 쪽에서 타락한 쪽으로 흘러가는 것보다 더 심각하다. 이는 가치를 파괴하고 사회 구조를 약화시킨다. 2011년, 당시 FBI 국장 로버트 뮬러Robert Mueller는 우리 사회가 부패에 지불하는 많은 비용에 대해 이렇게 설명했다.

당신은 어쩌면 휘발유 한 통에 돈을 더 지불할 수도 있다. 호화로운 수입차에 더 많은 돈을 쓸 수도 있다. 또는 의료, 대출, 의류, 음식에 더 많은 돈이 들어갈 수도 있다. 하지만

> 우리는 단순한 재정적 영향 그 이상을 우려한다. 이 집단은 우리 사업체에 침투할 수 있다. 적대적인 외세에 군수 지원을 제공할지도 모른다. 정부의 고위층 세력을 조종하려고 할 수도 있다. 소위 말하는 조직범죄자, 부패한 정부 관리, 사업 경영자의 '철의 삼각지대'가 국가 안보에 엄청난 위협을 가하고 있다.[7]

정부가 부패해질수록 비뚤어진 포상이 발전할 가능성이 큰 반면, 가장 유능하고 정직한 공무원은 좌절감에 빠져 일터를 떠나게 된다. 개인의 능력은 정치적 연줄과 낭비, 무능에 항복하고, 그 과정에서 사회적 신뢰는 무너진다. 만약 공무원이 부패를 도운 대가로 보상을 받는다면 부패한 체제는 관행이 될 것이다. 그리고 당연하게도 세계에서 가장 부패했다고 평가받는 나라들은 빈곤하거나 국력이 쇠퇴하고 있는 경우가 많다.

정부 관료들이 사법 제도를 공격할 때, 그리고 시민이 이들을 지지할 때 국가 전체는 도덕적 권위를 희생하고, 경의를 잃고, 가치를 파괴한다. 특별검사 로버트 뮬러의 2016년 미국 대선 관련 러시아 게이트 수사를 백악관 측에서 방해했을 때 미국 사법 제도는 신뢰도에 큰 타격을 입었다. 미국 대통령이 개인의 이해관계를 양보하지 않고 국가의 최고 직위를 자신의 사업을 키우는 데 사용했을 때 대통령직의 청렴성은 훼손되었다.

또한 부패는 국가 안보를 위험으로 몰아넣는다. 미국은 왜

9·11테러 이후 아프가니스탄을 침략했을까? 대부분 사람은 대통령이 알카에다Al Qaeda의 추가 공격으로부터 자국과 동맹국을 보호하려는 시도였다고 믿고 싶을 것이다. 더 안전하고 번영하는 아프가니스탄으로 만들기 위해 미국은 하미드 카르자이Hamid Karzai를 새로운 리더로 앉히도록 도왔다. 하지만 사라 체이스Sarah Chayes는 《부패권력은 어떻게 국가를 파괴하는가*Thieves of State*》에서 미국이 아프간의 부패뿐만 아니라 자국의 부패에 베푼 관용으로 인해 그들의 효과성이 훼손된 현실을 보여 준다.[8] 또한 미국이 도운 아프간 정부의 거대한 부패와 하미드 카르자이와 그의 가족이 저지른 부패, 그리고 이러한 부패에 따른 아프간 사회의 불신을 설명하고 있다. 그녀는 부정부패가 시민들의 분노와 저항뿐만 아니라 심지어는 극단주의 세력의 폭력을 유발한다고 주장한다. 미국 정부가 아프간의 부정부패를 용인하고 이에 협력했을 때, 주둔했던 미군은 시민들의 적개심을 한 몸에 받았다. 동맹국의 부패한 행위를 용인하면 우리는 도덕적 권위를 잃는다.

미국이라는 나라의 안락함 속에서 우리는 다른 나라 국민들이 어떻게 우리가 보기에 확실히 부패해 보이는 집단을 지도자로 선택할 수 있는지 의아해한다. 하지만 사라 체이스도 언급했듯이, 그들은 미국 정부가 지지하고 있는 부패 집단을 교체하기 위해 다른 부패 집단을 선택하는 경우가 많다. 이와 비슷한 맥락에서 기자 제임스 리즌James Risen은 자신의 책 《탐욕, 권력, 끝

없는 전쟁의 대가*Pay Any Price: Greed, Power, and Endless War*》에서 KBR(핼리버튼Halliburton의 옛 자회사)과 같은 군사 하도급업체가 정부 관료와 그 친인척에게 뇌물을 수수하는 부패행위 때문에 미국 정부의 도덕적 권위가 낮아지고 선을 위한 일이라는 주장의 신뢰성이 떨어진다고 설명하고 있다.[9] 도급업체가 공식적으로는 미국 정부의 소속이 아니라 할지라도 그들이 활동하고 있는 나라의 국민들은 그렇게 인식하며, 이 업체의 행동에 따라 국가의 도덕적 권위가 파괴될 수 있다.

미국 정부는 언론인 자말 카슈끄지Jamal Khashoggi의 살인 사건 이후 도덕적 권위가 더욱 훼손되었다. 거의 모든 전문가들은 2018년 자말 카슈끄지가 터키 이스탄불의 사우디아라비아 영사관에 방문했을 때, 사우디의 왕세자 무함마드 빈 살만Mohammed bin Salman의 지시로 그가 암살된 것이 맞는다고 믿었다. 카슈끄지는 사우디 정권에 매우 비판적인 인물이었고, 미국은 사우디아라비아를 매우 까다로운 지역의 중요한 동맹국이라고 판단하고 있었다.

살인 사건이 있고 얼마 지나지 않아 터키 당국은 왕세자가 살해 사건의 배후였다고 발표했다. CIA를 포함한 전 세계의 정보기관에서도 왕세자가 카슈끄지의 살해를 승인했다고 확신했다. 그러나 모든 증거가 밝혀졌음에도 트럼프 대통령은 사우디아라비아를 강력하게 지지한다고 선언했다. 트럼프는 미국 정보 요원이 계속 이 사건을 검토할 것이라고 언급하면서도 "우리는 살해 사건을 둘러싼 완벽한 진실을 절대 알지 못할 수도 있다"라며 애매한 답변을 했다.[10] 또한 왕세자가 살해 사건에 대해 알았는지 아니면 그가 명령을 내렸는지 묻자 "그가 알고 있었을 수도 있고 아닐 수도 있습니다!"라고 말했다.[11] 〈뉴욕타임스〉에서 미국 정보국이 2017년 9월 왕세자 무함마드가 자기 보좌관에게 카슈끄지가 사우디로 돌아오지 않고 사우디 정부에 대한 비판을 멈추지 않으면 "총알로with a bullet" 그를 추격할 것이라고 말하는 녹음 파일을 입수했다는 기사가 발표된 뒤에도 트럼프는 입장을 바꾸지 않았다.[12]

게다가 트럼프는 한 기자의 살해에 대한 책임을 묻는 것보다 사우디의 석유 생산과 미국으로부터의 무기 구입, 그리고 중동의 미국 정책 지지가 더 중요하다고 언급했다. 그는 "사우디에 어리석은 짓을 해서 미국의 경제를 무너뜨릴 생각이 없다"라고 말했다.[13] 분명 동맹국 지도자의 야만성과 불법 행위를 비판하지 않으며 얻은 단기적 이익이 있었지만, 트럼트 대통령은 미국의 도덕적 권위가 조금씩 깎여 나가는 장기적 영향력에 대해서는 이해하지 못했거나 알고 있어도 신경 쓰지 않았다.

도덕적 권위는 정부 지도자뿐만이 아니라 우리 모두에게 존재한다. 환자들은 청렴한 의사의 지시를 신뢰하고 잘 따를 것이다. 도덕적 권위가 있는 협상가들은 그렇지 않은 사람보다 더 쉽게 정보를 교환하고, 가치 창출의 거래를 하고, 더 나은 관계를 만들어 갈 수 있다. 비영리단체 리더의 도덕적 권위는 조직 자체의 신뢰도를 높이고, 사회 문제에 대한 기금 모금 및 창의적이고 효과적이며 효율적인 해결책을 쉽게 얻을 수 있게 한다. 그리고 기업 리더의 도덕적 권위는 사업이 사회에 제공할 수 있는 최고의 가치를 실현할 수 있게 한다. 하지만 어떤 분야에서든지 도덕적 권위가 희생되는 것은 최초의 비윤리적 행동을 훨씬 뛰어넘는 손해를 입히며, 개인이나 기관 전체의 신뢰를 잃게 만들어 사회의 가치를 떨어뜨리고 만다.

## 입법 과정의 로비 활동

미국인들은 종종 (정의롭게) 다른 나라를 비판한다. 불법 행위가 자행되어 정직한 시장 활동이 어려워진 신흥경제국을 비판한다. 공무원의 뇌물 수수가 빈번한 나라도 비판한다. 그러나 우리의 리더가 대중이 아닌 특정 이익단체와 자기 자신에게 더 유리하도록 법을 왜곡하는 부패를 저지를 때는 덜 비판적이다. 본질적으로 우리는 법을 어기는 것이 아니라 왜곡함으로써 부패를 가능하게 하는 정치 체계를 만들어 왔다.

페이데이 론payday loan(봉급을 담보로 한 고금리 단기 소액 대출—옮긴이) 산업의 폐단은 정치 체계가 부정부패를 조장하는 과정을 분명하게 보여 준다. 페이데이 론 업체는 임금에서 가불하는 단기 대출 상품을 판매하여 근로빈곤층과 재정적 어려움을 겪고 있는 사람들에게 급전을 얻을 수 있는 수단을 제공한다. 상황이 잘 해결되면 대출자는 다음 급여일에 대출금을 갚을 수 있다. 하지만 만기 25년의 페이데이 론은 연 이자율이 200에서 500퍼센트이며 페이데이 론 채무자들은 평균적으로 연간 여덟 번의 대출을 받는다. 페이데이 론 대출자는 평균적으로 375달러를 빌리고 520달러의 이자를 내고 있다. 페이데이 론 대출업체와 백악관에서 이들을 대변하기 위해 고용된 로비스트는 전통적인 대출 기관을 이용하지 못하는 저소득층의 욕구를 충족해 준다고 주장하는 반면, 소비자운동 단체와 개인 분석가들은 이러한 대출은 득보다 실이 더 많다고 강조한다. 대부분의 페이데이 론 채무자들은 빚을 제때 갚을 능력이 없으며, 채무불이행 상태가 되거나 더 많은 돈을 빌려서 재정 상태가 더 악화되는 상태가 된다.

오바마 행정부 출범 후 미국의 많은 주에서 페이데이 대출을 규제하거나 금지하기 시작하면서 페이데이 론 산업은 축소되었다. 게다가 페이데이 론 산업의 폐해는 오바마 대통령이 2009년에 승인한 월가 개혁 및 소비자보호법Wall Street Reform and Consumer Protection Act 제정에도 어느 정도 영향을 주었다. 소비자금융보호국Consumer Financial Protection Bureau, 일명 CFPB가 만든 이 법률은 대출자에게 페이데이 대출과 은행 업무, 증권회사, 수금대행업자 등 여러 금융 사업에 대해 교육하고 또 이들을 보호하려는 목적이었다. 2013년 CFPB는 "채무자를 빚의 악순환에 빠뜨렸다"며 페이데이 론 대출업체를 고소했다.[14]

매사추세츠의 매우 진보적인 상원의원 엘리자베스 워런Elizabeth Warren이 CFPB 설립을 이끌었기 때문에, 이 기구가 정치적으로 불안한 상태일 때에도 페이데이 론 업체를 적극적으로 또는 공개적으로 지지하는 정치인은 거의 없었다. 하지만 트럼프 대통령 당선 후 페이데이 론 업체들은 대출자에게는 막대한 추가 피해를 입히는 반면 자신들의 수익성은 높일 수 있는 정치 변혁을 매수하기 시작했다. 트럼프 대통령은 CFPB의 국장으로 믹 멀베이니Mick Mulvaney를 임명했는데, 그는 페이데이 론 업체로부터 6만 달러의 선거 자금을 받은 국회의원이었다. 페이데이 론 산업을 거침없이 지지했던 그를 대출업체 감독 자리에 앉힌 것이다.

이다음에 벌어질 일은 슬프지만, 멀베이니의 빤히 보이는 이해충돌을 고려하면 그다지 놀랍지 않다. 그는 페이데이 론 업체로부터 채무자를 보호하는 엄격한 규정을 폐기해 버렸다. 멀베이니는 CFPB는 해당 업계를 규제할 필요가 없다며(규제하기 위해 설립되었음에도 불구하고), "이 문제를 해결하기 위한 가장 좋은 방법은 법안을 통과시키는 것이며 내가 그 일을 대신 처리해 줄 것을 기대하지 말라"고 말했다. 물론 멀베이니는 당시 정권을 잡은 공화당이 그러한 법안을 통과시킬 리가 없다는 사실을 너무나 잘 알고 있었다. 그의 입장 발표와 더불어 대출 업계 규제에 변화의 바람이 분 이후 페이데이 론 상장 회사들의 주가가 급등했다.

이맘때쯤 미국의 페이데이 론 동업자조합인 CFSACommunity Financial Services Association of America는 트럼프 내셔널 도랄Trump National Doral에서 연례 총회를 열었다. 이곳은 마이애미에 있는 리조트로 트럼프 기업이 2012년에 파산 위기의 골프장을 매수한 뒤 도이치은행에서 1억 2500만 달러를 대출받고 1억 5000만 달러를 들여 개조한 것이었다. CFSA의 대표인 데니스 샤울Dennis Shaul은 골프와 화창한 날씨 때문에 트럼프의 리조트에서 총회를 열기로 한 것이지 정치적인 이유는 아니라고 말했다. 물론 플로리다에서 갈 수 있는 고급 골프 리조트는 아주 많지만 말이다.

일반적으로 봤을 때, 경제 체제가 사회 가치를 극대화하지 못하고 있다면 가까운 곳에서 특정 이익 집단의 부패한 정치 활동을 발견할 수 있을 것이다. 특정 이익 집단과 이들에게 신세를 진 정치인들은 소비자와 시민에게 돌아가야 할 가치를 빼돌리고 있다. 트럼프가 대통령이 되기 오래전부터 특정 이익집단은 공리주의와 정반대의 길을 걸어 왔다.

수많은 산업은 각자의 이익을 위해 완전히 합법적인 방법으로 로비 활동을 하고 있으며 여기에는 언론의 감독에서 벗어난 산업도 포함된다. 독립 회계감사 분야를 살펴보자. (이 주제가 지루하게 느껴지는 독자도 있겠지만, 잠시만 기다려 달라.) 모든 선진국에서는 투자자나 전략적 파트너 등 외부 관계자가 어떤 결정을 내릴 때 회사의 재무 보고를 신뢰할 수 있다고 믿고, 독립 감사가 이를 가능하게 하는 구조라고 여긴다. 미국 연방대법원장인 워런 버거Warren Burger는 1984년 미국 대 아서영앤코 사건United States v. Arthur Young & Co에서 다음과 같은 판결문을 작성했다.

> 외부 감사는 기업의 재정 상태를 종합적으로 나타내는 공개 보고서를 보증함으로써 고객과의 고용관계를 초월한 사회적 책임을 맡아야 한다. 바로 이 특별한 기능을 수행하는 독립적인 공인 회계사는 기업의 채권자와 주주는 물론 일반 투자자에게도 충성을 다해야 한다. 이 '공공 감시인'의 기능을 위해서 회계사는 언제나 고객으로부터 완전히 독립해야 하고 대중의 신뢰를 지키기 위해 충실하게 임해야 한다.[15]

현재 가장 대규모의 기업을 감사할 정도로 몸집이 큰 회계 법인은 총 네 군데가 있고, 원래 5대 기업으로 이름을 날리던 아서 앤더슨Arthur Andersen은 엔론 기업의 위법 행위를 방조한 사건으로 문을 닫았다. 회계감사 회사가 존재하는 유일한 이유는 기업을 독자적으로 감사하기 위해서지만 미국의 회계감사 산업은 사실상 이 독립성을 훼손하는 구조로 이루어져 있다. 감사 회사는 고객으로부터 해고당하지 않기 위해 재정적 인센티브를 제공한다. 감사 회사가 고객의 재정 상태에 의문을 제기하면 고객은 다른 감사인을 원할 가능성이 있고 결국 고객을 잃을 수 있다. 또한 감사 회사는 고객에게 감사가 아닌 다른 서비스, 즉 상담 서비스를 판매함으로써 상당한 추가 이익을 벌어들이고, 그래서 감사인이었던 개인이 고객 회사에 취직하게 되는 경우가 잦다. 결과적으로 회계 감사인이 고객의 장부에서 문제를 찾아내면 취업 기회가 사라질 수 있는 것이다. 나와 동료들은 이러한 이해충돌을 낱낱이 조사한 결과, 감사 회사들은 독립적인 활동에 대한 신념을 지키지 않는다는 결론에 이르렀다.[16]

금융시장을 보호하는 데 꼭 필요한 감사인의 독립성을 구축하기 위해서 감사 회사는 다른 서비스를 제외한 오로지 회계감사만 해야 한다. 기업은 정기적으로 감사인을 바꿔야 하고, 개인 감사인은 일정 기간 고객 회사에 취직하지 못하게 해야 한다.[17] 하지만 이러한 방법으로 사회 가치를 창출할 수 있음에도 불구하고 우리는 이 목표에 도달하지 못했다. 2002년 사베인스-옥슬리 법Sarbanes-Oxley Act은 개혁을 향한 움직임이었지만 부족한 부분이 있었고 정치적 타협으로 인해 그 영향력도 줄어들었다. 우리가 부패한 시스템에 갇혀 버린 가장 중요한 이유는 거대한 감사 회사들이 로비 활동에 수백만 달러를 기꺼이 지불하면서 투자자와 감사받는 회사, 그리고 미국 금융 체제의 도덕성에 모두 좋은 영향을 끼칠 개혁을 방해하고 있기 때문이다. 오늘날 부패한 시스템을 유지하는 데 있어 장기적인 이해관계를 맺고 있는 유일한 당사자는 현재 거의 대부분 대기업에 서비스를 제공하고 있는 4대 회계법인이다.

이 4대 기업은 자신들이 독립적인 회계감사 서비스를 제공할 수 있다는 거짓 메시지를 전달하기 위해 애쓴다. 2000년 7월 엔론 사의 붕괴까지 1년하고도 조금 더 남았을 시점, 당시 엔론의 회계 부정을 보고하지 못했던 아서 앤더슨의 최고경영자 조셉 베라르디노Joseph Berardino는 외부감사의 독립성을 위한 대책을 찾기 위해 열린 증권거래위원회의 공청회에서 아래와 같은 증언을 한 바 있다.

> 회계 직종의 미래는 밝고, 앞으로도 계속 그럴 것입니다. 증권거래위원회가 우리에게 낡은 경제에 갇힌 진부한 역할을 강요하지만 않는다면 말이죠. 하지만 불행하게도 감사인의 독립성에 대한 규정안은 정확히 그런 압박을 가할 것 같군요. 새로운 기업 환경에 뒤처지지 않기 위해 또 최고의 인재들을 끌어모으고, 동기부여를 하고, 인력을 확보하기 위해, 그리고 결국엔 최고급 회계감사 서비스를 제공하기 위해 회계 업무의 영역을 넓히는 것은 매우 중요합니다.

그의 증언과 5대 회계 기업의 로비 활동으로 인해 증권거래위원회는 개혁을 단행하지 못했고, 현재까지도 그대로 유지되고 있다. 베라르디노가 장담한 바로 그 역할을 제대로 해내지 못했기 때문에 앤더슨 기업이 해체됐음에도 말이다.

이 이야기에서 흥미롭고 특이한 부분은 회계감사 산업이 분명 기업의 부패를 막기 위해 존재하지만, 감사 산업 자체의 부정부패 때문에 이 신념을 제대로 수행할 감사 산업을 만들기 어렵다는 사실이다. 원칙적으로 정부 관계자들은 사회 전체의 이익을 위한 결정을 내릴 것이며, 우리 사회가 독립성을 지키지 못한 감사 기관으로부터 이익을 얻을 것이라고 보기는 어렵다. 하지만 미국에서는 회계감사 산업을 포함한 특정 이익 집단이 전 세계에 전례가 없는 수준으로 자신들을 위한 법을 만들거나 정치인을 매수하기 위해 로비 활동을 벌인다.

이러한 부정부패가 늘어난 것은 2010년 시민연합 대 선거관리위원회 사건Citizens United v. Federal Election Commission에서 대법원이 기업과 노조 들의 정치적 의사 표현과 선거 자금에 대한 독립 지출에 가했던 규제를 번복한 이후였다. 이 불명예스러운 판결로 소위 말하는 슈퍼 팩super PAC이라는 기부단체가 생겨났으며, 이 단체는 기업과 연합 등으로부터 무제한 기부금을 받을 수 있다. 이후로 선거 자금은 점점 더 슈퍼 팩과 익명의 정치 자금을 기부받는 '다크 머니' 비영리단체로 흘러갔고, 특정 집단에 유리한 방향으로 법을 왜곡하기 위해 사상 초유의 막대한 금액이 쏟아져 나왔다. 미국의 시민과 기업은 다른 나라보다 법을 더 준수할지 모르지만, 그 어떤 나라도 미국만큼 입법 과정이 부패하지는 않았다.[18] 하지만 전 세계적으로 실제로 법이 위반되는지와 상관없이 부패는 만연된 비윤리적 가치 파괴를 일으켜 왔다.

## 잘못된 정보를 이용한 부패

아마 담배 산업과 석탄이나 석유 같은 에너지원 산업은 다른 모든 산업을 합친 것보다 더 많은 가치를 파괴할 것이다. 담배는 20세기 동안 1억 명의 사람들을 죽음으로 내몰았고, 21세기에는 그 수가 몇 배는 더 많아질 것이다. 석탄과 석유 생산으로 인한 기후 악화는 담배보다 더 많은 사망자를 낼 수도 있다. 흥미롭게도 에너지원 산업은 몇 십 년 전 담배 산업의 행보와 유사하게 잘못된 정보를 제공하는 방법을 이용하고 있다. 나와 앤 텐브룬셀Ann Tenbrunsel은 《이기적 윤리 *Blind Spots*》에서 여러 산업이 대중의 과학적 지식을 오염시키고 그 과정에서 가치를 파괴하기 위해 사용하는 전략에 대해 설명했다.[19]

### 혼란 야기하기

사회의 이로운 개혁을 저지하고 싶은 기업은 혼동을 야기하고, 소비자를 속이기 위해 일부러 애매하고 헷갈리는 정보를 전달한다. 담배 산업은 금연 정책을 막거나 지체시키기 위해 담배의 해악이 밝혀진 후에도 몇 십 년 동안 흡연이 건강에 미치는 영향에 대해 혼란을 조장했다. 많은 석유회사가 환경을 오염시키는 동안, 엑슨 모빌Exxon Mobil 사는 기후 악화의 현실과 인간이 화석연료를 태움으로써 발생하는 문제를 직시하지 못하도록 대중의 눈을 가리는 데 앞장섰다. 대형 담배 기업들과 엑슨 모빌은 혼돈이 불확실함을 낳는다는 사실을 잘 알고 있다. 또한 위험이 확실하게 드러나는 문제보다 존재감이나 심각성이 불확실한 문제의 경우 이를 해결하려는 대중의 의지가 약해진다는 사실도 너무나 잘 알고 있다.

### 합리적인 의심 부추기기

1950년대부터 1990년대까지 지난 40년 동안, 대형 담배 기업들은 흡연자들에게 건강에 미치는 담배의 악영향에 대해 의심을 부추기는 노골적인 전략을 유지해 왔다. 이미 폐암과 담배 사이의 인과관계에 대한 과학적 증거가 밝혀진 지 오래였다. 이와 비슷하게, 자신의 견해로 대가를 받지 않은 과학자들 사이에서 명백한 합의가 이루어진 후에도, 엑슨 모빌은 막대한 시간과 돈을 들여 대중에게 일부 전문가들은 기후 변화의 존재 자체를 믿지 않으며, 만약 실제로 일어나고 있다 해도 그 안에서의 인간의 역할에 대해서는 부정한다는 정보를 전달했다. 정성스럽게 심어진 의심의 씨앗 때문에 정치인들은 행동하지 못하고 시민들은 개혁을 위해 힘을 모으기가 어려워졌다.

### 밝혀진 사실에 대해 입장 바꾸기

대중과 정치인에게 강력한 근거를 만들어 주기 위해 부패 세력은 어떠한 '사실'에 대한 자신의 바뀐 견해를 강력하게 표명한다. 그들은 자신의 입장을 더 이상 방어할 수 없는 상황이 되면, 간단히 태도를 바꾸어 압도적인 증거 앞에서 이제는 틀렸다고 인정할 수밖에 없는 과거의 주장을 부인해 버린다. 지난 몇 십 년간 담배 산업은 담배가 아무런 해를 끼치지 않으며 오히려 체중 조절, 소화 능력 개선, 긴장 완화 등 건강에 긍정적 영향을 줄 수 있다는 입장을 고수했다. 폐암과 담배 사이의 과학적 연결성이 점점 더 많이 밝혀지자 담배 회사 임원들은 폐암을 일으키는 많은 원인 중 하나가 흡연일 수 있다는 사실은 마지못해 인정하지만, 어떤 특정 암도 담배로 인해 발병되었다고 볼 수 없으며 인과관계가 불분명하다고 주장한다. 엑슨 모빌도 최근 몇 년 사이에 빠르게 입장을 바꿨다. 지구 온난화는 없다는 입장을 바꾸고 지구 온난화는 인간의 행동에 의해 발생하지 않는다고 주장했다가 이제는 지구 온난화를 해결하기 위해 막대한 비용을 투자할 가치가 없다는 입장으로 바뀌었다. 방어가 가능한 수준에서 가장 보수적인 입장을 고수하고 필요에 의해서만 입장을 바꾸면서 현명한 정책을 저지하는 우리 사회의 적들은 새로운 변화를 지연시키고 그러면서 자신들의 이익을 챙긴다.

### 현상 유지하기

심리학자들은 사람들이 변화를 고민할 때, 변화하지 못했을 때의 손해보다 변화로 인한 손해를 더 걱정한다는 사실을 이미 오래전부터 알고 있었다. 예를 들어 일자리를 하나 제안받았다고 가정해 보자. 이 직장은 현재 직장보다 보수나 직책 면에서 조건이 좋은 반면 직장 위치나 건강보험과 관련해서는 아주 조금 불리한 편이다. 합리적으로 판단했을 때 확실한 이득이 예상 손해를 뛰어넘는다면 새로운 직장을 선택해야 할 것이다. 하지만 이득보다 손해에 더 집중하는 심리적 성향으로 인해 많은 사람이 새 일자리를 거절하고 현 상태를 유지하며 순이익을 포기하고 만다. 심리적으로 손해가 이득보다 커 보이기 때문에 현상유지라는 관성에 빠져 현명한 행동을 하지 못한다. 현재 상태를 유지하고 싶은 바람은 우리의 결정에 강력한 영향력을 발휘하며, 위에서 설명한 사회가 행동하지 못하게 막는 방해 기술과도 관계있다.

그렇다면 시민으로서 가치를 실현하기 위해 우리는 무엇을 할 수 있을까? 과학적 증거를 근거로 정책을 만들고 사회적 가치 실현을 보호하는 현명하고 용감한 정치인을 지지해야 한다. 또한 선거 자금의 혁신적인 개혁을 위해 목소리를 내야 한다. 현명한 결정을 훼방 놓는 여러 기업과 산업을 저지할 각오가 되어 있는 정치인에게 보답해야 한다. 가치 파괴적인 범죄를 저지르는 기업과 산업을 무서운 법의 힘으로 벌주기 위해 애쓰는 리더를 뽑아야 한다.

## 일상 속의 부패

지금까지 설명한 대부분의 예시는 매우 악랄한 부패 사건이 얽혀 있었다. 분명 이들의 행동이 법을 어긴 것은 아니다. 대부분의 부패는 기업이 사회 전체를 희생하여 소수의 집단에만 이익이 되도록 로비 활동을 하는 과정에서 일어났다. 지금까지 설명한 거대한 사건들이 개인적으로는 매우 충격적이고 실망스럽다. 우리 사회가 이런 사건이 그대로 일어나게 내버려 둔다는 사실이 좌절감을 들게 한다. 하지만 이렇게 눈에 띄는 사건에만 집중하다 보면 사람들이 부패 행위와 거리를 두고 자신은 결백하다고 생각하기 쉽다. 일상생활에서 접하는 많은 부패의 경우, 명백하게 드러나거나 사회를 잠식하지는 않지만 그래도 중요한 문제인 건 사실이다.

스탠퍼드 로스쿨의 데보라 로드Deborah Rhode 교수는 《부정행위: 일상 속의 윤리*Cheating: Ethics in Everyday Life*》에서 일상의 부정행위가 얼마나 만연해 있는지에 대해 스포츠, 사업, 세금 납부, 표절, 저작권 침해, 보험금 청구, 결혼 등 다양한 영역에서 예시를 들어 설명한다.[20] 우리는 지금껏 살면서 적은 수입에 대한 세금 신고를 하지 않거나 불법으로 영화를 다운받는 등의 부정행위를 떠올릴 때 "다른 사람들도 다 이렇게 해"라는 핑계를 대며 쉽게 합리화하곤 한다. 이러한 행동은 특정 사회에서 더 흔하게 일어나고 사회적으로 용인되기도 한다. 우리는 이러한 행위에 가담할 때 부정행위를 표준화함으로써 사회 전체에 널리 퍼뜨린다.

로드 교수는 부패의 표준화가 어떻게 일어나는지 보여 주기 위해 트럼프 대학Trump University을 상대로 제기된 소송에서 2500만 달러로 합의를 본 사건이나 트럼프의 개발 사업에서 반복적으로 일어난 부패를 예로 들고 있다. 트럼프가 정직한 사람이라고 믿은 미국인은 3분의 1에 불과했지만, 그는 대선에서 46.1퍼센트의 지지를 받았다(힐러리 클린턴은 48.2퍼센트였다). 사람들은 그가 청렴하지 않다는 사실을 알고 있지만 그렇게 신경 쓰지 않는 것처럼 보인다. 지도자의 부패에 무관심한 태도는 꼭 해결해야 할 숙제다. 다음 세대 리더에게 정직함이 필수 요소가 아니라는 것을 시사할 수 있기 때문이다.

로드 교수는 부정행위가 사회에 안긴 비용을 추산하는 복잡한 작업을 진행했고, 그 결과 미국에서만 1년에 대략 1조 달러라는 금액이 나왔다. 이 수치에는 세금 체납으로 인한 4500억 달러와 불법 다운로드로 인한 2500억 달러, 그리고 추가로 보험 사기로 인한 몇 천억 달러와 직원의 횡령으로 인한 500억에서 2000억 달러 사이의 금액이 포함되어 있다. 사람들이 자신의 부정행위를 숨기기 위해 애쓴다는 사실을 고려하면 이 추정치는 아마 실제보다 낮게 나온 편일 것이다. 어떤 사건이든 실제 금액은 분명히 더 클 것이다. 돈을 받아야 하는 당사자들에게 그 돈이 돌아가지 못할 뿐만 아니라 부패를 저지른 사람은 그 행위로 인해 더 부족한 사람이 된다. 가장 중요한 것은 정부를 이끌고, 혁신을 일으키고, 보험 보장을 가능하게 하는 제도들이 제대로 작동하지 않는다는 사실이다.

## 부패 바로잡기

보험은 흔치 않은 매우 간단한 사업이다. 보험의 기본 개념은 정기적으로 보험료를 납부하다가 만약 안 좋은 일이 일어나면 청구서를 제출하고 당신이 손해를 입은 금액을 보험회사로부터 지불받는 것이다. 간단히 말하면 이렇다. 보험료의 형식으로 돈을 지불한다. 그리고 보험금을 청구하면 돈을 받는다. 보험 산업은 물리적인 제품을 생산하거나 복잡한 서비스를 제공하지 않는다. 하지만 런던과 뉴욕, 취리히 같은 도시를 거닐다 보면 보험회사가 거대한 빌딩이나 혹은 거대한 빌딩 여러 채를 차지하고 있는 모습을 볼 수 있다. 그렇다면 건물 안의 모든 직원은 무슨 일을 하고 있을까? 내 경험에 따르면 대부분 직원은 아주 많은 시간을 보험금을 지급하지 않는데 쓰고 있다.

그렇다. 보험금을 지급하지 않기 위해 쓴다. 거대한 보험회사들은 청구인이 부탁한(또는 요구한) 금액보다 더 적게 지급하기 위해 수천 명의 직원을 동원해 청구된 내용을 판단하고 이를 협상하고 있다. 왜 보험금을 지급하지 않으려고 할까? 이 질문에 대해 손해사정사는 사람들이 거짓말을 하고, 종종 그 정도가 매우 크기 때문이라고 간단하게 답한다. 사람들은 도난당한 목록에 물품을 추가하거나 물품의 가치를 부풀려서 말한다. 부상의 정도도 과장한다. 보험사기는 보험 산업이 맞닥뜨리는 가장 중요한 문제이고, 보험회사는 사기를 적발하기 위해 매년 수백만 달러를 쓴다. 한편 청구인에게 왜 실제 가치보다 더 많은 금액을 요구하는지 물어보면, 보험 회사들이 청구 금액을 협상의 시작점이라고 보기 때문에 정직하게 말하면 실제 가치보다 더 적은 금액을 받게 된다고 답할 것이다. 그러므로 양쪽 모두 상대방의 예상되는 부패에 대처하기 위해 부정한 행동을 하는 것이다. 내가 잘 아는 한 대형 보험회사에서는 대략 3000명의 손해사정사를 고용했고, 300억 달러의 보험금을 지불하는 과정에서 대략 30억 달러를 외부 변호사 비용으로 지출하고 있다. 이 모든 번거로움과 비용 그리고 가치 파괴는 상호 간의 파괴적인 부패에서 기인한다. "원래 다 그렇게 하는 거야"라고 체념할 것인가, 아니면 가치 창출을 위해 우리가 할 수 있는 일을 찾을 것인가?

세계적인 대형 보험회사 중 한 군데에서 컨설팅 일을 하면서 보험 산업에 대해 알게 되었을 때, 나는 "제일 처음에 사인하라……"로 시작하는 논문의 다섯 명 공저자에 이름을 올리기도 했다.[21] 매년 작성하는 세금신고서나 예전에 제출했던 경비

처리 서류를 떠올려 보자. 이러한 서류를 작성한 뒤에 해당 서류를 정직하게 작성했음을 증명하는 서명을 한 적이 있을 것이다. 이 초창기 논문에서 나와 동료들은 사람들이 서류를 작성하기 전에 미리 정직하게 답하겠다는 약속을 하면, 다시 말해 서류의 마지막이 아닌 제일 첫 번째 장에서 또는 온라인 양식이라면 제일 첫 화면에서 서명을 하게 하면 맨 마지막에 서명하는 것보다 훨씬 더 정직하게 서류를 작성한다는 사실을 발견했다.

이 논문은 〈미국국립과학원회보Proceedings of the National Academy of Sciences, PNAS〉에 게재되었는데, 신생 기업이나 보험회사 경영진의 시선을 끌기에 최적의 환경은 아니었다.[22] 설상가상으로 우리는 최근에 연구 결과를 그대로 재현하는 데 실패하는 바람에 논문에 대한 자신감이 많이 떨어져 있었다.[23] 그런 시기에 나는 PNAS에 실린 원저 논문을 읽었다는 한 신생 보험회사의 스튜어트 베이서만Stuart Baserman이라는 경영진으로부터 이메일을 하나 받았다. 스튜어트는 온라인에서 사람들이 진실을 말하게 하는 데 관심이 있었다. 그는 조심스러웠던 반면, 우리의 이름이 꽤 특이하고 거의 비슷하다는 점과 나의 논문 주제를 확인한 그의 아내 수Sue가 스튜어트에게 이메일을 보내라고 다그쳤고, 그 후로 우리는 친구이자 동료 관계를 이어 오게 되었다.

스튜어트는 슬라이스Slice라는 회사의 공동 창립자였다.[24] 슬라이스 사 웹사이트에 들어가면, 에어비앤비나 홈어웨이에서 집을 임대하는 사람들에게 단기 보험을 파는 사업을 하고 있다는 사실을 알 수 있다. 이 보험은 상업적 목적으로 이용되는 주거용 부동산을 보장하는 상품이다. 또한 슬라이스는 대부분의 보험을 인터넷에서 판매하고 인터넷에서 보험 청구를 관리했다. 그 결과 대기업들이 전통적인 방식보다 더 효율적으로 온라인에서 보험을 판매하고 보험금을 지불할 수 있는 방법을 찾을 수 있도록 도움을 주는 일도 했다. 슬라이스 사는 일반적인 보험사보다 더 낮은 비용으로 보험 청구를 관리할 수 있었다. 그렇지만 보험 청구인이 인터넷 세상에서 거짓말을 더 많이 할 것 같다는 생각이 들지 않는가?

그래서 내가 이 일에 가담하게 된 것이다. 스튜어트가 나와 연락을 주고받은 이후, 내가 사람들이 정직하게 말하게 하는 방법을 알고 있으리라 판단한 슬라이스 사는 컨설턴트로 나를 고용해 보험사기를 줄여 줄 보험 청구 절차를 고안하도록 했다. 보험 청구인들이 보험사에 진실을 말하고 보험사는 있는 그대로 보험금을 지불하는 세상을 상상해 보라. 적어도 한 회사에서 변호사 비용으로 쓰고 있는 30억 달러 대부분은 필요하지 않을 것이다. 수천 명의 손해사정사는 몇 십 명 정도로 대체할 수 있다. 보험금은 훨씬 빨리 지급될 것이고, 청구인(흔히 말하는 고객)들은 보험사에 훨씬 만족할 것이다.

보험계의 유토피아는 어떻게 이룰 수 있을까? 일단 우리의 목표는 이 책의 목표가 완벽이 아닌 것처럼, 완벽한 정직함이 아니라 지금보다 부패가 훨씬 줄어드는 것이다. 게다가 오늘날 다양한 경제 분야에서 그렇듯이, 보험도 우리 삶의 많은 부분을 차지하는 모바일의 영역으로 진출해야 할 것이다. 그렇다면 온라인 청구 서비스에서 가장 중요한 요소는 무엇일까? 슬라이스 보험사는 여전히 답을 찾고 있지만, 아래에도 몇 가지 팁을 정리했다.

먼저, 뛰어난 인공지능을 이용하여(과거의 청구 기록과 온라인에서 찾을 수 있는 소비자 삶의 다양한 양상을 기반으로 한다) 보험 청구에서 완전히 거짓인 부분을 분간할 수 있다. 그다음, 소비자가 보험 계약이 된 손해가 발생하면 간단히 휴대폰의 애플리케이션을 열어서 보험 청구 서류를 작성할 것이다. 소비자는 서류를 작성하기 전에 진실을 말하겠다는 서약을 하게 되는데, 이는 정직한 마음가짐을 유도하기 위함이다. 게다가 청구인에게 자신의 휴대폰 카메라를 이용해서 자신의 보험 청구를 아주 간단하게 설명하는 짧은 영상을 찍게 한다. 왜 그럴까? 사람들은 직접 쓰거나 타자를 칠 때보다 영상을 찍을 때 거짓말을 잘 하지 않기 때문이다. 그리고 청구인은 손해에 대해 "물건의 값어치는 얼마였나요?"와 같은 질문이 아닌 구체적이고 입증할 수 있는 질문, 예를 들어 "잃어버린 물건을 살 때 얼마를 지불했나요?", 또는 "아마존 사이트에서 그 물건을 대체하려면 얼마를 지불해야 하나요?" 등에 답하게 된다. 막연한 질문을 하면 사람들은 더 애매한 답변을 하게 되고, 이 경우 거짓말할 가능성이 더 커지기 때문이다. 그리고 나서 청구인은 이 손해에 대해 또 어떤 사람들이 알고 있는지 질문을 받는다(예를 들면 손해가 발생했을 당시 집에 있던 손님 등). 사람들은 자신의 부정한 행위를 다른 사람들이 알 수 있을 때 거짓말을 하지 못하는 경우가 많다. 인공지능이 청구서가 신뢰할 만하다고 판단하면 일반적인 보험 청구는 자동 지불 시스템으로 즉시 지급된다. 보험금을 있는 그대로 또 효율적으로 지급함으로써 보험사는 신뢰를 쌓을 수 있고, 이에 보답하려는 심리 덕분에 소비자는 더욱 정직해질 것이다. 우리의 목표는 정직한 소비자와 보험사 모두에게 유리하면서 진정한 가치를 창출하는 경쟁력 높은 보험 상품을 만드는 것이다.

나는 규모가 더 커질 수도 있는 부패 행위를 막기 위해 내 시간을 쏟을 수 있었던 것을 행운이라고 생각한다. 더 정직한 보험 시스템을 만들기 위해 돕는 것도 좋았다. 하지만 우리 모두 함께 부정부패를 줄임으로써 가치를 실현할 방법은 더 많다. 한 가지 확실한 방법은 다른 모든 사람이 부패를 저지르더라도 우리는 그 유혹에 넘어가지 않는 것이다. 하지만 당신이 꽤 정직한 사람이라면 이 책을 여기까지 다 읽지 않았더라도 다른 사람들이 부패를 저지를 때 그 사실을 알아채고 행동에 옮길 기회가 있을 것이다. 이미 다른 곳에서 자세히 설명한 적이 있지만 버너드 메이도프의 폰지사기Ponzi Scheme(신규 투자자의 투자금으로 기존 투자자에게 수익금을 지급하는 다단계식 금융사기—옮긴이)로 인해 아무런 의심 없는 투자자들이 수백억 달러의 피해를 본 사건이 있었다.[25] 개인적으로 이 사건에서 가장 눈길을 끄는 부분은 나쁜 사람이 나쁜 일을 저질렀다는 사실이 아니라, 오히려 영리하고 잘 교육받은 수백 명이 메이도프의 수익금이 불가능하다는 데이터를 눈앞에 두고도 이를 알아차리거나 행동에 옮기지 않았다는 사실이다. 언젠가 수상쩍은 일이나 말도 안 되게 너무 좋은 일을 발견했다면, 당신에게는 목소리를 내고 더 나은 세상으로 만들어야 할 의무가 있음을 꼭 기억하라.

05

# 부패를 알아차리는 도덕적 의무

지금까지 우리는 세 장에 걸쳐 지능을 능동적으로 이용하고, 타협 지점을 찾고, 더 효과적으로 정직함을 이끌어 냄으로써 더 많은 가치를 실현할 가능성에 대해 집중적으로 살펴보았다. 이러한 기술을 이용하려면 때로는 가치를 실현할 기회를 알아차릴 수 있어야 한다. 5장에서는 가치 실현의 기회를 발견하는 데 집중하려고 한다. 이를 위해서는 경계하는 마음과 실천 기술이 필요하다.

시작하기에 앞서, 내가 종종 경영학 석사 학생이나 회사 경영진, 투자은행가, 여러 엘리트 집단에게 이야기하곤 했던 투자 결정 문제를 당신에게도 시험해 보도록 하겠다.[1]

당신이 장기 투자를 목표로 하는 위험 중립형 고객의 투자자문가라고 상상해 보자. 당신은 이 고객을 위해 담배 무역 투자펀드, 알파 투자펀드, 포티튜드 투자펀드, 에너지 무역 투자펀드까지 네 군데 중 한 곳에 투자하려고 한다. 아래 그래프는 지난 9년간 각 펀드의 수익을 나타내며, 미국 500대 기업을 대상으로 산정한 주가지수 S&P 500의 평균 수익도 확인할 수 있다.

당신이라면 어떤 펀드를 추천할 것인가?

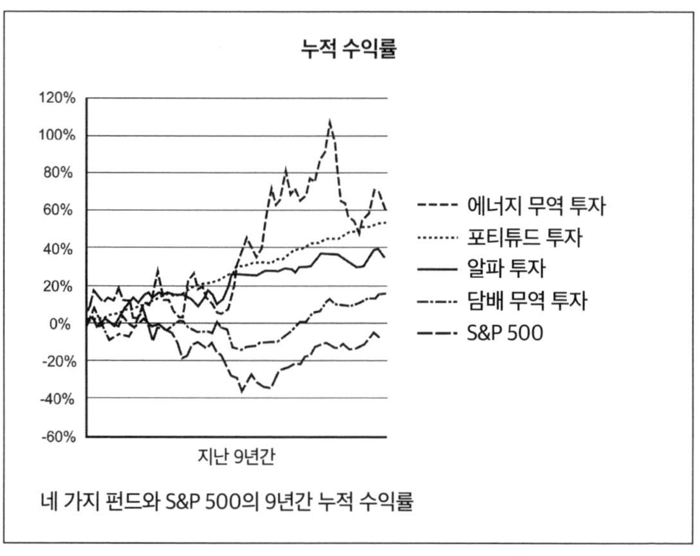

네 가지 펀드와 S&P 500의 9년간 누적 수익률



일단 대부분 사람은 실적이 가장 낮고, 바람직하지 않은 산업에 투자하는 상품에는 관심이 별로 없다. 그렇게 남은 세 가지 중에서, 투자 전문가를 포함한 대다수 사람이 포티튜드 펀드를 선택한다. 그러나 같은 사람들에게 질문을 바꿔 이 중 문제가 있는 펀드가 있냐고 물어보면 대부분 포티튜드의 수익률이 불가능하다는 사실을 곧바로 알아챈다. 기본적인 재무 교육만 받아도 그 어떤 펀드도 9년이라는 기간 동안 변동 없이 시장 수익률을 상회할 수 없다는 사실을 알 수 있다. 그래프에서 이상한 점이 있는지 물어보면 사람들은 이 사실을 빨리 찾아낸다. 똑같은 사람이 투자 상품을 고르는 데 집중했을 때는 상품의 수익률과 낮은 변동성에 주목하는 정반대의 모습을 보였지만 말이다.

참가자들에게 어떤 펀드를 추천할 것인지 묻는 것은 나의 동료 앤 텐브룬셀이 윤리적 쇠퇴ethical fading라고 부르는 개념과 연결된다. 윤리적 쇠퇴란 우리의 관심이 다른 곳으로 쏠렸을 때 그 결정의 윤리적 요소가 흐려지는 현상을 말한다.[2] 어쨌든 포티튜드 펀드를 골랐다면 당신은 돈을 다 잃게 된다. 그 펀드는 버너드 메이도프의 폰지사기에 투자한 자펀드feeder fund였기 때문이다. 그리고 당신은 내가 4장의 마지막에서 메이도프 사건을 언급하면서 힌트를 주었음에도 이와 같은 선택을 했다.

눈여겨볼 만한 점은 메이도프 사건에 휘말린 대부분의 투자가 자펀드를 통했다는 사실이다. 이 자펀드는 소매 소비자에게 투자 상품을 판매한 뒤, 그 자금을 메이도프 증권사에 재투자하는 방식이었다. 버너드 메이도프는 투자자들이 맡긴 돈을 투자하지 않았다. 그는 사람들의 돈을 말 그대로 훔쳤고, 그중 일부는 운영 비용으로 쓰이거나 메이도프 펀드가 붕괴하기 전

투자금을 꺼내 간 소수의 투자자에게 돌려준 돈으로 쓰였다. 메이도프의 투자자들은 그의 폰지사기로 650억 달러의 손해를 보았다.

아마 대부분 독자는 메이도프의 수익률이 불가능하다는 것을 알 만한 배경지식이 충분하지 않을 것이다. 하지만 9년 동안 거의 변동성 없이 시장 수익률을 훨씬 웃도는 실적을 유지하기가 불가능하다는 사실을 알 수 있을 만큼 전문 지식과 이해력을 충분히 갖추고 있던 많은 사람들조차 메이도프의 펀드를 추천했다. 이 전문가들도 안전한 선택을 해야 한다는 건 알고 있었다. 단지 쉽게 접할 수 있고 심지어는 바로 눈앞에 있던 데이터와 자신의 지식을 연결지어 생각하지 않았던 것이다. 메이도프의 붕괴 이후에 당시의 투자 전문가들이 메이도프 펀드 수익률의 불가능성을 알아차리지 못한 것은 도덕적인 문제였다는 사실을 인지했는지 의심스럽다. 하지만 그들의 실수로 막대한 피해가 발생했고, 결국 가치가 파괴되었다.

자기 자신뿐만 아니라 전 세계의 가치를 파괴할 수 있는 위협을 알아차리는 것은 매우 중요한 능력이다. 나는 누군가에게 비도덕적인 행동을 눈치챌 만한 지식과 지능이 있고 맞서 행동할 수 있는 힘이 있다면, 그 사람에게는 그렇게 해야 할 도덕적 의무가 있다고 믿는다. 누구보다 잘 알았어야 했던 금융 전문가의 도움이 없었다면 메이도프는 사기 행각을 지속하지 못했을 것이다. 앞으로 살펴보겠지만, 위험의 소지를 알아차리지 못하는 경우는 아주 흔하며 이는 종종 가치 파괴로 이어진다. 게다가 이를 눈치채지 못하면 많은 사람이, 심지어는 권위 있는 사람들까지 영향을 받는다. 다행인 것은 이러한 문제에 대비해 우리가 취할 수 있는 행동들이 있다는 점이다.

## 책임이 있는 자리에 앉으면 부패에 대한 책임이 생긴다

아래의 저명한 사람들은 대단한 경력과 지성을 겸비했다고 알려져 있다.

헨리 키신저Henry Kissinger는 리처드 닉슨과 제럴드 포드 대통령의 행정부에서 미국 국무장관과 국가안보보좌관을 역임했다. 논란은 있었지만 대체로 총명하다는 평가를 받았다.

조지 슐츠George Shultz는 네 번의 다른 장관 직위를 지낸 사람으로, 세 명의 공화당 대통령을 섬겼다. 그는 로널드 레이건 대통령 행정부에서 외교 정책을 세우는 데 있어 중요한 역할을 했다.

'미친개' 제임스 매티스James "Mad Dog" Mattis 장군은 미국 해병대에서 복무했고, 2017년 1월부터 2018년 12월까지 제26대 국방장관을 지냈다. 지식인으로 알려진 그는 도널드 트럼프 대통령과의 의견 차이로 사임했다.

윌리엄 제임스 페리William James Perry는 수학자 및 엔지니어이자 사업가로서 빌 클린턴 대통령 밑에서 국방장관으로 일했다. 페리는 스탠퍼드대학의 교수이자 후버연구소의 선임 연구원이며 국립 공학 아카데미와 미국 예술 과학 아카데미 회원이다.

샘 넌Sam Nunn은 1973년부터 1997년까지 24년 동안 조지아주에서 민주당 상원의원으로 일했다. 들리는 바에 따르면 그의 오랜 정치 경험과 국방 관련 경력 덕분에 그는 2004년과 2008년 대선에서 각각 존 케리와 버락 오바마의 러닝메이트 후보로 떠오르기도 했다.

지금까지 나열한 이 사람들은 화려한 정치 경력과 예리한 지성을 가지고 있다는 것 외에 어떤 공통점을 가지고 있을까? 그것은 바로 21세기의 유명한 의료 기업 중 하나였던 테라노스Theranos의 이사진이었고 의학 기술에 대한 지식이 부족한 사람들이라는 사실이다. 게다가 이들은 모두 부주의한 태도로 바로 눈앞에서 벌어진 수억 달러의 사기, 수만 명의 환자에게 잘못된 진단이 내려질 위험, 의료계를 오도한 충격적인 기만을 알아차리지 못했다.

2004년 엘리자베스 홈스Elizabeth Holmes는 19세에 스탠퍼드대학을 자퇴하고 혈액 검사의 혁신을 일으킬 테라노스 사를 설립했다. 홈스는 주사기를 이용하는 현재의 채혈 방식보다 훨씬 효율적이고 체내에 덜 침습하는 기술 혁신을 이루겠다고 주장했다. 홈스의 말에 따르면, 이 획기적인 신기술은 간단히 손끝을

찔러서 일반적으로 필요한 혈액의 100분의 1도 안 되는 양으로 무려 200여 가지에 달하는 혈액 검사를 시행할 수 있었다. 홈스는 테라노스가 에디슨이라고 이름 붙인 작고 휴대가 쉬운 자동화된 기기를 통해 혈액 검사를 할 수 있으며, 이 기기를 이용하면 인적 과실이 줄고, 검사 결과가 더 빨리 나오고, 심지어 비용도 저렴하다는 거짓 주장을 수차례 반복했다.

테라노스는 투자자로부터 7억 달러가 넘는 투자금을 유치했고, 2013-14년도의 기업가치는 90억 달러를 넘었다. 홈스는 〈타임〉이 선정한 2015년 가장 영향력 있는 인물에 이름을 올렸고, 같은 해 〈글래머〉가 선정한 올해의 여성으로 뽑히기도 했다. 하지만 2015년 10월, 테라노스 내부 고발자의 제보를 받은 〈월스트리트저널〉의 존 캐리루John Carreyrou 기자는 테라노스의 기술력에 의혹을 제기하는 기사를 낸다. 이후로 의학계 권위자, 투자자, 미국증권거래위원회SEC, 임상연구소를 감독하는 메디케어 및 메디케이드 서비스센터CMS, 주 검찰총장, 전 사업 파트너, 환자 등 여러 곳에서 연이은 법적 항의와 배상 요구가 빗발쳤다. 이들은 모두 캐리루의 책 《배드 블러드*Bad Blood*》와 관련 영화, 팟캐스트 등에 상세히 기록되어 있는 거대한 사기극을 눈치채지 못했었다.[3] 2016년 6월이 되자 홈스의 개인 자산 가치는 45억 달러에서 사실상 아무것도 남지 않게 되었다.

2018년 3월 14일, SEC는 테라노스와 홈스, 그리고 전 회장이자 당시 홈스의 연인이었던 라메시 서니 발와니Ramesh "Sunny"

Balwani를 '대규모 사기' 혐의로 기소했다. SEC는 홈스가 테라노스의 연수익이 실제로는 10만 달러에 불과했지만 이를 천 배나 부풀려 1억 달러라고 거짓 발표했다는 혐의를 제기했다. 물론 이건 홈스와 발와니가 자신의 이사회와 투자자, 대중 매체를 속였던 수많은 거짓말 중 일부에 불과했다. 테라노스와 홈스는 해당 민사 소송에서 합의에 이르렀고, 홈스는 50만 달러의 벌금과 1890만 주의 테라노스 주식 반납, 회사 경영권 포기, 그리고 향후 10년간 상장 기업의 임원 및 간부로서 활동을 금한다는 처분을 받아들였다. 발와니는 이에 합의하지 않았다.

2018년 6월 15일, 캘리포니아 북부 지방 검사는 홈스와 발와니를 금융사기와 공모 혐의로 기소했다.[4] 테라노스 인수자를 찾기 위한 온갖 노력이 수포로 돌아간 후, 그나마 남아 있던 회사마저 2018년 9월 4일 청산 절차를 밟게 되었다. 이 재판은 2020년 8월에 열릴 예정이다.[5]

범죄는 언제나 우리 주변에 존재할 것이다. 사회과학자들은 범죄 행동을 어떻게 멈출 수 있을지에 대해 조금은 새로운 통찰을 제공한다. 여러 증거를 통해 알 수 있듯이, 홈스는 실리콘밸리에서 흔하게 볼 수 있는 전형적인 부풀리기로 시작했다가 기회와 위험이 반복되면서 자신이 주장한 것에 대한 책임이 눈덩이처럼 불어났다. 대규모 부정부패로 치닫는 파국의 길은 메이도프 사건에서도 분명하게 드러난다. 하지만 우리의 관심사는 범죄 자체가 아니다. 그보다는 테라노스 이사진과 투자자들, 사업 파트너, 규제 기관 등 캐리루의 폭로가 있기 전까지 테라노스 사기 행각의 심상치 않은 조짐을 눈치채지 못한 수많은 사람들에게 집중하려고 한다.

테라노스의 이사회 구성원들은 모두 화려한 경력을 가지고 있었지만, 한 회사의 가치 평가를 하기에 적절한 이사회는 아니었다. 이사회 멤버들은 의료 기술과는 관련 없는 분야에서 명성을 얻었고, 그것도 과거 세대에서 얻었다. 이들은 회계감사 능력과 법률 전문 지식이 부족했다. 게다가 과학 및 의학 관련 지식도 턱없이 부족한 수준이었다. 테라노스 사건은 아주 영리한 한 명의 리더가 테라노스 사업과 관련된 의학적 배경지식이 거의 없는 지긋한 나이의 유명 인사들을 기만한 것이다. 홈스 자신조차 의학 및 사업의 전문성이 부족한 사람이었고, 이사회는 이보다 더 심했다. 홈스는 테라노스 이사들에게 과학적·의학적 조언을 구하기 위해 그들의 인맥을 활용해 달라는 요청을 단 한 번도 한 적이 없고, 오로지 또 다른 투자자들을 구해 달라는 말만 했다. 테라노스의 이사회 조직은 무언가 잘못되었다는 경고를 눈치챘어야 했다. 하지만 이것만이 유일한 징조는 아니었다.

테라노스의 비밀주의는 지나친 수준이었다. 흥미로운 신기술을 보유한 첨단 기술 회사라면 어느 정도는 비밀 유지 조건은 있기 마련이다. 그래서 직원들에게 기밀 유지 계약서에 서명을 요구하는 것도 합리적이다. 하지만 이 외의 비밀 유지 규정이 비정상적이었다. 대부분의 생명공학 회사는 과학계와 소통하는 것에 자부심을 가진다. 반면에 테라노스는 이러한 접촉을 전염병이라도 되는 것처럼 극도로 회피했다. 또한 동료 평가나 외부 전문지식과 외부인의 의견을 구하지도 않았다. 이제는 불명예를 얻은 한 인터뷰에서 홈스는 테라노스의 기술력에 대해 이렇게 설명했다. “화학 작용으로 인해 화학적 반응이 일어나고 샘플과의 화학적 상호작용으로부터 신호가 발생합니다. 여기에서 결과가 출력되면 검증된 연구소 직원이 이를 검토합니다.” 이처럼 홈스가 실속 없는 설명만 계속 반복했는데도 회사의 이사회나 그 외 사람들은 모두 현실을 외면했다.

홈스에게 자문을 해 주었던 스탠퍼드 의과대학의 필리스 가드너Phyllis Gardner 교수는 단순한 회의론을 넘어서 홈스뿐만 아니라 많은 사람에게 테라노스가 시도하는 기술은 물리적으로 불가능하다는 의견을 분명히 밝혔다. 그녀의 과학적 판단에도 불구하고 홈스는 다수의 대형 제약회사와 계약을 맺었고, 이는 테라노스의 기술을 검증하는 실험 결과에 따라 그 성사가 결정될 수 있었다. 2006년 첫 실험이 실패한 후, 스위스계 제약회사 노바티스Novartis가 테라노스에서 손을 뗐다. 그다음 해에 진행된 실험에서도 일관성 없이 불안정한 결과가 나오자 화이자Pfizer도 테라노스와의 접촉을 끊었다. 실패는 계속 불어났고 테라노스의 방법이 과학적으로 타당한지에 대한 그 어떤 외적 증거도 없었지만, 이사회 멤버와 투자자 등 많은 이들이 이를 알아차리지 못했다.

테라노스의 분석기기에 대해 비판적 의문을 제기하는 직원은 협박당했고 배척당했으며 직위가 강등되었다. 테라노스의 최고재무책임자CFO가 2006년 노바티스 실험 실패를 알게 된 후 테라노스가 데이터를 왜곡했을지도 모른다는 의혹을 제기하자, 회사에 협력하지 않는다는 비난을 듣고 해고당했다. 이 외에도 비판의 목소리를 냈던 이언 기번스Ian Gibbons는 테라노스의 학대에 시달리다가 결국 자살을 선택했다. 테라노스는 사내 부서 간의 협력을 금지했고, 이러한 협동이 너무나 당연할 때조차 서로 왕래할 수 없었다. 투자자들은 테라노스의 기술 개발에 대해 정기적으로 정보를 제공받지 못했다. 과학적·의학적 지식이 부족했던 이들은 자세한 설명이 부족해도 신경 쓰지 않았다. 오히려 홈스의 대대적 홍보에 설득된 여러 유명 인사를 보고 안심했다.

이사회 멤버들과 그 외 사람들은 캐리루의 기사가 발표되기 전에 테라노스의 사기 행각을 눈치챘어야 했다. 하지만 테라노스의 사기를 알아차리는 것은 단순히 불가능한 일을 꾸몄던 메이도프의 수익금처럼 간단하지 않았다. 그 대신 여러 곳에서 경보음이 울려야 했다. 테라노스는 당면한 과제를 수행할 능력이 없던 부적합한 이사회를 두고 있었고, 비합리적인 기밀 유지를 고집했으며, 뒤처진 과학 기술은 여러 번 실패를 거듭했고, 회사의 리더는 직원과 회사 정보를 독재자처럼 통제했다. 우리는 설명하기 어려운 징조들을 발견해도 무지가 들통날까 봐 질문하지 못하고 그 대신 자신의 전문 분야 문제에만 집중하곤 한다. 이와 다르게 우리에게 감독의 의무가 주어지면, 이러한 징조는 더 확실한 책임을 요구하는 자극제의 역할을 해야 한다.

## 몰랐다는 것은 변명이 될 수 없다

칼 벤츠Carl Benz라는 독일인이 자동차를 발명했다. 그래서 자동차 가격을 낮춘 장본인이 헨리 포드Henry Ford라는 미국인이라는 사실에 많은 독일인들이 실망했다. 1938년, 독일은 50명 중 1명이 차를 소유하고 있던 반면, 미국은 5명 중 1명이었다.[6] 1937년 아돌프 히틀러와 국가 사회주의 노동당, 즉 나치 세력이 집권하던 독일 정부는 새로운 국가 소유의 자동차 회사를 만들었고, 그 이름은 폭스바겐베르크Volkswagenwerk, 독일어로 '국민차 회사'라는 뜻이었다. 가격은 부담 없으면서 빠른 자동차를 개발하기 위해 히틀러는 오스트리아 출신 자동차 공학자 페르디난트 포르셰Ferdinand Porsche를 자동차 설계자로 고용했다. 그렇게 개발한 자동차는 1939년에 열린 베를린 모터쇼에서 선보였지만, 제2차 세계대전이 발발하자 폭스바겐VW은 자동차 생산을 멈췄다. 전쟁이 일어나는 동안 폭스바겐의 시설은 용도를 변경해 무기를 제작했고, 아우슈비츠 수용

소 수감자를 포함한 강제 노동자들을 가장 많이 노역시킨 곳이기도 하다. 많은 노동자가 작업을 하는 도중에 살해되었다.

전쟁이 끝나고 공장은 폐허가 된 후, 그 지역에 주둔하던 영국 연합군은 독일 자동차 산업을 소생시키려는 시도로 폭스바겐에 주력한다. 미국에서의 폭스바겐 판매량이 처음에는 다른 나라보다 낮은 편이었는데, 나치와의 연관성 탓도 있었고 자동차 크기가 작고 흔하지 않은 둥근 모양이었기 때문이다. 그 후 1959년 미국의 한 광고 대행사에서 획기적인 광고를 내는데, 자동차에 '비틀Beetle(딱정벌레)'이라는 별명을 붙이고 오히려 작은 자동차가 소비자에게 이득이라고 인식을 바꾸는 전략이었다. 몇 년이 지난 후, 폭스바겐은 미국에서 가장 잘 팔리는 수입 자동차 브랜드가 되었고, 특히 1960년대 반문화 운동 사이에서 큰 인기를 끌었다. 나는 1970년대 중반쯤 700달러를 주고 산 카르만 기아라는 폭스바겐 차를 가지고 있었다. 짓눌린 딱정벌레처럼 생겼지만 약간 스포츠카 같기도 했다. 나는 이 차를 좋아했지만, 주변 친구들과 가족들은 나치의 뿌리를 가지고 있는 차를 타는 것에 도덕적 의문을 제기했다. 나에게는 그 역사가 아주 먼 과거의 일부일 뿐이었다.

폭스바겐의 최근 역사에서는 페르디난트 포르셰의 손자인 페르디난트 피에히Ferdinand Piëch CEO의 독재적인 영향력이 가장 두드러진다. 페르디난트 피에히는 폭스바겐 감독이사회 의장을 맡았고, 1993년 CEO로 취임하자마자 폭스바겐을 세계 최대의 자동차 회사로 만들겠다는 목표를 세웠다. 피에히는 "공학자들을 협박"하여 최고의 실적을 달성했다며 자랑했다. 피에히가 회장으로 있는 동안 폭스바겐에는 비윤리적이고 불법적인 사건이 수없이 발생했다. 그중 두 가지가 제일 유명하다. 첫 번째 사건은 1993년 제너럴 모터스General Motors에서 조달 담당 책임자 호세 이그나시오 로페즈 데 아리오투아Jose Ignacio Lopez de Arriortua를 영입한 것과 관련 있다. 다른 회사에서 고위 간부를 빼내 오는 것은 흔한 일이고 합법적이었지만, 제너럴 모터스와 다수의 법 집행기관이 피에히와 폭스바겐을 산업 스파이 죄로 고발했다. 구체적으로는 로페즈와 제너럴 모터스에서 그와 함께 나온 직속 부하직원이 조직적으로 제너럴 모터스의 문서를 훔치고 복제했다는 내용이었다. 이 분쟁은 재판까지 가지 않고 폭스바겐이 제너럴 모터스에 1억 달러를 지불하고 GM의 부품을 10억 달러에 구입하겠다는 합의로 정리됐다.

두 번째 스캔들은 2005년 폭스바겐 경영진이 자신들과 노조 간부를 위한 성매매에 500만 달러가 넘는 돈을 사용한 사건이었다. 노조 간부가 기존 경영계획에 불만을 품지 않도록 하려는 목적이었다.[7] 피에히가 이 사건의 중심이라는 증거는 없었지만, 그가 이 추문을 도덕적으로 문제 삼은 것도 아니었다. 피에히가 집권하는 동안, 직원들은 제시된 목표를 달성하기 위해 어떤 방법을 사용하든지 제 몫을 해내야만 하는 분위기에 서서히 물들어 갔다.[8]

피에히는 2002년 CEO 자리를 내려놓았고 감독이사회 의장 직위를 유지한 채 후임 CEO로 베른트 피셰츠리더Bernd Pischetsrieder를 앉히려는 자신의 결정을 밀어붙였다. 하지만 알고 보니 피셰츠리더는 피에히보다 도덕적 잣대가 높은 사람이었고, 독재적인 성향도 덜했으며, 노동 인력 투입 문제에 신경을 썼고, 다사다난한 폭스바겐 역사를 이용하여 회사의 방향성을 조정하는 데 관심이 있었다. 이것이 과거 스캔들 파헤치기가 될 수 있다는 우려에 근로자들과 감독이사회 그리고 피에히는 더 이상 피셰츠리더의 리더십에 열광하지 않게 되었다. 뛰어난 재무성과를 달성했음에도 불구하고 피셰츠리더는 첫 5년 임기를 끝으로 연임에 실패했다.

2007년 폭스바겐의 CEO 자리는 30년 동안 피에히의 제자나 다름없었던 마틴 빈터콘Martin Winterkorn에게 주어졌다. 세계 최대 규모의 자동차 기업으로 만들겠다는 목표를 위해 빈터콘은 과거 피에히의 독재적인 스타일뿐만 아니라 어떤 도덕적 희생이 따르더라도 성과를 내는 데 주력하는 경영 방침을 부활시켰다. 빈터콘은 골치 아픈 문제를 싫어했고, 훗날 회사를 떠난 직원들은 그가 집권하는 동안에는 일터에서 하급자가 실패를 인정하거나 상급자에게 반박하는 건 매우 두려운 일이었다고 밝혔다. 빈터콘은 미국 시장의 성장 가능성이 가장 크다고 보았고, 그래서 점점 더 엄격해지는 미국의 대기오염 규제를 통과할 수 있도록 '클린한' 디젤 엔진을 만드는 데 주력했다. 폭스바겐 공학자와 폭스바겐 자회사인 아우디의 공학자들은 해결책을 찾으라는 거대한 압력을 받았다. 하지만 회사가 원하는 해결책은 이들의 능력 밖 일이었고, 단순히 물리적으로도 불가능했다. 사람들은 어려운 목표가 주어지고 이를 합법적인 방법으로 달성할 수 없게 되면, 문제를 해결하기 위해 불법 행위에 몸담을 가능성이 커진다.[9] 폭스바겐은 다양한 '클린 디젤' 차를 생산하고 홍보했으며, 미국과 전 세계적으로 환경 문제에 관심 있는 소비자들 사이에서 큰 인기를 얻었다.

2015년, 나는 폭스바겐의 새로운 비윤리적 소행에 대해 알게 되었다. 2014년에 캘리포니아 대기자원위원회California Air Resource Board, CARB는 실험실과 실제 도로에서의 배기가스 배출의 차이에 대한 연구를 의뢰했다. CARB가 고용한 웨스트버지니아대학의 다섯 명 연구진은 폭스바겐 소프트웨어 작동 방식이 검사 주행일 때와 실제 도로 주행일 때 불일치하다는 사실을 가장 먼저 발견했다. 이 연구 결과가 발표된 후 여러 나라의 규제기관들은 심층 조사에 착수했다. 그리고 2015년 9월, 미국환경보호청U.S. Environmental Protection Agency, EPA은 폭스바겐이 대기 오염 방지법을 위반했다고 발표했다. EPA가 제기한 혐의는 폭스바겐이 디젤 엔진을 의도적으로 프로그래밍하여 실험 주행일 때만 배기가스 배출량을 규제하고 일반적으로 도로에서 주행할 때는 그 제한을 풀었다는 것이었다. 검사 모드에서는 자동차가 미국의 모든 배기가스 배출 규제를 준수하는 것으로 나타났다.

그리고 검사 모드가 아닐 때, 즉 도로를 주행할 때는 자동차가 다른 모드로 변경되어 연료 압력과 분사 시기, 배기가스 재순환 장치가 완전히 달라졌다. 그러면 연비와 출력이 좋아진 만큼 질소산화물NOx 배출도 더 많아졌고, 이는 미국의 허용기준치보다 40배나 높은 수준이었다. 질소산화물은 스모그를 형성하는 오염물질로, 폐암과 천식 등의 질병과 깊은 관계가 있다.

규제기관을 속이기 위해 폭스바겐 공학자들은 의도적으로 대기를 오염시키고 수천 명을 죽음으로 몰아갈 장치를 고안했다.[10] 이들의 기만행위는 전 세계 사람들에게 환경을 지키기 위해 폭스바겐 자동차를 구매하라고 유인했다. 2009년형부터 2015년형 모델까지 전 세계적으로 1100만 대에 가까운 자동차가 팔렸고, 그중 50만 대 이상이 미국에서 판매되었다.

소비자를 속였다는 사실이 드러나자 마틴 빈터콘은 CEO직을 사퇴했고 일부 대표들은 징계를 받았다. 2015년 9월 28일 폭스바겐은 1100만 대 자동차를 수리하겠다는 계획을 발표했다. 폭스바겐은 이 사건과 관련 있는 모든 자동차는 2015년 말까지 수리가 완료될 것이라고 했지만, 리콜 조치는 2016년 1월에나 시행될 계획이었다. 그리고 2015년 10월 8일 폭스바겐아메리카 CEO 마이클 혼Michael Horn은 모든 차를 수리하려면 몇 년이 걸린다는 내용을 미국 의회에 전달했다.

2016년 10월 25일 미국연방지방법원 판사 찰스 브레이어Charles Breyer는 폭스바겐이 147억 달러를 배상한다는 합의안에 승인했다. 폭스바겐은 문제가 된 모든 차의 소유주에게 공지 이메일을 보내서 차를 반납하면 현금으로 돌려주는 환매 조치를 시행하는 계획을 전달하기로 했다. 2017년 1월 폭스바겐은 범죄 혐의에 대한 유죄는 인정했지만 소프트웨어 사건에 대해서는 낮은 직급의 공학자들 탓으로 돌렸다. 2019년까지 폭스바겐이 벌금, 과태료, 배상금, 소송 합의금으로 지불한 금액은 300억 달러가 넘는다. 연구에 따르면 2008년부터 2015년까지 폭스바겐 소프트웨어가 설치된 자동차에서 발생한 심각한 대기오염은 수많은 미국인을 죽음으로 몰아갈 것이라고 한다. 이뿐만이 아니라 〈환경오염Environmental Pollution〉 저널에 발표된 한 연구에서는 폭스바겐의 부당한 배기가스 배출은 장애보정생존연수disability-adjusted life years 수치로 산출하면 45,000DALYs가 나온다고 추정했다. 장애보정생존연수란 질병으로 인해 수명이 줄거나 장애로 삶의 질이 떨어진 기간을 연 단위로 산출하는 지표다. 과거 나치 시대에 무고한 사람들에게 살인을 저지른 역사처럼, 폭스바겐은 다시 한 번 충격적일 정도로 많은 사망자 수와 깊은 연관을 맺게 되었다.[11]

2018년 5월 3일, 폭스바겐 CEO 빈터콘은 미국에서 사기죄와 음모죄로 기소되었다. 기소장에서 드러난 빈터콘의 혐의는 공학자들이 무슨 일을 하고 있는지 전부 보고받고 있었으며, 심지어 사건의 은폐를 승인했다는 것이다. 빈터콘의 전 멘토였던 페르디난트 피에히는 독일 검찰에 자신이 빈터콘과 함께 소프트웨어 조작에 대해 논의했다고 인정했다. 빈터콘과 다른 고위 경영진들은 미국과 독일 등 여러 나라에서 법적으로 중요한 의미가 있는 이 사기 사건에 대해 인지하고 있었다는 혐의를 계속 부인했다.

〈뉴욕타임스〉는 과거에 오랫동안 폭스바겐 고위 임원 자리에 있었던 사람을 인터뷰했는데, 그는 "환경 규제에 대한 공학자들의 뿌리 깊은 적대감" 때문에 폭스바겐의 배기가스 스캔들은 불가피한 문제에 가깝다고 주장했다.[12] 이어서 그는 이렇게 말했다. "폭스바겐처럼 기업주와 노조가 이토록 가깝게 일하는 회사는 어디에도 없습니다. (……) 정부와 노조는 모두 완전 고용과 더 많고 더 좋은 일자리를 원합니다. (……) 폭스바겐은 독일인에게 일자리를 제공해야 한다는 국가적 임무를 지니고 있는 것처럼 보입니다. 바로 이 점이 세계 1위가 되겠다는 추진력을 만드는 것이죠. 그들은 무슨 일이든 못 본 척할 것입니다."

폭스바겐 자회사 아우디의 2015년 배기가스 조작 사건이 밝혀진 후에도 똑같은 장치를 계속 사용할 정도로 이런 불법 행위는 폭스바겐에 만연해 있었다. 2017년 독일 규제 기관은 마침내 아우디에게 추가 리콜 조치를 지시했다. "어느 정도의 비겁한 수법이 없었다면 우리는 해내지 못했을 겁니다." 2018년 1월 아우디의 디젤연료 개발부서 직원은 이렇게 말했다.[13] 그리고 2019년 7월, 독일 검찰은 배기가스 스캔들에 대한 책임을 묻기 위해 아우디 CEO 루퍼트 슈타들러Rupert Stadler를 사기죄로 기소했다.

이 이야기에서 가장 놀랍고 좌절감이 드는 부분은 빈터콘과 고위 경영진들이 검찰에 대항하고 처벌을 면하기 위해 자신들의 무지를 주장했다는 사실이다. 하지만 나는 빈터콘이 이 사건에 대해 몰랐다는 주장을 믿지 않는다. 그가 수많은 사람의 목숨을 앗아간 데에 직접적 책임이 있다는 사실은 증거가 보여 주고 있다. 만약 내가 틀렸다 할지라도 경영진이 수많은 하급자에게 범죄 행위에 관여하도록 압력을 주는 환경을 조성했다면, 그리고 그 범죄를 은폐하려고 했다면, 설사 정말로 무지했다 하더라도 그들에게는 이 행동에 대한 도덕적 책임이 있다. 우리는 자신의 행동에 대해 무지했다는 변명을 하는 수많은 경영진에게 더 이상 죄를 묻지 않고는 한다. 이들의 행동이야말로 다른 사람들을 범죄의 길로 빠지게 만드는 원인이지만 말이다.

## 테라노스와 폭스바겐을 넘어서

나는 빈터콘을 보면 요셉 라칭거Joseph Ratzinger와 조 패터노Joe Paterno가 떠오른다. 요셉 라칭거는 교황 베네딕토 16세가 되기 전 바티칸의 추기경단에서 영향력 있는 추기경이었다. 하지만 그는 가톨릭교회 내에서 발생한 아동성추행 사건을 은폐하는 데 깊이 관여했었다. 다수의 아동학대 보고를 받은 라칭거는 강력한 증거를 두고도 혐의를 부인하라고 했으며, 성추행이 지속될 것을 예상하고도 죄를 저지른 사제들은 다른 교구로 전출키라는 지시를 내렸다.[14] 조 패터노는 펜실베이니아 주립 대학의 전설적인 미식축구 감독으로, 여러 해 동안 한 코치가 지속적으로 미성년자들을 성폭행해 왔다는 사실을 분명히 알고도 조치를 취하지 않았다.[15] 한 조직의 리더가 비도덕적 행동이 일어날 수 있는 환경을 조성하고 유지한다면, 이는 이 사회를 훨씬 악화시키는 선택이며 이후의 도덕적 침해를 용납하는 죄이다. 이 경우에 부패를 알아차리지 않은 것은 비도덕적 행동이다.

아동학대에 제대로 대처하지 못한 것은 라칭거와 패터노만이 아니었다. 논란이 많았던 최근의 사건들에서도 늘 그렇듯 아주 많은 사람이 행동하지 않았다. 래리 나사르Larry Nassar의 사건을 살펴보자. 미시간 주립 대학의 주치의였던 그는 오랫동안 100명이 넘는 어린 여자 선수들을 성폭행했다. 많은 의혹과 충분한 신호가 있었지만 FBI와 미국 올림픽 위원회, 미국체조협회, 미시간 주립 대학은 이를 알아차리지도 행동에 옮기지도 않았다는 수많은 증거가 드러났다. 2019년 의회 보고에 따르면 이 기관들은 어린 선수들의 안전과 건강보다 "자신들의 평판을 우선으로 여겼다"고 한다.[16]

다른 사람들의 비도덕적이고 불법적인 행동을 알아차리지 못하거나 이러한 행동이 지속될 수 있는 환경을 조성할 때 우리에게는 가치 파괴에 대한 책임이 생긴다. 이 세상에는 다른 사람들을 해치더라도 전혀 개의치 않아 보이는 흉악한 사람들이 존재한다. 이들은 어떠한 제재 없이 잘못된 행동을 지속하는데, 이는 명백한 증거가 있음에도 주변 사람들이 알아채지 못하기 때문이다. 사람들은 자신의 집단을 위한 최고의 선택에만 집중하는 바람에 비도덕적 행동을 쉽게 지나쳐 버린다. 라칭거의 가톨릭교회가 그랬고, 패터노의 펜실베이니아 주립 대학과 빈터콘의 폭스바겐이 그랬다. 2장에서 피터 싱어의 연못에 빠진 아이 이야기에서 살펴본 것처럼, 우리는 우리 부족이 아닌 사람들의 고통에 주목하지 않는 경우가 많다. 물에 빠진 어린아이를 구하기 위해 연못에 뛰어드는 반면, 일반적으로 우리 부족 외의 더 많은 사람들의 목숨을 살릴 수도 있는, 예를 들어 홍역과 말라리아 예방을 위해 먼 나라에 기부하는 등의 간단한 행동은 실천하지 않는다. 이러한 행동은 알아차리지 못하는 것에 대한 변명이 아니라 우리가 극복해야 할 불완전한 인지 패턴을 의미한다.

미국의 유명 소설가 솔 벨로Saul Bellow는 중편소설 《실제*The Actual*》에서 해리 트렐먼Harry Trellman이라는 캐릭터를 만들었는데, 그는 "최고의 발견자first-class noticer"이다. 이 설정에 영감을 받은 리더십 전문가 및 작가인 워런 베니스Warren Bennis는 리더의 특성에서 가장 중요한 것은 최고의 발견자가 되는 것이라고 주장했고, 나 역시 동의한다![17] 최고의 발견자는 다른 사람들이 놓친 기회를 발견하고, 자신의 이해관계에 휘둘릴 가능성이 작고, 데이터가 가리키는 사실에 누구보다 열린 마음으로 다가간다. 그리고 가장 중요한 점은 최고의 발견자는 나쁜 인물이나 자신이 속한 문화에 의해 발생하는 도덕적 문제 같은 환경의 문제를 발견한다는 것이다. 그리고 이들은 이치에 맞지 않거나 말도 안 되게 좋은 상황을 의심한다.

여러분에게 최고의 발견자의 삶을 강력히 권한다. 나 역시 그러기 위해 노력하고 있다. 최고의 발견자는 다른 사람들이 놓치는 힌트에 주의를 기울여야 한다. 사람들이 제공하는 정보에 대해 한계 없이 분석해야 하고, 당신 앞에 닥친 문제에 가장 직접적으로 대응할 수 있는 정보를 요청해야 한다. 또한 메이도프의 수익률이나 폭스바겐의 '클린 디젤' 엔진, 테라노스의 기술력 같은 말도 안 되게 좋아 보이는 해결책도 받아들이지 않아야 한다. 그리고 무언가 의심쩍고 불분명하다면 다른 사람의 의견을 따라가기보다 더 많은 정보를 탐구해야 한다.

BETTER, NOT PERFECT

# 2부

# 영향력 발휘하기

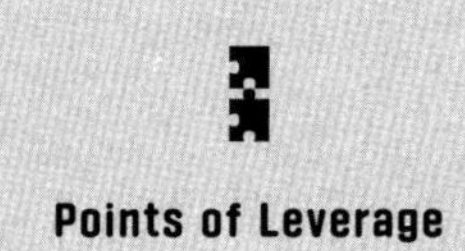
Points of Leverage

06

# 부족주의를 완화하고 평등한 사회 만들기

사람들은 자신과 같은 집단의 사람을 좋아한다. 사람들은 자신과 같은 가족, 동네, 학교, 민족, 도시, 나라 출신의 사람들을 좋아한다. 이러한 선호 현상은 의도적으로 발생하며, 우리가 누구를 좋아하고 고용할 것인지 또 누구와 어울릴 것인지 깊이 생각하지 않을 때도 발생한다. 수년 전에 아프리카계 미국인이 미국 대출 시장에서 차별 대우를 받았다는 여러 연구 결과가 처음 밝혀졌을 때, 심리학자 데이비드 메식David Messick은 통찰이 엿보이는 사설을 하나 발표했다. 그는 백인 대출 담당 직원들이 아프리카계 미국인에게 공공연히 적대심을 드러낸 것보다 그들이 자신과 비슷한 사람들에게 긍정적인 편견을 가지고 있는 것이 가장 중요한 문제라고 꼽았다.[1] 분명 인종차별과 성차별은 우리 사회의 고질적 문제다. 외집단을 향한 적대감은 실제로 존재하고, 아프리카계 미국인들은 다른 집단보다 의도적인 차별 피해에 훨씬 많이 노출되어 있다. 하지만 메식의 주장은 오늘날 내집단 편애 현상이 인종차별보다 사회에 더 만연해 있으며, 같은 수준의 해를 끼친다는 수많은 사회심리학적 연구 결과와 상통한다. 나는 이 책을 읽는 독자들 또한 외집단 적대보다 내집단 편애에 더 편향되어 있을 가능성이 크다고 생각한다. 그리고 외집단에 대한 적대가 없다고 해서 외집단에 간접적인 해를 끼치는 부족주의에 영향을 받지 않는 것은 아니다.

부족주의에 대한 한 가지 흥미로운 모순점은 영향력 있는 다수 집단이 내집단 편애(외집단 구성원을 차별하는 행동)에 휩쓸릴 때, 이들은 내집단을 위해 실행하고 있는 선에만 초점을 둔다는 사실이다. 외집단 구성원에 가하는 피해에는 주의를 기울이지 않는다. 다수 집단이나 권력을 쥔 집단이 한정된 기금을 자신들과 같은 종교, 학교, 나라 출신인 사람들에게 제공하면 소수 집단, 여성, 사회적 약자 같은 자신과 비슷하지 않은 사람들에게 돌아갈 기금은 이보다 적어진다. 기부금의 수령인을 자신과 유사한 사람으로 선택한다면 우리는 최대의 선을 행할 수 없다. 대학이나 회사 등 독점 집단 내부의 한정적이고 탐나는 자리에 자신과 비슷한 사람을 앉힌다면 다양성이 실현되기 어렵다.

2013년 조슈아 그린은 《옳고 그름*Moral Tribes*》에서 부족주의가 최대의 선을 실현하는 데 방해가 되는 과정을 설명한다.[2] 그는 부족주의가 왜 직관적인 행동인지 진화의 논리를 들어 설명한다. 수렵·채집 사회에서는 자신의 지역 집단이나 부족에 의지하는 것이 생존에 있어 매우 중요했다. 물론 그렇다고 해서 진화의 논리로 현대의 부족주의나 특히 성차별, 인종차별, 또는 부적절한 사람을 직원으로 고용하는 행위를 정당화할 수는 없다.

우리는 지금까지 총 4장에 걸쳐, 더 나은 삶을 살 수 있고 또나 자신과 이 세상을 위해 성취감 있고 도덕적인 결과를 얻을 수 있는 네 가지 전략에 대해 알아보았다. 2부에서는 이 전략을 이용하여 가치 실현을 위해 할 수 있는 구체적 행동을 네 가지 영역에서 찾아보려고 한다. 첫째는 부족주의에 정면으로 맞서고 평등한 사회를 위해 행동하는 것이다.

사회 문제에 대한 대중 매체의 묘사(때로는 우리의 인식)에 반박하기 위해, 심리학자 스티븐 핑커Steven Pinker는 《지금 다시 계몽*Enlightenment Now*》에서 세상은 과거에 비해 훨씬 좋아졌다고 주장한다.[3] 핑커는 좋아진 원인으로 계몽주의 시대에 발달한 이성, 과학, 휴머니즘의 극적인 진보를 꼽는다. 또한 이성, 과학, 휴머니즘이 더 이상 사회의 행복을 증진시키지 못하게 하는 장애물에 대해서도 깊게 살펴본다. 아마 많은 사람이 놀라겠지만 대부분의 자유주의 사상과 비슷하게, 핑커는 계몽을 방해하는 특정 집단에 주목한다. 바로 극단적인 종교 집단이다.

자기 집단의 구성원을 집단 외 사람보다 우월하다고 보는 종교 집단은 그 기준이 신념이든 민족성이든 국적이든 사람들을 평등과 인도주의적 행동으로부터 멀어지게 만든다. 핑커는 깊은 신앙심이 가난한 사람들에게 베푸는 행위와 긍정적으로 연관이 되지만, 외집단 사람보다 내집단 사람에게 더 많은 가치를 주도록 독려하는 것은 더 큰 선을 실현하는 데 걸림돌이 된다고 주장한다. 이런 종교는 자기 집단 사람들을 돕는 과정에서 불신자에게 벌을 주기 위해 그들이 필요로 하는 도움을 주지 않거나, 고통받아도 방치하고, 특정 종교를 믿지 않으면 천국에 갈 수 없다는 이야기를 퍼뜨리기도 한다.

2015년 미국의 전체 자선기금 중 33퍼센트는 종교 관련 기관으로 갔다. 어떤 종교 기관은 암묵적으로든 노골적으로든 다른 곳에서의 자선 활동은 천국으로 가는 계단과 연결되지 않는다고 믿게 만든다. 또 많은 교회에서는 신도들에게 자기 급여의 몇 퍼센트를 헌납해야 하는지 지침을 제공하며 이 천국의 계단을 성문화하기도 했다. 일부 종교에서는 수입의 일정 비율을 교회에 헌납할 것을 권고하지만, 수입의 일정 비율을 교회가 아닌 다른 곳에 기부하라고 권하는 종교는 찾기 어렵다.

어떤 경우는 신도들에게 정말 도움이 필요한 사람보다 같은 종교 집단의 사람에게 더 베풀 것을 적극적으로 장려하기도 한다. 2018년에 개봉된 넷플릭스의 전기영화 〈그날이 오면Come Sunday〉을 보면, 미국 털사의 한 대형교회에서 첫 아프리카계 미국인 오순절파 목사였던 칼턴 피어슨Carlton Pearson이 자신의 신념을 바꾸자 더 이상 교회에서 환영받지 못한다. 피어슨은 1990

년 르완다 내전으로 80만 명의 무고한 사람들이 학살당한 사건으로 충격에 휩싸인다. 피어슨의 신념에 따르면 이 사람들 대부분이 예수 그리스도를 구원자로 믿지 않았기 때문에 지옥으로 가게 될 것이었다. 이 논리를 도저히 받아들일 수 없었던 그는 오순절파의 교리를 거부했다. 피어슨은 여전히 믿음을 가지고 있었지만, 수용과 포용에 대한 현대화된 메시지를 설교하기 시작했다. 그는 지옥이 아닌 천국으로 가는 기준을 규정하는 오순절파의 교리를 설교하기를 거부했고 한때 교회에서 존경받는 목사였던 그는 파문당한다.

많은 사람이 가치 실현을 기대하기 때문에 종교에 매료된다. 하지만 대부분 종교는 추종자에게 최대의 선을 실현하는 데 방해가 될 수 있는 신념을 믿으라고 요구한다. 내집단을 편애하고, 집단 구성원이 합리적으로 생각하지 못하게 공포 전술을 펼치고, 지나치게 권위적인 구조를 만들고, 과학에서 인정하는 핵심적 발견을 의심하는 집단이라면, 그들이 열망하는 것처럼 강력하고 긍정적인 사회적 영향력을 행사할 수는 없다.

## 부자를 위한 우대 정책

나는 집단 내 구성원을 확실하게 편애하는 기관에 속해 있다. 그곳은 바로 하버드대학이다. 하버드와 관련 있는 사람들을 향한 하버드대학의 편애는 최근 한 소송에서 뚜렷하게 드러났다. 2018년 보스턴 연방 지방 법원에서 하버드대학은 아시아계 미국인에게 높은 입학 기준을 적용하고 아시아계 학생 수를 제한하는 등 아시아계 미국인을 차별했다며 하버드대학을 고소한 원고에 대해 하버드의 입학 정책을 옹호하는 상황에 놓였다. 2014년에 제기된 이 소송으로 하버드대학이 아시아계 미국인의 비율이나 총 학생 수를 제안했는가에 대한 수십 년간의 논쟁이 다시 일어난 것이다. (나는 하버드가 공식적인 인종 제한 규정을 두었다는 사실은 믿지 않지만 여기에서는 조금 다른 이야기를 다루려고 한다.) 이 소송은 원고 측에서 아시아계 미국인 소수집단이 백인 및 다른 소수집단을 우대하는 차별을 받았다고 주장했다는 점에서 꽤 독특한 사건이다.[4]

원고의 주장에 따르면, 아시아계 미국인을 차별하기 위해 하버드가 사용한 한 가지 방법은 지원자를 검토하는 과정에서 주관적인 개인 평가를 포함했다는 것이다. 아시아계 미국인 원고 측 변호사는 하버드대학이 '적합' 여부를 판단하기 위해 개인 평가 방법을 사용했는데, 이 적합 판정은 기존 집단, 즉 집안 대대로 하버드에 입학한 부유한 백인 집단과의 유사성으로 판별되는 것이라고 주장했다. 원고들은 오늘날의 개인 평가 제도가 1920년대 하버드가 유대인의 입학을 막기 위해 '인성과 적합성'이라는 개념을 적용했던 역사와 관련 있다고 주장했다. 1922년 하버드 입학처가 유대인의 입학 비율을 15퍼센트로 제한하자는 로런스 로웰A. Lawrence Lowell 총장의 제안을 거부한 적이 있다. 로웰이 유대인을 싫어했다는 증거가 분명히 존재했고, 그는 개신교 졸업생들은 자기 자식들이 유대인들에게 둘러싸여 지내는 것을 원치 않는다는 우려를 표하기도 했다. 이로부터 4년 후 로웰이 아직 총장이던 때, '인성과 적합성' 입학 기준이 채택되었다. 과거 로웰의 반유대주의와 노골적인 인종차별 때문에 캠퍼스 곳곳에 그의 이름과 사진이 남아 있는 것에 대해 활발한 논쟁이 벌어지기도 했다.

이 사건의 원고 측 전문가 증인인 듀크대학의 피터 아치디아코노Peter Arcidiacono 박사는 아시아계 미국인 지원자에게 부여된 '개인 평가'로 인해 이들이 하버드대학에 입학할 가능성이 줄었다고 주장했다. 하버드 측 전문가 증인인 캘리포니아대학교 버클리 캠퍼스의 데이비드 카드David Card 교수는 이러한 개인 평가나 그 외 특별 기준(동문 자녀 특례인 레거시legacy 입학이나 기부금 입학)을 고려했을 때, 통계적으로 원고가 주장하는 아시아계 차별을 뒷받침하는 증거가 없다고 분석했다.

사건이 더 복잡해진 것은 고소인들을 주동하는 사람이 에드워드 블룸Edward Blum이라는 사실 때문이었는데, 그는 소수집단 우대정책affirmative action에 반대하는 백인 운동가로 소수집단에 대한 특별대우를 노골적으로 공격했다. 블룸을 비판하는 많은 사람이 그가 아프리카계 미국인이나 라틴계 미국인 같은 다른 소수집단에 대한 우대정책에 반대하기 위해 입학을 거부당한 아시아계 미국인을 이용했다고 주장했다. 아이비리그의 모든 대학은 하버드가 소송에서 패한다면 대학 교육은 물론 그 너머의 다양성과 포용성에 큰 타격을 줄 수 있다는 하버드의 주장을 지지했다. 그리고 2019년 10월 1일, 블룸과 원고 측은 소송에서 패했다. 판사는 하버드가 고의로 아시아계 미국인을 차별했다는 원고의 주장을 인정하지 않았다. 앨리슨 버로스Allison D. Burroughs 판사는 하버드의 소수집단 우대정책을 옹호했고 하버드가 입학 결정에 인종을 고려한 기준은 합법이라고 말했다.[5]

소수집단 우대정책이 공평성을 둘러싼 논쟁에 단단히 뿌리를 내린 반면, 공리주의자들은 자신의 논리를 이용해 이 정책을 강하게 지지해 왔다.[6] 공리주의자들은 우대받는 사람이 누리는 이익보다 차별받는 사람이 입는 손해가 훨씬 크다고 말한다. 게다가 유전적 특성에 따라 차별하는 것은 자원을 배분하는 매우 비효율적인 수단이라고 주장했는데, 자원으로부터 가장 많은 득을 볼 사람에게 그 자원이 돌아갈 가능성이 적다는 것이 이유다. 2장에서 언급한 마자린 바나지는 이런 말을 했다. 핸들이 한쪽으로 틀어졌다는 사실을 알았다면, 상황을 해결할 최고의 방법은 핸들을 반대 방향으로 돌리는 것이다.

하버드대학이 계속 다양성과 포용성을 갖춘 공동체를 유지하기를 바라므로 나는 이번 소송에서 하버드의 편에 섰다. 하버드의 소수집단 우대정책은 어려운 환경에서도 특출난 지원자들이 보상받을 수 있게 한다. 그리고 블룸의 노골적인 목적을 고려했을 때 그가 아시아계 미국인을 이용한 것은 위선이라고 생각한다. 또한 다양성과 포용성을 가진 학생들로 양성하고 싶은 나의 기대는 사회 전체적으로 더 나은 결과를 내겠다는 목표와 같은 선상에 있다고 믿는다. 하지만 소송 과정에서 밝혀진 하버드의 실체에 모두 만족하는 것은 아니다.

소송을 통해 하버드 입학 정책의 자세한 내막이 드러났는데 대부분 차별적이고 엘리트주의적이었으며 합당하거나 도덕적인 것과는 거리가 멀었다. 원고 측의 폭로로 이들은 하버드 동문의 자녀와 거액의 기부금을 낸 지원자를 지나치게 편애하고 있다는 사실이 밝혀졌다.[7] 역사적인 이유로 하버드 졸업생과 기부자 대부분은 백인이다. 하버드 집단에 소속됨으로써 생기는 혜택의 규모는 매우 크다. 아치디아코노의 보고서는 지원자의 부모 중 한 명이라도 하버드나 래드클리프 대학(20세기에 운영되었던 여성을 위한 하버드 자매학교) 출신이면 당시에 34퍼센트가 입학 허가를 받았고, 이러한 '유산legacy'없이 입학한 경우는 5.9퍼센트에 불과했다고 주장했다.[8] 하버드의 분석에 따르면 동문자녀라는 자격은 전체 지원자 중에서 가장 실력 있는 20~30퍼센트에게 매우 큰 이익을 제공했다고 한다. 그러므로 이러한 자격이 하위에 머무른 지원자까지 만회시켜 줄 가능성은 적지만, 근소한 차이에 있는 지원자에게는 엄청난 도움이 된다.

학교 동문의 자녀인 지원자를 선호한다고 인정한 하버드나 다른 명문대들은 인종이나 학생의 특성을 고려하는 것처럼 캠퍼스의 다양성을 위해 동문 자녀라는 조건도 마찬가지로 고려하는 것이라고 주장했다. 여기에서 말하는 '다양성'이란 하버드와 깊은 연관이 있는 학생과 그렇지 않은 학생을 모두 포용한다는 것을 뜻한다.[9] 그리고 이 정책이 "대학과 졸업생 사이의 단단한 유대감을 형성하는 데 도움이 된다"고 주장한다.[10] 게다가 하버드와 여러 대학은 졸업생의 기부 덕분에 경제적으로 어려운 하버드 학생들을 지원할 수 있다고 말한다. 레거시 지원자의 "지원서는 수준이 높은 편입니다"라고 하버드 총장 로런스 바카우Lawrence Bacow가 말했다. "이들은 우리 학교를 매우 깊이 이해하고 있습니다. 그러니까 거의 모든 지표에서 일반 지원자보다 매우 우수한, 자의로 선택한 지원자들인 것이죠."[11] 나는 바카우 총장을 믿지만, 이미 특권을 받은 부유한 졸업생의 자녀들에게 그들의 가족이 이미 제공한 혜택 외에 더 많은 이익을 줄 이유는 없다고 생각한다.

이 사건의 규모가 더 커지자 1989년도 하버드 졸업생이자 현재 뉴욕의 존 제이 대학에서 학생들을 가르치는 에반 맨더리Evan Mandery는 "남자나 백인 또는 부유한 백인처럼 이미 당신이 유리한 팔자로 태어났다고 해서 더 많은 혜택을 받아야 한다는 건 말이 안 되는 주장이다"라고 의견을 표했다. 레거시 입학제를 비판하는 또 다른 사람은 하버드처럼 공적인 목적을 추구하는 기관이 자기 집단을 만족시키기 위해 집단 외 사람을 차별하는 것은 비윤리적이라고 주장했다.[12] 이 제도로 나타나는 부수적 효과는 졸업생 집단을 가장 앞서 대표하는 인구 통계학적 특성, 즉 백인의 편에 서게 된다는 것이다.

물론 실력을 기준으로 훌륭한 대학을 운영할 수도 있다. 세계 10위 안에 꼽을 수 있는 대학 중 다섯 곳에서는 레거시 입학제를 분명히 거부했다. 이러한 대학으로는 매사추세츠공과대학, 캘리포니아공과대학, 옥스퍼드대학, 케임브리지대학, 캘리포니아대학 버클리 캠퍼스가 있다.[13] 하지만 레거시 특례 입학은 여전히 많은 대학에 남아 있고, 여기에는 공립인 버니지아대학도 포함된다.[14]

하버드 관계자가 하버드와 관련 있는 사람들을 선택하는 것은 충성도 높은 집단을 만들고 기부금을 벌어들임으로써 얻게 될 가치를 고려한 결정일 것이다. 하지만 이들은 레거시 입학자 대신 입학할 수 있었을 더 우수한 지원자를 거부하는 과정에서 자신이 파괴하는 가치는 생각하지 않았을 것이다. 앞서 이야기했듯이 사람들이 차별하는 것은 외집단에 가하는 피해보다 내 집단을 돕는 행위에 초점을 맞추기 때문인 경우가 많다. 그러나 한정된 자원을 강력한 의사결정자와 유사한 인구통계학적 특성을 가진 사람들이 가져간다면, 우리 사회는 부족주의와 편향 그리고 차별이라는 결말을 맞게 된다. 대학 입학에서의 부족주의는 불평등을 만들고, 공정하게 평가받아야 할 다른 지원자들의 권리를 박탈하고, 통합된 문화를 형성하여 더 나은 사회를 만들 기회를 놓치게 한다. 다른 사람을 돕는 행위는 일반적으로는 선행이지만, 부족주의로 뒤덮인 것이라면 이는 바로잡을 악덕이다.

부유한 사람들은 관행화된 부족주의뿐만 아니라 집단 내의 지위와 연줄을 이용하여 입학 전형에서 특혜를 받는 방법으로도 혜택을 얻는다. 2019년 연방 공무원들은 유명 여배우 펠리시티 허프만Felicity Huffman과 로리 로우린Lori Loughlin을 포함한 30명이 넘는 부유한 부모들이 자녀를 대학에 보내기 위해 수백만 달러의 돈거래에 가담한 혐의로 기소했다. 전해진 바에 따르면 이들은 컨설턴트를 고용해 학업과 운동 능력을 위조했고 원하는 대학에 들어가기 위해 뇌물을 건넸다고 한다. 윌리엄 릭 싱어William Rick Singer라는 이 컨설턴트는 용의자의 자녀들을 예일대학, 스탠퍼드대학, 서던캘리포니아대학에 입학시키기 위해 불법 행위를 저질렀다. 한편 2019년 하버드대학에 오래 있었던 펜싱 코치 피터 브랜드Peter Brand는 감정 가격 54만 9300달러의 주택을 부유한 사업가인 지 잭 자오Jie "Jack" Zhao에게 98만 9500달러를 받고 팔았다. 하지만 자오는 이 집에 거주하지 않았고, 이전 시세보다 오른 66만 5000달러에 다시 팔았다. 피터의 집을 산 뒤, 자오의 아들은 하버드에 입학했고 펜싱팀에도 들어갔다. 분명히 해 두자면, 이 사건은 불법 행위라는 점에서 하버드의 레거시 입학제와는 다르다. 하지만 여러 불법 행위에서 야기된 다양한 불평등 문제와 이러한 관행을 용납하는 대학의 태도는 능력주의를 지향하는 다른 대학의 꿈을 무너뜨렸다.

나는 대부분의 대학 관계자들이 좋은 의도를 가지고 있다고 믿는다. 하지만 인종차별 정책과 엘리트주의 정책이 여전히 만연하다는 점은 걱정스럽다. 그렇다면 이쯤에서 당연한 의문이 생긴다. 일류 대학에서 자행했던 비도덕적인 입학 정책이 수면 위로 떠오르기까지 왜 이렇게 오랜 시간이 걸렸을까? 부정 입학으로 인한 피해가 모호하고 이를 알아차리기 어렵기 때문이다. 여러 대학에서 레거시 입학을 위한 자리를 마련하면서부터 능력주의는 점점 붕괴되었다. 또한 레거시 입학제로 인해 불이익을 받은 지원자가 항의하는 경우도 드물다. 원하는 대학에 떨어져서 속상하지만 자신이 자격 미달의 레거시 입학자 때문에 떨어졌는지 알 도리가 없고, 그건 우리 역시 마찬가지다. 만약 대학교 입학처들이 자격 미달인 레거시 입학자나 펜싱 코치의 도움을 받은 지원자에게 자리를 빼앗긴 학생들의 이름을 공개해야 한다고 상상해 보자. 투명성이 보장된다면 레거시 입학제의 불명예가 만천하에 드러날 것이다. 입학하지 못한 학생들과 대중 매체가 비난할 것이고, 대중은 함께 분노할 것이며, 시스템은 변화할 것이다.

엘리트 집단에서 하나의 인종이 지나치게 부각되면 엘리트 의식은 간접적인 인종차별로 변하기도 한다. 지금으로부터 10년이나 20년 후에 우리는 과거를 돌아보며 미국 명문 대학들이 21세기 내내 엘리트주의와 인종차별 정책을 계속 유지할 것이라는 사실에 망연자실할 것이다. 특권을 가진 사람이 다른 사람보다 예일대학, 프린스턴대학, 하버드대학에 다닐 자격이 충분하다는 사실을 우리 사회가 인정하면서부터 이러한 입학 정책이 발전했다. 이런 정책은 엘리트 대학이 생겨나면서 암암리에 존재해 왔고, 공식적인 레거시 입학제는 1900년대 초 당대의 가장 두드러진 소수집단인 유대인과 가톨릭 신자를 캠퍼스에서 몰아내기 위해 만들어졌다.

## 부족주의는 어디에서 왔을까?

이 책을 시작하면서 나는 독자 여러분에게 무해한 몇 가지 사상에 뜻을 함께해 달라고 부탁했는데, 이 중에는 만인의 평등이라는 개념도 있다. 하지만 솔직히 말하면 그건 함정이었다. 친구를 사귀고, 직원을 고용하거나 승진시키고, 또는 낯선 사람과 소통할 때 그들의 인구통계학적 요인의 영향을 받지 않는 사람은 거의 없다. 그리고 일단 우리가 이런 요소에 영향을 받았다면, 이미 평등은 불가능하다. 이런 현상은 사회심리학에서 깊게 다루지만, 사회생물학과 진화심리학에서도 관심을 가지고 있다.

사회생물학은 1975년도에 출판한 에드워드 오즈번 윌슨E. O. Wilson의 기념비적인 책에서 유래한 연구 분야로, 사회적 행동을 진화의 원리로 설명하고 분석하려는 시도를 해 왔다. 구체적으로 설명하면 이 분야는 사회적 행동의 원인이 진화에 있다고 주장한다.[15] 사회생물학과 매우 밀접한 분야인 진화심리학은 심리학적 행동의 어떤 면이 최적의 진화적 적응인지, 즉 자연선택에 의한 결과인지를 찾기 위해 노력한다. 진화심리학자가 말하는 '최적'은 대니얼 카너먼 같은 경제학자나 행동적 의사결정론자가 해석하는 것과 매우 다르다. 진화학자들은 우리가 2장에서 살펴본 의사결정 편향에 대한 연구를 비판하며 그러한 인지와 행동의 패턴이 경제학적 면에서는 이성적이지 않아도 '생물학적으로는 합리적'이며 자기 종의 영속을 위한 결과라고 주장한다. 진화론 연구자들이 설정한 인간 행동의 목표는 합리성이 아니라 번식의 적합성이다. 다시 말해, 진화에 의한 인간의 적응은 생물학적으로 합리적인 반응을 요구하면서 경제적으로 합리적인 행동은 저지했을 수 있다는 것이다.[16]

인간의 합리성이 인지 한계 및 시간 제약에 의해 어느 정도 제한된다고 본 허버트 사이먼의 주장과 일관되게, 생물학적 관점에서는 오래전 인류가 맞닥뜨렸던 계산 능력 및 시간의 한계를 고려하면 인간의 인지 편향이 문제를 해결하는 최고의 해결책이라고 여긴다.[17] 예를 들어, 인간의 자제력을 연구한 의사결정학에서는 사람들이 오랫동안 축적해 온 자신의 효용을 극대화하는 것이 마땅하지만, 이들은 미래의 요구보다 현재의 욕망이나 걱정에 지나치게 치중하는 실수를 한다고 주장한다. 자제력이 부족해지면 과식하는 것부터 은퇴 자금을 저축하지 않는 것까지 다양한 종류의 근시안적 결정을 내릴 수 있다. 진화심리학자는 이러한 행동이 우리 조상들에게는 합리적이었다고 주장한다. 그들은 더 큰 포상을 기대하며 음식 섭취라는 단기적 보상을 놓치면 굶어 죽는 위험에 빠졌다.[18]

경제학자는 인간이 생존과 번식을 중요하게 여기는 것은 맞지만, 이 외에도 현재의 쾌락을 포함한 효용의 극대화, 직업적 목표 달성, 사회 전체의 발전과 관련된 더 많은 목표를 가졌다고 주장한다. 더 넓은 관점에서 보면, 어떠한 행동이 오래전 수렵·채집 사회의 인류에게 생물학적으로 적합했다고 해서, 지금에는 차선의 선택이 된 그 행동을 받아들일 이유가 없다. 특히 우리가 자기 자신과 다른 사람을 위한 가치 실현을 극대화할 수 있는 시스템 2 사고를 선택할 수 있다면 말이다. 실제로 기후 악화를 유발하는 에너지 추출이나 국제적 갈등과 바다 자원의 고갈을 유발하는 남획처럼 인간의 생존을 보장했던 많은 생물학적 행동들이 이제는 인류를 파괴하고 있다.

지금까지 우리는 최적의 의사결정에 관한 세 가지 관점을 살펴보았다. 경제적 합리성과 공리주의 그리고 번식의 적합성이다. 진화는 시스템 1 의사결정을 발전시켰을지 모르지만, 이는 현대의 인류에게 경제적으로 합리적인 결과를 내주지 않는다. 우리의 목표가 개인의 효용 극대화(경제적 합리성)에서 공리주의의 도덕적 목표(모든 인류 전체에게 공평한 가치의 극대화)로 바뀌면서, 진화로 인한 행동과 총이익의 극대화를 위한 행동 사이의

갈등을 다시 한 번 마주하게 된다.[19]

윌슨의 《사회생물학*Sociobiology*》과 싱어의 《사회생물학과 윤리*The Expanding Circle*》에서는 자기의 근시안적 이익에 불리한 상황에서도 자기 부족에 협력하는 생물학적 적합성에 주목한다.[20] 즉 가족이나 고용주처럼 당신의 부족에 협력하는 사람은 종종 집단의 이익을 위해 개인의 희생을 감수하며, 이 결과로 부족 전체의 모든 구성원이 더 잘 살게 된다. 게다가 협력하는 부족의 사람들은 그렇지 않은 부족보다 더 잘 생존하고 번식할 가능성이 크다. 그러므로 부족에 협력하는 것은 생물학적으로 적합한 행동이고, 왜 오늘날 우리가 인간종 전체보다 범위가 좁은 자기 자신이나 가족, 구분이 확실한 집단에 더 관심을 갖는지에 대한 답이 될 것이다. 3장에서 나누었던 이야기로 돌아가서, 우리는 이 문제를 죄수의 딜레마를 반복하는 게임에서 협력을 선택하는 행동이라고 생각할 수 있다. 그리고 바로 이 진화의 원리로 왜 우리가 외집단에는 같은 희생을 치르지 않는지도 설명할 수 있다. 그렇게 행동함으로써 얻는 생물학적 이익이 없기 때문이다. 사회생물학자와 진화심리학자는 이 논리를 통해 우리가 멀리 떨어진 사람보다 자기 부족을 더 중요하게 생각하고 돕는 이유를 설명할 수 있다고 믿으며, 나 역시 이 의견에 동의한다.

하지만 인류는 오랜 세대에 걸쳐 발전한 직관적인 경험 법칙에만 제한받지 않는다. 우리에게는 시스템 2 사고를 활용할 능력이 있다. 대체로 시스템 2 사고 과정은 만인이 평등한 사회, 모든 사람의 고통이 평등한 사회, 공정성과 정의가 있는 사회로 우리를 인도한다. 공리주의 사상이 주장하는 것처럼, 만약 우리가 내집단과 동떨어진 사람을 위해 최대의 선을 실현한다면 그건 자기 부족을 위해 작은 선을 실현하는 것보다 훨씬 도덕적인 행동이다. 이러한 공리주의의 '북극성'은 종종 진화적 충동과 시스템 1 사고와 충돌한다.

## 암묵적 부족주의

부족주의에 대한 가장 중요한 사실은 한 집단을 다른 집단보다 편애하겠다는 의도가 없을 때도 발생한다는 것이다. 마자린 바나지와 앤서니 그린왈드Anthony Greenwald의 일상적인 편견에 관한 책에서는 자원을 분배할 힘을 가진 사람은 자신의 선호나 편애를 알아차리지 못하고 은연중에 다른 집단보다 자기의 집단에 더 많이 베푼다고 주장한다.[21] 잠재된 심리 작용을 통해 우리는 남자 대 여자, 백인 대 흑인, 그리고 때로는 '내집단' 대 '외집단'에 대한 태도를 정한다는 사실을 알 수 있다. 바나지와 그린왈드는 우리가 분류하고, 인지하고, 판단하기 위해 사용하는 일반적인 사고 과정이 내집단을 향한 체계적인 편애를 초래한다는 사실을 명시하기 위해 '일상적'이라는 단어를 사용했다. 이들은 브라이언 노섹Brian Nosek과 함께 사람들에게 부족주의를 대면시키는 일련의 실험을 개발했고, 이 실험은 이미 수천만 번 시행되었다(당신도 시도해 보고 싶다면 www.implicit.harvard.edu에 방문해 보라).

암묵적 부족주의로 인해 많은 사람이 자기 부족의 사람들에게 보이는 존중과 존엄성 또는 가능한 최대의 선을 실현하는 데 필요한 존중과 존엄성의 태도를 외집단 사람들에게 보이지 못하는 경우가 많다. 나의 동료이자 친구인 돌리 추그Dolly Chugh는 《상처 줄 생각은 없었어*The person you Meant to be: How good people fight bias*》에서 다양성과 포용을 믿는 선의의 사람들(돌리는 '믿는 사람'이라고 표현한다)이 우리가 원하는 수준의 평등함으로 다른 사람을 대할 기회를 어떻게 그리고 왜 놓치는지를 설명한다. 결과적으로, 선의의 사람은 그들이 할 수 있는 최대의 가치를 실현하지 못한다. 추그는 단순히 평등한 사회가 옳다는 믿음을 넘어서서 주도적으로 모든 사람을 존엄과 존중으로 대하는 '구축하는 사람'이 되라고 말한다. 그녀는 우리가 실수와 부주의에 대한 책임을 질 수 있다면 인간의 한계를 극복하고 평등한 사회로 나아갈 수 있다고 말한다.[22]

추그의 이 흥미로운 책에서 내가 가장 끌렸던 부분은 누군가의 이름을 익히는 매우 간단한 행동에 관한 이야기이다. 자기 집단 내에서 새로운 사람을 만나면 대부분 사람은 그들의 이름을 쉽게 알아듣고 기억한다. 하지만 다채로운 사회 속에서 우리는 다른 집단의 사람과 어울리기도 한다. 대학 교수인 나는 평소에도 세계 각국의 학생들과 만나는 놀라운 경험을 한다. 평균적으로 60~95명의 경영학 학생이나 임원을 가르친다. 한 가지 좋은 소식은 하버드 경영대학원은 교실 안 모든 학생 앞에 이름표를 두게 하여 교수의 부담을 덜어 준다는 사실이다. 하지만 이 방법이 발음하기 어려운 이름까지 해결해 주는 건 아니다. 나는 그들의 이름을 잘못 발음하고 싶지 않기 때문에, 문제 상황을 회피하기 위해(돌리의 말에 따르면 대부분의 사람이 그렇다고 한다) 학생의 이름표에 적힌 미국 스타일의 별명으로 부르거나 (나에게는) 발음이 어려운 학생의 이름을 정확히 부르지 않고 그냥 손으로 가리키곤 한다. 만약 당신이 왜 이름을 정확히 발음하려는 노력조차 하지 않느냐고 물어본다면, 1년 전의 나는 틀린 발음으로 학생의 기분을 상하게 하고 싶지 않아서라고 답했을 것이다. 하지만 솔직히 말하면 학기 시작 전에 발음 연습하는 일을 피하고 싶었다.

그래서 돌리가 강조한 명백한 사실들을 읽고 나는 놀랄 수밖에 없었다. 첫째, 사람들은 자신의 정체성을 중요하게 생각하고, 그들의 이름은 정체성의 일부이다. 둘째, 대부분의 이름은 사실 당신이 30~40초 집중해서 연습하면 발음이 그렇게 어렵지 않다. 일반적으로 '어려운' 이름들은 쉬운 음절의 조합인 경우가 많다. 셋째, 많은 학생이 이름을 부르지 않는 교수보다 미국식 말투를 사용하더라도 이름을 불러 주는 진실한 태도를 보이는 교수를 더 좋아한다. 많은 사람이 간단한 발음 문제를 해결하지 못하고 손으로 가리키면서 그들에게 작은 상처를 안겨 주기도 한다. 그러나 우리가 한번 5음절의 '어려운' 이름을 가진 학생의 입장이 되어 보면, 그들에게 직접 어떻게 발음하는지 도와달라고 부탁하거나 우리가 직접 진심을 담아 시도해 보는 것이 현명한 방법이라는 사실을 쉽게 알 수 있다.

현재 나는 이 발음 문제를 효과적으로 해결하려고 노력하는 중이고, 여기에 들어가는 품도 적은 편이다. 나는 돌리가 누군가의 이름을 부르는 행위에 주목함으로써, 우리가 성찰을 통해 더 많은 가치를 실현하는 과정에서 상대방에게 상처가 될 수 있는 작은 행동들이 부각된다고 생각한다. 돌리의 충고를 잘 새긴다면 부족주의가 물러나고 평등이 앞장서는 행동이 점차 수월해질 것이라고 믿는다.

## 부족주의가 아닌 평등을 향해

자유주의자나 진보 정치인에게 평등, 심지어는 만인의 평등에 찬성하게 하는 것은 꽤 쉬운 일이다. 하지만 노골적인 민족주의자를 제외하고는, 내집단을 지지하는 사람들을 강경하게 비판하는 정치인은 거의 없다. 그러한 행동이 불평등을 만든다고 할지라도 말이다. 우리는 자기가 속한 교회나 공동체 또는 가족에 헌신하는 것을 도덕적 덕목이라고 여기면서 이러한 행동이 불평등을 낳을 수 있다는 사실을 생각해 보지 않는다. 하버드와 여러 명문 대학의 입학 정책은 동문의 자녀나 기부자뿐만 아니라 교수진의 자녀도 편애한다. 나는 만인의 평등을 강력하게 믿는 하버드('케임브리지 공화국'이라고 불리는 지역에 위치해 있다)의 수많은 진보적 동료 교수들을 마음 깊이 아낀다. 하지만 이들은 교수의 자녀에게 입학 특혜를 제공하는 하버드의 결정에는 절대 이의를 제기하지 않는다.

대부분 사람은 평등이 좋은 것이라는 점에는 쉽게 동의하지만, 평등을 위해 행동하는 것이나 평등의 의미를 분명히 하는 것은 또 다른 문제다. 우리가 모든 사람의 평등을 믿는다고 말할 때 이것은 어떤 의미일까? 분명 사람들은 저마다 다른 지적 수준을 가지고 있다. 또 어떤 사람들은 다른 사람보다 음악가, 회계사, 운동선수로서의 재능이 뛰어날 것이다. 그리고 평균적으로 남자가 여자보다 키가 크다. 성차별주의자와 인종차별주의자 그리고 평등을 반대하는 사람들은 이러한 사실을 근거로 들며 평등을 추구하는 것에 반기를 든다. 그러면서 평등은 우리 세상을 있는 그대로 정확하게 표현한 것이 아니라고 말한다.[23] 게다가 소수집단 우대정책 운동가들은 모든 구직자를 평등하게 대하는 것에는 관심이 없다. 오히려 그들은 과거에 차별받은 사람들이 긍정적인 구제를 받기를 원한다. 하지만 우리가 지금까지 살펴보았듯이 평등은 오랫동안 도덕적 논쟁의 대상이었고, 공리주의의 핵심 주제이기도 하다. 그렇다면 우리가 평등을 원한다고 말할 때는 정확히 무엇을 의미하는 것일까?

공리주의자는 모든 사람의 이해관계를 평등하다고 보고, 이해관계는 쾌락을 극대화하고 고통을 최소화하는 것으로 정의 내린다('이해관계의 평등'은 현대의 다양성 훈련 프로그램에서 사용하는 '형평성'이라는 용어와 비슷하다). 그 어떤 집단의 이해관계도 다른 집단의 이해관계보다 더 중요하지 않다는 것을 의미한다. 모든 사람의 고통과 쾌락은 동등하게 평가해야 한다. 그렇지만 모든 사람을 똑같이 대하라는 뜻은 아니라고 싱어 교수는 주장한다.[24] 그는 지진이 발생한 지역에서 생존자들의 고통을 줄여 줄 모르핀 진통제가 부족한 상황을 예로 든다. 모르핀은 고통받는 모든 사람에게 똑같이 배분돼야 할까, 아니면 환자가 필요로 하는 정도에 따라 배분돼야 할까? 싱어는 (그리고 나 역시) 최대의 선을 행할 수 있는 방식으로 모르핀을 나누어야 한다고 생각한다. 모든 사람의 이해관계를 평등하게 평가해야 하지만, 그렇다고 이를 동등한 치료나 모르핀의 동등한 분배로 해석할 수는 없다. 그리고 이해관계의 평등이라는 개념은 현재 사회를 있는 그대로 해석한 것이 아니라 처방법이라는 사실에도 주목해야 한다.

모든 사람의 이해관계를 평등하게 여겨야 한다는 생각을 받아들이더라도, 부족주의는 이를 실천하려는 우리의 의지를 위협할 수 있다. 생물학적 그리고 사회적 요인으로 인해 우리는 외부의 고통보다 자신의 가족이나 공동체, 사회, 나라가 겪는 고통을 줄이는 데 더 힘쓴다. 많은 사람이 아프리카계 미국인의 조상이 겪은 고통을 유럽계 미국인의 조상이 겪은 것만큼 중요하게 다루어야 한다는 데 동의하지만, 자기 가족의 고통을 줄이기 위해 노력하는 것만큼 먼 나라 사람들의 고통에 신경 쓰는 사람은 거의 없다. 이해관계의 평등은 추상적 개념이고, 모든 이해관계를 판단하는 것은 분명 어려운 일이다. 또한 선의를 가진 사람들이라도 외집단보다 내집단의 이해관계를 더 잘 이해하기 때문에 자신과 비슷한 사람들을 더 중요하게 여기는 모습을 (용납할 수는 없지만) 쉽게 상상할 수 있다. 이해관계의 평등이라는 기준에서 벗어나지는 않는지 스스로 점검하다 보면 우리는 한층 더 성장하여 더 많은 가치를 실현하는 방향으로 나아갈 수 있다.

## 이해관계 평등의 한계 넓히기

조금 전 동등한 대우가 아닌 이해관계의 평등에 집중하자고 주장했을 때, 사실 나는 오직 인간에만 초점을 두면서 이해관계의 평등이라는 개념 자체를 침해했다. 인간 외 다른 동물들은 어떠한가?

1789년, 공리주의의 창시자 제러미 벤담Jeremy Bentham은 이렇게 말했다.

> 나머지 동물들도 포악 행위만 없다면 결코 보류될 수 없었을 그들의 권리를 얻게 되는 시대가 올지도 모른다. 프랑스인들은 피부가 검다는 것이 괴롭히는 자의 변덕에 의해 보상도 없이 버려져야 하는 이유가 될 수 없다는 사실을 이미 알고 있었다. 언젠가는 다리의 개수, 피부의 융털 조직 (……) 등이 감수성 있는 존재를 똑같은 운명에 빠지게 하기에 불충분한 이유라는 사실을 깨닫는 날이 올 것이다. 그 넘을 수 없는 선을 긋는 것은 또 무엇인가? 이성의 능력인가, 어쩌면 담화의 능력인가? (……) 문제는 그들이 사고할 수 있는가가 아니다. 그들이 말을 할 수 있는가도 아니다. 그들이 고통을 느끼는가이다.[25]

인종차별주의자는 특정 인종의 이해관계를 다른 인종의 것보다 더 중요하게 여기기 때문에 우리 사회에 최대의 선을 실현하지 못한다. 종차별주의자Speciesist는 인간이 아닌 지각 있는 존재의 이해관계를 무시함으로써 그들이 할 수 있는 최대의 선을 실현하지 못한다. 물론 우리는 모두 종차별주의자이다. 가장 극단적인 공리주의자조차 지각없는 식물보다 지각 있는 동물을 더 선호한다. 이러한 편애에는 타당한 근거가 있다. 지각없는 식물은 고통을 느끼거나 쾌락을 경험할 수 없다. 그래서 그들에게는 고려해야 할 이해관계가 없다. 이와 비슷하게 나는 곤충보다 인간이나 다른 포유동물을 선호한다. 곤충은 일반적으로 수

명이 짧고 인간이나 다른 포유동물보다 신체적, 정신적인 고통과 쾌락을 경험하는 경우가 적기 때문이다.

틀림없이 인간이 아닌 동물보다 인간을 더 중요하게 여길 만한 타당한 이유를 몇 가지 찾을 수 있을 것이다. 긴 수명과 인지 능력 덕분에 인간은 다른 동물보다 쾌락을 경험할 기회가 더 많다. 또한 우리는 대부분의 다른 동물보다 정신적 고통을 겪을 수 있는 능력도 더 뛰어나다. 예를 들면, 암에 걸린 동물은 신체적인 악화를 겪겠지만, 자신이 곧 죽는다는 사실을 알거나 두려움을 느끼는 등 정신적인 고통은 느끼지 않는다. 그러나 대부분 사람이 쾌락과 고통을 더 많이 느낄 수 있다고 해서 동물의 이해관계에 대한 우리의 관심이 줄어드는 것은 아니다. 대부분 사람이 다른 동물의 이해관계에 대해 지금보다 더 큰 가치를 부여한다면 우리는 더 많은 선을 실현할 수 있을 것이다. 그러한 예시로는 고기 섭취량을 줄이거나, 공장식 축사에서의 동물 학대를 반대하거나, 야생동물 서식지를 보호하는 행동이 있다.

## 한계 인정하기

모두의 이해관계를 평등하게 대하기 위해 자기의 부족을 뛰어넘는 기준에 맞춰 사는 것은 매우 큰 부담이다. 사람들은 자신의 인지적 한계뿐만 아니라 부족주의를 완화하고 더 나은 결과를 얻을 수 있는 현명한 타협 지점 그리고 부족주의를 조장하는 부패를 잘 알아채지 못한다. 하지만 나는 지금보다 좋아질 수 있고 더 큰 평등으로 나아갈 수 있다는 사실을 알고 있다. 나의 부족한 부분을 파악하고 내 행동을 바로잡을 수 있다. 또한 현재의 한계를 인지한다 해도 오랜 시간에 걸쳐 더 큰 평등에 도달할 방법을 찾을 것이다. 돌리 추그의 말을 빌리자면, 나는 평등을 믿는 사람에서 더 큰 평등을 구축하는 사람이 될 수 있다. 당신도 나와 비슷한 기회를 발견하기를 희망한다.

07

# 낭비 없애기

2017년 9월 초, 아마존 기업은 두 번째 본사HQ2 설립 위치를 북미의 여러 도시 및 지역 중에서 선정하겠다고 발표했다. 아마존이 추정한 바에 따르면, 유치 경쟁에서 '승리'한 도시는 5만 개의 일자리 창출이라는 엄청난 상을 얻을 수 있었다. 총 238개 도시 및 지역들이 몸값 비싼 컨설턴트를 고용하거나 아마존을 위해 귀중한 특권을 내놓았고 대규모의 값비싼 제안서를 제출하면서 아마존 유치 경쟁에 뛰어들었다. 도시들이 내놓은 제안서에는 인구통계 정보부터 사회기반시설 계획과 지역지구제 규정까지 방대한 도시 정보가 포함되어 있었다. 많은 도시가 세금 혜택을 내놓았는데 어떤 경우에는 20억 달러가 넘기도 했다. 입찰 비용만 해도 수백만 달러를 훌쩍 넘겼다. 2018년 1월까지 아마존은 최종 후보를 20개 도시로 압축했고, 2018년 11월에는 제2본사를 워싱턴 D.C. 근처 교외 지역인 크리스털시티와 뉴욕 퀸스의 롱아일랜드시티 두 군데로 분리해 설립할 것이라고 발표했다. 전해진 바에 따르면, 버지니아와 알링턴 카운티에서는 아마존에 5억 7300만 달러 지급을 약속한 데 비해 뉴욕은 17억 달러의 혜택을 제안했다고 한다.

비평가들은 아마존이 제2본사 위치를 뉴욕과 워싱턴 D.C.로 결정하기까지 13개월이라는 시간과 238개의 입찰 도시가 정말로 필요했는지 의문을 제기한다. 아마존은 이미 두 지역에서 상당한 입지를 확보하고 있었기 때문이다. 아마존의 입찰 경쟁은 언론의 관심을 끌고, 그들의 미래 사업 전략에 유용하게 쓰일 북미 도시의 정보를 수집하고, 뉴욕과 워싱턴 D.C.의 보조금을 끌어올리려는 단순한 위장이 아니었을까? 만약 5~10개의 진짜 경쟁 도시가 있었다고 할지라도, 다른 200개가 넘는 도시까지 성가시게 할 이유가 있었을까? 아마존은 많은 북미 도시와 주들이 성공할 가능성조차 없는 꿈을 좇는 데 어마어마한 양의 시간과 돈을 낭비하도록 만든 것일까? 승자 도시로서는 아마존 제2본사 유치를 위한 보조금으로 20억 달러를 지불할 가치가 있었을까?

이 질문들에 대한 대답은 명확하다. 아마존은 많은 도시의 방대한 돈, 시간, 노력을 낭비하게 했다. 여기에 들인 돈과 시간과 노력은 '낙찰에 실패한' 지역 사회 내의 도로나 학교, 의료 서비스를 개선하는 데 쓰일 수도 있었다. 아마존은 이 경쟁에서 세 번째, 네 번째, 다섯 번째 입찰자를 둠으로써 뉴욕과 워싱턴 D.C.에서 더 많은 보조금을 끌어낼 수 있었지만, 나머지 200개가 넘는 도시들은 이러한 전략에 아무런 보탬이 되지 않았다. 게다가 아마존이 입찰 경쟁으로 초기에 얻은 홍보 효과는 그 후의 여러 언론과 낙찰되지 못한 도시로부터 받을 비판과 곱지 못한 시선으로 상쇄되었을 것이다.

낭비는 가치를 파괴하고 사회를 악화시킨다. 아마존의 유치 경쟁 자체는 합법적이었을지 몰라도 가치 향상과는 거리가 멀었다. 가장 흔하게는 절대 사용하지 않을 물건을 구매하는 것부터 더 광범위하게는 기업과 정부의 해로운 폐기물까지, 이러한 낭비는 우리가 지금까지 배운 내용을 나 자신과 사회 전체에 적용하여 극적인 효과를 얻을 수 있는 중요한 분야이다.

## 기업에 제공하는 보조금의 역기능

왜 미국의 도시와 주들은 서로 일자리를 얻기 위해 수십억 달러의 돈을 투자하며 경쟁에 뛰어들었을까? 주에서는 각자 필요에 따라 독립적으로 세금을 올린다는 점이 일부 답이 될 수 있다. 게다가 주의원은 해당 주의 시민에 의해 선출되기 때문에 다른 주와 협력할 동기가 부족하다. 많은 도시와 주는 테크 기업이 모두의 임금과 삶의 질을 높여 준다는 경제 전문가의 말에 흔들린다. 하지만 런던정치경제대학의 톰 케메니Tom Kemeny와 타네르 오스만Taner Osman이 분석한 보고서에 따르면, 기술 분야 외의 근로자에게는 집값을 포함한 생활비가 임금보다 더 빨리 상승하기 때문에 테크 기업의 일자리는 오히려 도시의 실제 임금을 낮춘다고 한다.[1]

뉴욕과 워싱턴 D.C.의 많은 사람이 아마존의 새로운 본사가 설립되는 것이 승리라고 여겼다. 일단 정치인들은 분명 그렇게 생각했다. 하지만 일자리당 4만 달러가 넘는 비용이 들어간다고 할 때(총 22억 달러의 세금 혜택을 5만 개 일자리로 나눈 값), 22억 달러를 학교나 의료 서비스, 주택 공급, 다른 형태의 일자리 창출 같은 지역 사회에 더 필요한 곳에 사용하는 것보다 더 좋은 투자라고 말할 수 있을까? 당연히 아마존의 많은 일자리가 다른 곳에서 해당 지역으로 이동했을 사람들에게 주어졌을 것이라는 사실을 대입해 보면, 지역 주민들을 위한 일자리당 비용은 4만 달러를 훨씬 넘을 것이다.

2018년 초 아마존이 마지막 결정을 내리기 6개월도 더 전에, 뉴욕대학의 스콧 갤러웨이Scott Galloway 교수는 이 경쟁을 "계략"과 "사기"라고 부르며, 아마존이 제2본사를 뉴욕이나 워싱턴 D.C.에 설립할 것이라고 예측했다.[2] 그는 아마존 CEO 제프 베이조스Jeff Bezos의 거주지와 미국 수도의 근접성을 고려하면 워싱턴 D.C. 지역을 선택하는 것이 당연하다면서 "이 게임은 시작하기도 전에 이미 끝났다"라고 말했다. 그는 아마존이 세금 혜택을 진지하게 추진하지 않을 지역에도 입찰을 요구했다고 생각했다. 그리고 마침내 아마존이 뉴욕과 워싱턴 D.C. 두 지역 모두를 선택하자, 갤러웨이는 자기 예상보다 정확한 선견지명에 놀랐을 것이다. 그의 주장이 사실인지는 입증할 수 없지만, 수많은 증거를 통해 아마존이 문을 열었고 도시와 주, 의회가 열광했던 이 경쟁은 수십억 달러의 세금을 낭비하게 했다는 것을 알 수 있다.

이러한 부정적인 평가는 아마존이 합의 내용을 이행한다 해도 지속될 예정이었다. 하지만 아마존은 약속을 지키지 않았다. 뉴욕이 아마존을 불러들이기 위해 투자한 노력과 돈은 반짝 성공에 불과했고 이는 곧 낭비가 되어 버렸다. 뉴욕의 입찰과 그 후의 선거에서는 예상 가능한 항의가 터져 나왔다. 새롭게 선출된 뉴욕의 하원의원 알렉산드리아 오카시오코르테스Alexandria Ocasio-cortez는 아마존에게 세금 감면 혜택과 보조금을 제공하는 거래를 반대했던 사람이다. 시에나대학이 발표한 여론조사에서는 뉴욕의 유권자 중 58퍼센트가 이 거래를 지지했지만, 2019년 2월 14일 아마존은 뉴욕의 제안에서 물러나겠다고 발표하며 "오랜 기간 힘이 되어 줄 주와 지역 국회의원과의 긍정적이고 협력적인 관계"가 필요하다는 입장을 밝혔다. 또한 "수많은 정치인이 아마존 본사 설립을 반대하며 프로젝트 진행에 있어 우리와 협력하지 않을 것이라는 입장을 분명히 했다"라고 주장했다.[3] 아마존은 이러한 갈등을 협상하거나 해결하려고 노력하지 않고 그냥 포기해 버렸다. 소수의 뉴욕 시민들은 본사 설립 계획이 철회된 것을 축하했고, 많은 사람이 이런 소모적인 모험에 휘말린 대가를 치러야 했다.

매년 미국의 도시와 주에서 기업들을 자기 지역으로 유치하기 위해 세금 혜택과 보조금으로 수백억 달러를 쓴다. 지난 10년 동안 보잉, 포드, 제너럴 모터스, 인텔, 나이키, 닛산, 로열더치셸, 테슬라 등 여러 기업이 본사를 이주하거나 다른 곳으로 옮기지 않는 대신 각기 10억 달러가 넘는 보조금 혜택을 받았다.[4] 어떤 경우에는 '승자' 도시가 이 돈 자체를 쓸 필요가 없었을지도 모른다. 뉴저지와 메릴랜드가 아마존 제2본사에 70억 달러를 제안했다고 하지만, 아마존이 사업과 관련된 더 근본적인 기준에 따라 이미 강력한 입지를 확보하고 있던 뉴욕과 워싱턴 D.C.를 선택했다는 사실을 떠올려보자. 2019년 12월, 뉴욕에서의 계획을 철회하고 1년도 지나기 전에 아마존은 도시나 주로부터 그 어떤 보조금도 받지 않고 뉴욕 미드타운 맨해튼에 1500명이 넘는 직원이 사용할 임대 업무 공간을 마련했다. 물론 아마존이 퀸스에 약속했던 2만 5000개 일자리의 극히 일부에 해당하지만, 이 소매업체는 그 어떤 세금 혜택 없이도 계속 이 도시 안에서 거점을 확보해 갈 것으로 보인다.[5]

아마도 세금 낭비와 관련된 가장 특이한 사건은 캔자스와 미주리 사이의 '경계 전쟁Border War'일 것이다. 미국의 지형이 잘 기억나지 않는 독자들을 위해 설명하자면, 미주리 주의 캔자스시티는 미주리 주와 캔자스 주 경계에 걸쳐 있는 곳으로, 근로자들이 늘 한쪽 지역에서 다른 쪽으로 출퇴근한다. 2011년 캔자스 주는 AMC 엔터테인먼트 사에게 수백억 달러의 보조금을 건네며 미주리 주에서 이주해 오도록 설득했다. 그리고 머지않아 미주리는 캔자스시티의 애플비스 기업을 동쪽으로 5마일 이동시키기 위해 1250만 달러의 보조금을 제공하며 이에 대한 보복을 했다. (그리고 장기 계약 없이, 2015년 애플비스는 다시 캘리포니아로 본사를 옮긴다!) 일자리와 세금 수입을 위한 경쟁을 펼쳤던 캔자스와 미주리는 기업을 주 안으로 유치하는 데만 5억 달러가 넘는 돈을 썼다. 그러나 실제로 추가 창출된 일자리는 없고, 직원들은 멀어진 통근 거리와 갑작스러운 변화, 이사 비용 같은 문제에 맞닥뜨려야 했다.

민간 스포츠팀을 위해 스포츠 경기장에 투자하는 공공 기금은 엄청난 세금 낭비의 또 다른 예시이다. 이 안타까운 역사는 1953년 밀워키 시가 새로운 경기장을 설립해 주는 조건으로 보스턴 브레이브스Boston Braves 메이저리그 야구팀을 불러들이면서부터 시작됐다. 1959년 브레이브스는 매각되었고 애틀랜타로부터 새로운 경기장을 위한 1800만 달러의 자금을 받은 뒤 연고지를 이전했다. 몇 십 년 동안 도시 간 경쟁이 불붙으면서, 스포츠팀 소유주들은 경기장 개조나 새로운 경기장 설립을 명목으로 시의 리더들에게 수십억 달러의 돈을 지불하게 했다. 2009년 완공된 뉴욕 양키스의 새로운 경기장에 들어간 비용은 대략 25억 달러였고, 그중 약 17억 달러는 뉴욕시가 발행한 비과세 지방채의 지원을 받은 것이었다.[6]

뉴욕 시가 사용한 비과세 지방채라는 자금 형태에 주목해 보자. 뉴욕 시는 17억 달러에 대한 원금에 더해 이자를 빚졌을 뿐만 아니라 채권소유자가 이 수익에 해당하는 세금을 지불하지 않게 되면서, 연방정부가 약 4억 3100만 달러의 손해를 보게 된다. 결과적으로 뉴욕의 시민들이 양키스 경기장 건축에 돈을 지불한 것이다. 프로 스포츠팀 경기장을 위한 자금으로는 4억 3100만 달러가 가장 높은 수준이고, 시카고 베어스의 솔저필드 경기장(2억 500만 달러), 뉴욕 메츠의 시티필드 경기장(1억 8500만 달러), 신시내티 벵골스의 폴브라운 경기장(1억 6400만 달러)에도 연방정부의 보조금이 제공되었다.[7] 브루킹스 연구소의 조사에 따르면, 2000년 이후로 연방 납세자들은 비과세 지방채를 사용한 스포츠 경기장 보조금으로 32억 달러의 손해를 보았다고 한다.[8]

아마 기업뿐만 아니라 도시와 지역, 주까지 이러한 비정상적인 경쟁에 뛰어든 것은 그저 합리적으로 행동했기 때문이라고 생각하는 사람도 있을 것이다. 어쨌든 새로운 스포츠팀은 도시에 새로운 활력을 불러올 수 있다. 하지만 경기장이 지역 경제에 순이익을 가져다준다는 증거는 거의 없다고 브루킹스 연구소는 주장한다. 그리고 영리 추구의 스포츠 경기장에 제공되는 연방 보조금에 대한 명확한 경제적 이유도 없다. 결과적으로 납세자들이 기업과 스포츠팀을 소유한 부자들에게 기업 지원 정책을 제공하게 된다.

왜 도시와 주에서는 이런 낭비를 할까? 기업 본사나 경기장 유치에 성공하면 정치인은 영웅이라도 된 것처럼 행동하고, 시민은 승리의 기분을 느낀다. 이러한 현상은 사람들이 '승리'로 얻는 단기 이익에만 집중하고, 지역 사회에 가해진 기회비용(학교, 병원 등을 위한 자금 부족)과 장기적인 비용(빚)은 무시하기 때문에 일어난다. 단기 이익을 위해 장기 이익을 희생하며 미래를 도외시함으로써 사람들은 현명한 거래를 하지 못하는데, 이는 결국 같은 실수를 계속 반복하게 만든다.

단기 이익에 집중하는 것 외에도 낭비의 원인이 되는 다른 세 가지 요소가 있다.[9]

### 사회적 딜레마

3장에서 우리는 죄수의 딜레마 게임에서 왜 사람들이 배반(협동하지 않고 이기적인 선택지를 고르는 것)하는지 그 이유를 살펴보았고, 일반적으로 배반은 가치를 파괴한다는 사실을 배웠다. 기업과 스포츠팀을 두고 벌인 미국 내의 도시와 지역, 주들의 경쟁은 양자 간의 죄수의 딜레마보다 다자의 사회적 딜레마에 더 가깝다. 각 도시와 주가 서로 경쟁하는 과정에서 자기의 이익을 위해 행동하면 이들은 모두 최적의 결과를 얻지 못하고, 결국 모든 납세자가 부유한 영리 목적의 기업 소유주에게 혜택을 제공하게 된다.

이런 현상은 생태학자 개릿 하딘Garrett Hardin이 설명한 '공유지의 비극'을 분명히 시사한다. 한 공유 목장에서 각자 소를 키우고 있는 한 무리의 목동이 있다고 가정해 보자. 목동들은 소 떼의 규모를 늘리거나 공유 목장에 자기 소 떼를 방목하는 등의 배반 행동으로 단기 이익을 얻을 수 있다. 하지만 너무 많은 목동이 자기 가축을 방목한다면 목장은 결국 파괴될 것이다. 목동 개인에게는 더 많은 소를 돌보는 것이 좋겠지만, 집단 전체로는 유지 가능한 수준의 총 개체수를 제한하는 것이 더 나은 선택이 된다.[10] 이처럼 아마존 제2본사 유치를 위해 경쟁하는 각 지역은 승자가 되면 이익을 누리는 것처럼 보이지만, 이들 모두가 경쟁에 뛰어들어 우승 비용을 높인다면 결국 공공 자원이 고갈돼 모두가 패배하고 만다.

### 욕구와 책임 사이의 갈등

스포츠팀을 유치하기 위해 지역 간 경쟁이 붙었을 때도 각 지방의 리더들은 제한된 자원을 학교, 교량, 병원에 대신 사용하는 것이 옳다는 것을 알았다. 하지만 흡연자가 폐를 깨끗하게 하고 수명을 늘리기 위해 흡연을 자제해야 한다는 것을 알면서도 중독적인 물질에 자꾸 손이 가는 것처럼, 시 당국도 단기 이익의 유혹에 쉽게 빠진다. 정치인들은 주민들의 즉각적인 요구를 충족해 주며 이익을 얻고, 장기 부채는 후임자에게 떠넘겨 개인적으로 손해를 감당하는 경우가 거의 없다. 모두가 그렇듯이, 우리의 욕구는 너무 쉽게 책임감을 억누르고 그 결과 파괴적 형태의 경쟁이 나타난다.

### 승자의 저주

당신이 어떤 경매에서 값어치가 매우 불확실한 상품을 두고 많은 입찰자들과 경쟁하고 있다고 가정해 보자. 당연히 입찰자들은 상품의 가치에 대해 저마다 아주 다르게 생각한다. '좋은' 소식은 이 상품이 당신에게 낙찰되었다는 것이다. 당신은 행복해해야 할까? 다양한 연구들이 그러지 말라고 조언한다. 경매되는 상품의 가치가 불확실하다면, 낙찰자는 다른 사람보다 상품의 가치를 과대평가했을 가능성이 크다.[11] 이런 현상을 '승자의 저주'라고 부른다. 사람들은 물건의 가치를 가장 과대평가한 사람이 '승리'했을 것이라는 사실을 잘 깨닫지 못한다.

이번에는 여러 도시가 어떤 축구팀의 가치를 평가하는 상황을 예로 들어 보자. 축구팀의 가치가 확실하지 않은 한 그들은 진짜 가치보다 과소평가하거나 과대평가할 수 있다. '승자'는 그 팀의 가치를 가장 낙관적으로 평가한 도시가 될 가능성이 크다. 결과적으로 이처럼 많은 입찰차가 참여한 매우 불확실한 경매에서 낙찰받은 사람은 실제 상품의 가치보다 더 많은 돈을 지

불할 것이다.[12]

공유 재산에 대한 배반, 책임보다 욕구 중시하기 그리고 승자의 저주는 정부가 참여할 때 발생하는 대부분의 비정상적 경쟁을 설명해 준다. 그렇다면 우리는 무엇을 할 수 있을까? 경쟁은 언제나 좋다는 미국의 지나치게 단순한 생각부터 바꾸는 것이 좋다. 유럽 경제 공동체European Economic Community를 설립한 1957년 로마 조약의 목표는 효율적인 경쟁 환경 형성이었다. 로마 조약 제92조에서는 회원국 전체에 대해 이동, 자본, 서비스, 상품의 네 가지 핵심 자유를 규정했고, 공동체 내의 경쟁을 왜곡하거나 위협하는 특정 국가의 어떠한 원조도 조약에 위반되는 행위라고 선언했다. 이 조항은 국가 간의 비정상적인 경쟁을 제한하고 효율적인 경쟁을 촉진한다. 이와 대조적으로 공통의 국가를 가지고 있음에도 불구하고, 미국의 주들은 주의 권한을 존중하는 미국의 성향과 자기의 이익만 추구하는 태도로 인해 비정상적인 경쟁에 참여하게 되고 결국 엄청난 낭비가 발생한다.

"주 안에서도, 주 사이에서도 국가 전체의 휴전이 필요합니다." 브루킹스 연구소의 대도시 정책 프로그램 책임자 에이미 리우Amy Liu는 말했다. "더 이상 사기업이 공공 자금을 가로채는 일이 있어서는 안 됩니다."[13] 이 문제를 적절히 해결하기 위해서는 연방정부 차원에서 주와 시의 비정상적 행동을 예방하는 변화가 필요하다. 1957년 로마 조약이 유럽 국가에 행했던 것처럼, 국회가 주 간의 경쟁을 금지할 수 있다. 만약 금지 규제가 지나치게 제한적인 것 같다면, 의회 차원에서 주나 지방의 장려금을 특별 수입으로 보고 세금을 부과하는 방법도 있다. 이렇게 하면 수혜 기관이 얻은 이익을 연방정부에 지불해야 하므로 그들이 누리는 혜택을 효과적으로 제한할 수 있다. 연방 세금은 도시들이 다른 도시에서 비효율적으로 가치를 훔쳐 오는 게 아닌 새로운 가치를 창출하는 방향으로 개발 전략을 바꾸는 데 동기부여가 될 것이다.

### 음식 시스템 안에서의 낭비

2019년 새해 첫날, 나는 레이철 애치슨Rachel Atcheson과 함께 보스턴 채식주의자 협회Boston Vegetarian Society가 마련한 채식 오찬에 참석했다. 레이철과는 효율적 이타주의나 동물 복지 관련 행사에서 오가며 만난 적이 있었지만 아주 잘 아는 사이는 아니었다. 20대 후반의 그녀는 보스턴 대학교에서 철학을 전공했고, 열성적인 효율적 이타주의자이자 핵심적인 동물 복지 운동가였다. 또한 과거에는 동물 복지 비영리단체인 휴먼 리그Humane League에 있었고, 현재는 뉴욕 시 브루클린의 자치구장 에릭 애덤스Eric Adams의 부전략가로 일하고 있다. 부전략가로서 그녀는 브루클린을 선두 주자의 자리에 앉히고 주민의 건강과 복지를 지원하면서, 한편으로는 뉴욕 주민과 방문객의 식습관을 개선함으로써 더 많은 동물을 구하는 부차적인 일도 수행한다. 레이철은 다정하고 열정적인 운동가였다. 그녀는 과거에 덤스터 다이빙Dumpster Diving이라는 식당에서 버려진 멀쩡한 음식을 찾아서 쓰레기를 줄이는(또는 쓰레기를 소비하는) 활동을 하기도 했다.

그날 보스턴 채식주의자 협회는 보스턴의 올스턴 지역에 있는 그래스호퍼Grasshopper라는 이름의 아주 근사한 채식 식당에 모였다. 식당에는 우리 모임을 위한 예약 자리로 8인용 식탁이 10개 정도 있었다. 내가 앉은 테이블에는 아주 많은 양의 음식이 각자 덜어 먹을 수 있게 차려져 있었고, 아무리 최선을 다해도 우리가 먹을 수 있는 양보다 훨씬 많았다. 협회의 낭비 줄이기 신념에 따라 식사가 마무리될 즈음 식당은 테이크아웃 용기를 제공했고 참석자들은 남은 음식을 싸 갈 수 있었다. 나의 아내 말라가 그날 저녁 식사를 준비할 거라는 걸 이미 알고 있었기에 나는 음식을 집에 가져가지 않았다(그렇지 않았다면 나는 기꺼이 음식을 담았을 것이다). 레이철은 같은 테이블에 앉은 사람들이 원하는 만큼 전부 챙겼는지 정중하게 물어보고는 남은 음식을 모두 가져가겠다고 했다. 그녀는 우리 바로 옆 테이블 음식까지 포함해 1리터 용기 총 네 개를 가득 채웠다. 그러고는 이 많은 음식을 어떤 친구와 나눠 먹으면 좋을지 생각했다.

레이철의 행동은 탐욕이 아닌 음식을 낭비하지 않겠다는 열정이었다. 낭비는 우리를 가치 창출에서 멀어지게 만든다. 이 일화는 레이철이 채식주의, 공리주의, 낭비 줄이기가 잘 어우러진 삶을 어떻게 주도하고 있는지 분명하게 보여 준다. 나는 그녀의 생활방식을 따라 할 생각은 없지만 레이철을 존경한다. 그날 점심 식사는 새로운 식물성 대체육 같은 공통 관심사에 대해 많은 통찰을 얻는 시간이기도 했지만, 무엇보다 가장 인상 깊었던 건 음식 낭비를 줄여서 더 나은 삶을 살고자 진심으로 노력하는 사람을 두 눈으로 목격한 일이었다.

음식 낭비는 매우 심각한 문제이며 선한 사람들조차 별생각 없이 음식을 낭비하곤 한다. 우리가 할 수 있는 일은 아주 많다. 많은 사람이 굶주린 채 살고 있다면, 지구 반대편 이야기가 아니라 바로 우리 주변에서 그런 일이 일어나고 있다면, 생산되는 음식의 절반 정도가 버려지고 있다는 사실에 관심을 가져야 한다. 음식 낭비를 이야기하면 대부분 사람은 식사를 마친 뒤 접시에 남아 있는 음식을 떠올릴 것이다.[14] 하지만 이 문제는 훨씬 다양한 곳에 존재한다. 음식 낭비를 악화시키는 원인으로는 충동구매, 식당에서 제공하는 많은 양의 음식, 부패, 상하기 전에 미처 소비하지 못한 음식, 뷔페를 '원하는 만큼 먹기'가 아니라 '먹을 수 있는 만큼 먹기'로 착각하는 것 등이 있다.

당신이 길가에 내놓은 쓰레기통 하나에 담긴 쓰레기를 만들기 위해 제조 공장에서는 70개의 쓰레기통만큼의 쓰레기가 발생한다고 한다.[15] 전 세계 연간 어획량은 대략 1000만 톤에 달하지만, 그중 20퍼센트만 식품으로 가공된다. 그리고 다시 그중 30퍼센트만 소비되고(현재는 6퍼센트로 줄었다) 나머지는 쓰레기로 버려진다. 다양한 종류의 해양생물이 마음에 들지 않는 맛과 색

과 크기를 가졌다는 이유로 음식으로 소비되지 않는다.[16]

미국 땅의 절반이 식품을 생산하는 데 사용되고, 에너지 자원의 30퍼센트가 식품을 가공하는 데 사용된다. 하지만 농부들은 단순히 상품성이 떨어진다는 이유로 3분의 1이 넘는 수확물을 버린다. 이 농산물들은 '충분히 먹을 수 있지만 모양이나 크기가 잘못되었다는 이유로 버려진다'라고 환경운동가 트리스트람 스튜어트Tristram Stuart가 말했다.[17] 이러한 낭비를 부추기는 원인으로는 보기 좋은 상품이 품질도 좋다는 미국의 잘못된 인식이 있다. 못생긴 순종 토마토인 에어룸 토마토heirloom tomato에 상품성이 생긴 것도 겨우 10년밖에 되지 않았다. 순종보다 맛이 약한 대량 생산 토마토는 단지 보기 예쁘다는 이유로 표준으로 자리 잡았다. 식품을 가공하고 운송하는 과정에서 그리고 가게의 농산물 및 정육 판매대에 지나치게 많은 재고를 쌓아 두면서 음식이 낭비된다. 동물 권리 운동에 대한 정보를 수량화하는 작업을 하는 블로거 하리시Harish는 이렇게 말했다.

> 비건이나 채식주의자 들은 그 어떤 동물도 인간의 음식을 위해 고통받거나 죽게 해서는 안 된다는 데 동의할 것이다. 하지만 잡식을 하는 사람조차도 인간이 먹지 않을 음식을 위해 동물에게 평생의 고통과 불행을 주고 죽음에 이르게 하는 것은 매우 끔찍하다는 데 동의할 것이다.[18]

21세기 중반쯤에는 세계 인구가 90~100억 명까지 증가하면서 심각한 식량 고갈 문제, 특히 단백질 공급의 부족이 예상된다. 이러한 현상은 동물에게 먹여야 하는 열량이 인간이 동물성 식품으로 섭취하는 열량의 4배에서 100배에 달하기 때문이라고 볼 수 있다.

여러 식품 중에서도 소고기 산업은 인간이 야기하는 낭비가 가장 잘 나타나면서도 그 낭비를 줄일 수 있는 기회가 엿보이는 영역이기도 하다. 소고기가 우리의 건강에 좋지 않고 수명을 단축하는 최악의 질병들과 깊은 연관이 있다는 사실을 이미 잘 알고 있으리라 생각한다. 전 세계적으로 소는 인간에게 제공할 열량의 100배에 달하는 열량을 섭취하고, 단백질의 경우에는 25배만큼 필요하다.[19](미국의 소고기 산업은 좀 더 효율적인 편이라 이 비율이 각기 40:1 그리고 16:1이다.)

대부분 동물과 동물성 식품은 낭비가 심하지만, 소고기는 특히 더 심각하다. 한 가지 좋은 소식은 덜 낭비할 수 있는 식품 체계에 대한 계획이 마련되어 있다는 사실이다. 건강 요인과 환경적 문제, 효율성 그리고 동물의 고통에 대한 우려까지 여러 요인이 잘 맞물린 결과, 대체육 같은 식물성 식품 산업은 연간 20퍼센트라는 급격한 성장을 보이고 있다.[20] 그리고 모든 가능성을 따져볼 때 이 산업은 앞으로도 계속 성장할 것이다. 심지어는 1장에서 살펴본 것처럼 굿푸드 운동Good Food Movement(건강한 음식, 지속 가능한 음식, 동물 복지 음식 등을 생산하려는 운동—옮긴이)은 더 맛있는 식물성 대체육 식품뿐만 아니라 동물에게 고통을 가하지 않고 고기를 생산하기 위해 실제 동물의 세포를 배양하는 신기술인 배양육(청정육, 세포기반 육류, 재배육으로도 불린다) 개발에도 힘쓰고 있다. 이러한 기술 발전이 따른다면 동물을 도살하여 고기를 얻는 전통적인 방식에 비해 열량이나 단백질의 낭비가 현저하게 줄어들 것이다. 배양육으로 만든 첫 햄버거는 2013년 생산되었고, 합리적인 가격의 청정육은 지금으로부터 5년에서 15년 후에 가능할 것으로 예상된다.

GFIGood Food Institute 외에도 식물성 대체육이나 청정육의 개발을 장려하는 비영리단체는 많다. 게다가 수많은 벤처캐피털과 유명 사업가가(빌 게이츠, 리처드 브랜슨, 세르게이 브린, 잭 웰치가 있다) 이 산업을 수익성 높은 투자의 기회로 보고 있다. 이제는 동물 권리 이야기에 지루해진 독자도 있겠지만, 이러한 현상에서 가장 흥미로운 부분은 브루스 프리드리히 같은 리더들이 단지 사람들에게 채식주의자가 되라고 장려하는 것을 넘어서서 플렉시테리언Flexitarian(유연한 채식주의자—옮긴이)이나 리듀스테리언reducetarian(육류 섭취를 줄이는 사람—옮긴이) 등이 소비하는 육류의 양을 줄이는 데까지 시야를 넓히고 있다는 점이다. 사람들이 더욱 지속 가능한 방식으로 음식을 소비할 수 있게 하려면 훌륭한 제품을 개발해야 한다. 즉 고기를 섭취하는 사람도 맛과 가격, 편리함의 면에서 다른 존재의 생명을 빼앗는 식품보다 행복하게 먹을 수 있는 제품이어야 한다.

벤처기업들이 굿푸드에 보이는 관심 중에서 한 가지 독특한 것은 협력이다. 일반적으로 서로 경쟁 관계인 벤처캐피털 펀드는 동일한 기업에 투자할 때만 서로 협력한다. 하지만 굿푸드 산업에서는 많은 벤처캐피털리스트들이 채식주의자이고, 이들은 동물의 고통과 음식 낭비를 줄이는 데 관심이 있다. 이러한 사회적 사명 덕분에 이들은 시장에 새로운 상품을 가능한 많이 출시하기 위해 서로 협력한다. 협력의 한 수단으로는 글래스월 연합체Glass-wall Syndicate가 있다. 이들은 벤처캐피털리스트, 재단, 신탁, 비영리 및 개인 투자자의 '대규모 그룹(회원이 150명이 넘는다)'으로, 투자 전략을 공유하고 동물과 사람의 삶을 변화시키며 더 살기 좋은 지구로 만들 상품과 서비스 들이 빠르게 주류로 채택되기를 바란다.[21] 나를 포함한 글래스월의 멤버들은 식물성 대체육 및 배양육 관련 스타트업에 투자하고, 또는 해당 기업에 투자하고 있지 않더라도 대체육을 개발하는 사업가에게 응원을 보낸다.

만약 굿푸드 시장이 한정적인 것처럼 보인다면, 육류 식품을 판매하는 타이슨 푸드Tyson Foods 사가 재배육 스타트업 기업인 멤피스 미트Memphis Meats에 투자했다는 점을 생각해 보자. 타이슨 푸드는 현재 미국 전체의 닭고기, 소고기, 돼지고기의 약 5분의 1을 생산하고 있다. 타이슨 CEO 톰 헤이스Tom Hayes는 이러한 투자가 "앞뒤가 안 맞는 것처럼" 보일 수 있다는 사실을 인정하면서도, 단백질을 필요로 하는 인구가 점점 늘어나는 사회에서 이러한 요구에 어떻게 지속 가능한 방법으로 대응할 것인지 찾아야 한다고 설명했다. 그는 식물성 대체육을 생산하는 비욘드 미트에 투자한 적도 있다.[22] 만약 굿푸드 산업이 성공적이라는 것이 증명된다면, 타이슨은 소비자가 원하는 단백질을 생산하는 새로운 기술을 이용하고 싶을 것이다.

물론 소비자가 만들어 내는 낭비는 음식에만 국한되지 않는다. 미국에서 생산되는 전체 에너지의 절반이 넘는 58퍼센트는 발전소, 운송 수단, 전구에서 낭비되는 에너지다.[23] 우리는 이러한 낭비를 그 어떤 희생 없이도 줄일 수 있다. 효율성이 높아지면 비용도 절약되고 세상은 조금 더 살기 좋아질 것이다.

## 비영리단체에 빌붙는 중개업체

저녁 식사를 하는 중에 당신의 전화가 울린다. 전화를 받자 상대방은 경제적 도움을 필요로 하는 사람들에 관한 감동적인 이야기를 들려준다. 우리는 모두 후원 전화를 받아 본 적이 있고, 많은 사람이 이렇게 기부를 했을 것이다. 하지만 식사를 마저 하고 싶은 와중에 전화기 너머의 기부 대상 한 곳만을 고려하는 상황이 아니라면, 당신은 더 나은 결정을 내릴 수 있다. 실제로 당신이 기부한 돈이 낭비될 여지는 매우 많다.

우리가 후원 전화를 받고 기부를 할 때는 보통 감정적인 호소에 응답하게 된다. 영리 기관과 일하는 여러 기생 중개자들이 사람들을 속여 돈을 얻기 위해 이러한 감정적 호소를 이용한다. 이 중에서 깜짝 놀랄 만큼 많은 돈이 이 중개자에게 가고, 도움이 필요한 사람에게는 아주 적은 돈이 주어진다. 한 가지 예시로 헬프더베테랑Help the Vets을 들 수 있다. 이들은 참전 군인을 위한 유방암 치료, 자살 예방 프로그램, 회복을 위한 보금자리 등 의료 서비스를 위해 기부금을 모으는 전국적 단체이다. 이 단체는 참전 군인을 돕기 위해 잠재적 기부자에게 감정적 호소를 했다. 이를테면 이라크 전쟁과 아프가니스탄 전쟁에 참전했던 군인들에게 "팔다리를 내준다는 말은 단순히 비유적인 표현이 아니라 가혹한 현실입니다"라는 문구를 사용하기도 했다.[24] 헬프더베테랑은 대단한 취지를 가진 것처럼 보이지만, 미국 연방통상위원회 위원장 조 사이먼은 이 단체가 2014년부터 2017년까지 "기부금의 95퍼센트를 설립자와 모금행사, 경비를 위해 사용했다"는 증거를 발표했다.[25]

많은 자선단체가 중개자, 그중에서도 주로 텔레마케팅 회사를 고용하여 모금한다. 누구도 후원 전화를 좋아하지 않는데 왜 아직도 이런 흔한 모금 방법을 이용할까? 영리 기업은 많은 자선단체가 선호하지 않는 업무를 맡으면 돈을 벌 수 있다는 사실을 알고 있다. 국립 자선 통계 센터National Center for Charitable Statistics, NCCS는 미국에 150만 개 이상의 비영리단체가 등록되어 있으며, 20년 전에 비해 그 수가 두 배나 많아졌다고 한다[26](이건 정말 큰 숫자다. 아래에서 자세히 살펴보자). 많은 단체가 자선기금을 두고 서로 경쟁하기 때문에, 전문 마케터들은 자선단체에게 서비스 제공의 부담이 있음을 납득시키려고 한다. 게다가 이들은 자선단체만의 힘으로 모금할 때보다 더 많은 돈을 벌 수 있다고 제안한다. 그래서 자선단체는 모금액의 일부를 가져가겠다는 중개자의 조건을 받아들인다. 그리고 자선의 임무에만 집중하고 기부자의 기부금이 낭비되고 있다는 사실을 무시한다. 직원들은 적은 임금을 받고 중개자는 대체로 모금액의 75퍼센트나 되는 돈을 번다. 이 과정은 엄밀히 따지면 합법이지만 매우 비윤리적이다. 기부금의 대부분이 도움을 필요로 하는 사람에게 간다고 속아 넘어갈 때, 실제로는 광고에서 언급조차 되지 않은 기업의 배를 불리고 있을 때, 우리의 돈이 낭비되고 있으며 더 나은 방법이 필요하다는 사실이 분명해진다. 이 과정에 참여하는 자선단체는 중개자로 하여금 기부금의 전체 파이를 줄이고 무지한 기부자들을 조종하는 낭비적인 사업을 벌일 수 있도록 한다.

재닛 그린리Janet Greenlee와 테레사 고든Teresa Gordon 교수는 말했다. "만약 모든 자선단체가 모금 관련 경비를 줄인다면, 모두가 더 많은 순이익을 얻을 것이다. 하지만 만약 하나의 자선단체만 경비를 줄인다면 나머지 단체가 이익을 거둘 것이다."[27] 만약 모든 자선단체가 이러한 중개업체를 이용하지 않는다면 전체적으로 더 많은 기부금을 마련할 것이다. 그러나 비영리단체가 중개업체를 고용한다면 그들은 사회적 딜레마에 빠지고, 모든 단체가 이용할 수 있는 자선기금의 양이 줄어든다. 비영리단체는 공유 재산을 보호하려면 자기 이익을 빼 가는 중개업체의 제안을 거절해야 한다는 점을 명심해야 한다. 기금모금업체의 이익을 규제하려는 시도가 법원에서 저지되었기 때문에, 이보다 실행 가능한 방법으로는 자선단체의 지출 내역 투명성을 확보하는 것이 있다.[28]

기생하는 중개업체가 비영리단체들의 유일한 낭비 원인은 아니다. 〈보스턴 글로브〉의 사샤 파이퍼Sacha Pfeiffer(그녀는 사제들의 성범죄를 은폐한 가톨릭교회를 폭로하여 퓰리처상을 수상한 탐사보도팀의 팀원이었다) 기자는 불우한 환경의 학생들이 대학을 졸업할 수 있도록 돕는 원골OneGoal이라는 단체의 문제를 지적했다.[29] 그녀는 이 새로운 단체가 보스턴의 40개가 넘는 비영리단체들과 똑같은 목적을 가지고 있다고 주장했다. 수고가 배로 드는 것은 결국 낭비가 된다. 사무실 공간과 운영의 비효율성, 같은 기부금을 두고 경쟁하는 직원들로 인해 불필요한 비용이 들어가기 때문이다. 즉 40개의 연말 보고서를 쓰고, 40번의 세금 신고를 하고, 때로는 같은 기부자를 겨냥한 40가지의 모금 행사를 하느라 시간과 돈이 낭비된다. 영리 기업의 경우 이런 유형의 비효율성이 증대되면 경쟁하던 기업들이 일부 패배하고 문을 닫거나 합병되지만, 비영리단체에게는 이러한 시장 원리가 똑같이 적용되지 않는다. "이러한 업무의 중복이 아주 많이 일어나고 있습니다. 수많은 작은 단체에서 같거나 매우 비슷한 일을 수행하고 있죠." 여성의 집합적 기부 단체인 '자선 활동 커넥션 The Philanthropy Connection, TPC'의 창업자 말라 펠처Marla Felcher(사실 말라는 나의 아내다)가 파이퍼에게 말했다. "사람들은 '우리 단체는 다른 곳과 달라요'라고 말하지만, 외부에서 보면 차이점이 잘 드러나지 않아요. (……) 제 생각에 작은 단체들 중 일부는 더 크고 잘 자리 잡은 단체와 긴밀하게 일하거나 이들에 합병되는 것이 가장 효과적일 것 같아요." 비영리사업에서 낭비가 발생하면 세상의 많은 문제를 해결하지 못한다.

내가 몸담고 있는 학계에서는 더 많은 공간에 대한 요구가 지속적으로 제기된다. 많은 대학들이 새로운 직원이나 교수진, 객원 연구원을 뽑지 않으려고 하는데, 그들을 고용할 경제적 능력이 없어서가 아니라 일할 수 있는 공간이 부족하기 때문이다. 그러나 교수는 연구실 밖에서 많은 시간을 보내는 바쁜 사람들이다. 게다가 우리는 점점 더 디지털화된 방식으로 일하면서 책장을 들여다보는 일이 더욱 줄고 있다. 교수들은 집, 카페, 도서관 등에서 사람들을 만나고, 이메일을 확인하고, 글을 쓸 수 있으며 실제로 자주 그렇게 한다. 결과적으로 대부분의 교수 연구실은 학기 중의 대낮에도 비어 있는 경우가 흔하다. 교수실을 충분히 사용하지 않는다면 공유하는 것은 어떨까? 컨설턴트처럼 대부분 연구실 밖에서 일하는 일부 교수들은 '호텔식 근무

hoteling(공유 일터)' 방식을 선택하는 추세다. 하지만 불행히도 대부분의 교수가 자신의 연구실을 토대로 교수라는 권위를 쌓는 것처럼 보인다. 이는 결국 공간을 낭비하고 기회를 놓치는 선택이 된다.

## 우리가 만드는 낭비

우리 집 지하 창고와 차고, 다락에 쌓여 있는 모든 물건은 도대체 어떻게 얻은 것들일까? 우리는 감정에 치우쳐 너무 쉽게 물건을 사고, 지금이 아닌 나중에도 이 물건을 같은 마음으로 원할지에 대해서는 고민하지 않는다. 또한 낭비를 줄인다는 개념을 착각해 '싼 물건을 구매한다' 같은 부정적인 판단을 내리기도 한다. 만약 더 많은 가치를 실현하고 싶다면, 낭비 줄이기란 이 세상을 더 나은 곳으로 만들어 주면서 자원을 절약할 수 있는 유용한 방법이라고 인식할 수 있어야 한다. 그렇게 한다면 3장에서 살펴본 그래프처럼 우리는 파레토 효율 곡선을 따라 이동할 것이다.

낭비를 줄이기 위해 우리가 할 수 있는 행동들은 아주 다양하며, 사람들은 저마다 다른 기회를 만날 가능성이 크다. 누군가는 효율성이 떨어지는 차를 운전할 때나 다른 교통수단을 쉽게 이용할 수 있음에도 차를 운전할 때 사용되는 추가적인 연료에 대해 고민한다. 또는 충동구매를 하려는 순간에 좀 더 멀리 내다보면서 바람직한 선택을 하는 사람도 있다. 또 다른 이는 음식을 조금 적게 구매하여 쓰레기를 줄일 수도 있다. 어쨌든 낭비를 줄이려고 하는 우리의 모든 의지는 가치 창출의 길로 연결될 것이다. 다음 장에서는 우리가 낭비하는 것 중에서도 가장 중요한 자산인 시간에 대해 살펴보겠다.

08

# 당신의 가장 소중한 자산, 시간 배분하기

당신의 인생에서 가장 부족한 것은 무엇일까?

가장 중요한 자산은 무엇일까?

대부분 사람이 이 두 질문에 입을 모아 대답할 것이다. 그것은 바로 시간이다. 하지만 여러 연구를 통해 알 수 있듯이 우리는 시간을 배분하는 과정에서 실수를 저지르곤 한다. 아래 문제를 한번 생각해 보자.

어떤 가게에서 프린터 카트리지를 50달러에 구매하려고 한다. 판매원은 당신이 원하는 카트리지가 차로 20분 거리에 있는 다른 지점에서 세일 중이라는 소식을 들려준다. 오늘 카트리지를 사려고 마음먹었고, 지금 여기에서 살지 20분 거리의 다른 지점에서 살지 선택해야 한다. 당신이 기꺼이 다른 지점으로 이동하려면 최소한 얼마의 할인을 받아야 할까?[1]

은연중에 자기 시간의 가치를 평가하는 많은 사람이 절약하게 될 시간과 절약하게 될 돈 사이의 타협을 따져 봐야 한다고 말할 것이다. 대부분 사람은 20분 거리를 운전해서 사려면 20~30달러의 할인이 필요하다고 생각했고, 거의 모든 응답자가 50달러 가격에서 40달러가 할인된다면 20분 거리의 다른 지점으로 갈 것이라고 했다.

이제 이와 비슷한 다른 문제를 살펴보자.

어떤 가게에서 2000달러의 컴퓨터를 구매하려고 한다. 판매원은 당신이 구매하려는 컴퓨터가 차로 20분 거리에 있는 다른 지점에서 세일 중이라는 소식을 들려준다. 오늘 컴퓨터를 사려고 마음먹었고, 지금 여기에서 살지 20분 거리의 다른 지점에서 살지 선택해야 한다. 당신이 기꺼이 다른 지점으로 가서 구매하려면 최소한 얼마의 할인이 필요할까?

두 가지 이야기에서 당신은 시간과 돈의 단순한 타협 문제에 직면하고 있다.[2] 이 타협이 가치 있으려면 얼마의 돈이 필요할까? 두 문제에 대한 사람들의 반응을 비교해 보면, 대체로 카트리지의 경우보다 컴퓨터의 경우에 절댓값이 더 큰 할인을 요구한다는 사실을 알 수 있다. 일반적으로 사람들은 20분 거리를 이동해야 한다면 컴퓨터 가격이 60달러 할인되어도 그냥 외면하지만, 카트리지가 40달러 할인된다면 같은 20분 거리를 이동하기로 쉽게 결심한다.

왜 이런 모순이 일어날까? 우리는 '좋은 거래'에 대해 생각할 때 우리가 받는 할인의 비율에 따라 판단하기도 한다. 이러한 거래에만 집중하다 보면 시간을 낭비하게 되고, 투자할 수 있는 시간 안에 가능한 많은 돈을 절약하는 것이 우리의 목표라고 인식하기 쉽다.

심리학자 트버스키와 카너먼은 이 문제의 초기 버전을 고안했고, 나에게는 이 문제가 늘 흥미롭게 느껴졌다.[3] 나 역시 어느 정도 시간을 잘못 분배하며 살았기 때문일 수도 있다. 정말 솔직하게 말하자면 나는 컴퓨터의 60달러 할인은 쉽게 외면했지만 카트리지의 40달러 할인은 놓칠 수 없었다. 단순히 80퍼센트의 할인을 포기할 수 없다는 이유에서였다. 또한 좋은 가격의 비행기표나 호텔 숙박권을 구매하는 데 약간의 집착이 있었고, 인터넷에서 더 저렴한 가격을 찾아 헤매면서 내 시간의 가치에 비해 훨씬 적은 돈을 절약하고 있다고 확신할 정도였다.

이러한 사실을 깨달은 채 50번째 생일쯤이 되자 나는 시간을 사용하는 방법을 조금 더 체계적으로 생각해 보면 좋을 것 같다는 생각이 들었다. 일과 삶 사이의 균형이라는 개념에 대해 이미 알고 있었고, 일반적인 사람들의 생활방식과 그들의 선호도와 비교하자면 나의 생활은 일 쪽으로 많이 기울어져 있었다. 나는 열심히 일했고 오래 일했다. 그렇지만 대체로 내 일을 사랑했고 그래서 별문제가 없었다. 나는 가르치는 일과 조언하는 일을 좋아했고, 연구하는 것도 좋았다. 그리고 나는 (글 쓰는 행위 자체는 싫지만) 글 쓰는 것도 좋아한다. 외부 컨설턴트 일도 재미있다(그리고 그 일이 아무리 수익성이 좋더라도 재미없어 보이거나 영향력이 부족해 보이면 거절하는 것도 잘한다).

그렇지만 내가 직장 생활의 모든 순간을 즐기지 못하는 것 또한 사실이다. 그래서 내가 온전히 즐기지 못할 때는 언제이고 이를 어떻게 조정할 수 있을지 검토해 보기로 했다. 그렇게 도달한 한 가지 결론은 내가 교수 회의에 참석하는 것을 그렇게 즐기지 않는다는 것이었다. 다행히 내가 참석함으로써 회의에 약간의 기여를 하는 경우도 있었다. 때로는 나의 조언이 도움이 된다고 생각했고, 그럴 수 있어서 행복했다. 하지만 아마 많은 사람이 그러겠지만, 여러 회의를 한두 시간에 걸쳐 끝내고 나올 때면 내 시간을 활용할 더 좋은 방법이 있을 것 같다는 생각을 떨칠 수 없었다. 그래서 내가 도움이 될 수 없을 것 같은 교수 회의는 참석하지 않기 시작했다. (확실히 인지하고 있고 또 감사한 부분은 내가 교수 회의에 참석하지 않아도 경력에 심각한 흠집이 나지 않을 수 있는 운 좋은 위치에 있다는 사실이다.)

훌륭한 아카데미 시민이 되기 위한 또 다른 업무는 특정 분야 학술지에 제출된 논문의 '동료 평가자'가 되어 주는 것이다. 학술지에 제출된 수많은 논문을 고려하면 동료 평가 역시 상당히 많은 양이 필요하다. 일반적으로 학술지에서는 유명 학자들로 구성된 편집위원회를 두고 있으며, 이들은 다른 평가자보다 더 많은 논문을 평가해야 한다. 이런 편집위원의 제의를 받는 것을 일종의 위신으로 여기기도 한다. 하지만 대부분의 사회과학 학술지는 편집위원이나 동료 평가자에게 이러한 업무에 대한 대가를 지불하지 않는다. 그저 아카데미 공동체의 훌륭한 일원으로서 당연히 해야 하는 일이라고 여긴다. (학술지를 출판하는 기업들은 학술지 구독료를 지나치게 비싸게 받는 데 비해 동료 평가 업무에는 대가를 지불하지 않는 것에 대해 나를 포함한 일부 교수들이 불만을 품고 있다.) 편집위원들은 광범위한 논문을 읽어야 하며, 그중에는 어쩔 수 없이 그들의 관심사와 동떨어진 논문도 있기 마련이다. 그리고 50세의 나이가 될 때까지 나는 아주 많은 논문을 평가했고, 스스로에게 박사 과정을 마친 학생이나 젊은 교수만큼의 열정을 쏟고 있는지 의심하기에 이르렀다. 따라서 내가 들인 노력으로 누군가가 충분한 이익을 얻고 있다는 확신이 들지 않았다. 심지어 나는 동료 평가에 들이는 시간을 좀 더 홍미로운 업무에 투자함으로써 내가 맡은 역할을 더 잘해 낼 것이라고 분명히 확신했다. 그래서 가장 많은 논문을 보내오는 네 군데의 편집위원을 그만두었다. 전부 권위 있는 학술지였고 어떤 곳은 나의 친구가 편집장으로 있기도 했다. 동료 평가를 그만둔 이유는 게을

러지기 위해서가 아니라 나의 시간을 최고로 활용하여 더 다양한 선을 위해 기꺼이 투자하고 싶어서였다.

나 자신과 다른 사람들을 위한 가치 창출을 나타낸 3장의 그래프로 다시 돌아가 보면, 다른 사람을 돕는 데 들어가는 시간은 A에서 C로 이동하는 모습으로 나타낼 수 있다. 이 장에서는 당신이 A에서 C로 이동하는 것과 같은 양의 희생을 치루면서도 다른 사람을 위해 더 많은 선을 실현할 수 있는, C보다 더 효율적인 지점으로 이동할 수 있는지 질문을 던진다. 나 역시 교수 회의를 거르고 편집위원을 그만두면서 절약한 시간으로 이렇게 건설적인 가치를 창출했기를 바란다.

이 장에서는 자신과 다른 사람의 이익 모두를 위해 시간을 더욱 현명하게 활용할 수 있는 방법을 찾아볼 것이다. 나는 당신에게 즐거움을 포기하고 더 중요한 일에 시간을 투자하라고 가르치지 않을 것이다. 많은 사람이 너무 많이 일하고 너무 적게 논다는 사실이 이미 여러 연구를 통해 밝혀졌다. 그보다는 즐거움의 총량을 극대화하고 고통의 총량은 최소화하는 방법을 찾도록 돕고 싶다. 그리고 당신이 다른 사람을 돕기로 마음먹었다면 투자한 시간 안에 가능한 최대의 선을 실현할 방법도 함께 고민해 보자.

사람들은 한정된 돈을 어떻게 활용할지 많은 시간을 들여 고민하는 반면, 시간을 어떻게 활용할지에 대해서는 같은 노력을 투자하지 않는다. 시간을 어떻게 활용했는지 스스로 검토하는 훈련은 꽤 유용하기에 당신에게도 권하고 싶다. 한정된 시간 안에 더 많은 선을 실현할 수 있는 지혜를 발견하는 놀라운 경험을 할 것이다.

## 시간 vs. 돈

벤저민 프랭클린Benjamin Franklin은 가장 처음으로 "시간은 돈이다"라는 말을 한 사람으로 알려져 있다.[4] 하지만 적어도 지금 우리 시대에서는 그의 충고를 따르지 않는다. 다시 말해, 우리는 시간과 돈 사이에서 현명한 타협을 하지 못한다. 돈에 대해서는 예산을 짜는 데 익숙하지만, 시간은 그렇지 않다.[5] 시간에 비해 돈은 대체가 가능하지만 말이다. 오늘 쓰지 않은 돈은 내일 쓸 수 있지만, 오늘 활용하지 않은 시간은 영원히 사라져 버린다.

하버드 경영대학원의 동료 교수인 애슐리 윌런스Ashley Whillans는 사람들이 시간과 돈 사이에서 어떤 타협을 하는지, 그리고 어떻게 더 나은 선택을 할 수 있는지에 관해 정통한 사람이다.[6] 애슐리와 그녀의 동료는 사람들이 항상 시간이 부족하다고 말하지만, 사실 그들의 행동에는 비교적 적은 돈을 절약하기 위해서 많은 시간을 투자하는 직관적 성향이 드러난다는 사실을 알아냈다. 방금 내가 더 저렴한 비행기표와 호텔을 찾을 때 많은 시간을 들여서 적은 돈을 절약했다고 고백한 내용과 일맥상통하는 이야기다. 하지만 이와 대조적으로 사람들이 시간을 사기 위해 돈을 쓸 때, 다시 말해 정원관리, 세탁, 요리, 컴퓨터 수리 같은 귀찮고 시간이 오래 걸리는 일에 비용을 지불하고 맡길 때 행복해한다는 사실도 밝혀졌다.

애슐리는 서양 문화가 많은 사람이 돈에 관심을 가지고 또 신중하게 생각하도록 만들지만, 시간에 대해서는 그렇지 않다고 주장한다. 대부분 우리는 어릴 때부터 유명한 사람은 매우 바쁘다고, 즉 시간이 부족하다고 배웠다. 게다가 우리는 시간보다 돈을 더 중요하게 여기도록 길들였다. 좋은 성과를 내면 금전적 보너스를 받지만, 그 보상으로 휴가를 간다거나 내가 별로 즐기지 않으며 크게 기여하지 못하는 업무로부터(앞서 언급했던 교수 회의처럼) 상사가 해방시켜 주는 경우는 거의 없다. 결국 시간을 어떻게 배분할지에 대해 시스템 1의 직관적 사고를 따른다면 우리는 잘못된 선택을 하게 돼 시간이 부족해진다. 하지만 시간과 돈의 타협을 좀 더 깊게 들여다보면, 우리의 행동에는 시간의 진정한 가치가 반영되지 않는다는 사실을 깨달을 것이다. 신중한 시스템 2를 활용하면 더 바람직한 타협을 이룰 수 있다.

애슐리는 최근 저서에서 사람들이 죄책감 때문에 자기가 하기 싫은 일을 외부에 맡기기 어려워한다고 주장한다.[7] 우리는 집 청소나 식료품 배달처럼 우리가 할 수 있는 일을 다른 사람에게 돈을 지불하고 시키는 것에 불편한 마음을 가진다. 그렇게 할 만한 형편이 되거나 그 일을 기꺼이 하려는 사람이 존재할 때조차 말이다. 또한 그런 서비스에 돈을 지불한다는 사실을 다른 사람에게 알리기를 꺼린다. 애슐리는 이러한 생각에 문제가 있다고 결론지었다. 그 일을 원하는 사람에게 일자리를 제공하면서 우리의 행복은 배가될 것이다.

## 시간 vs. 시간

이제 우리는 이 세상에 도움이 되기 위해 시간을 어떻게 활용할지 따져 볼 때이다. 우리가 보상을 얻지 못하거나 즐기지 않는 업무에 시간을 잘못 분배하고 있지 않은지 살펴보자. 그 과정에서 다른 사람에게 맡겨야 하는 일은 무엇인지도 찾을 수 있다.

먼저 지난 두 달간 당신이 다른 사람을 돕기 위해 시간을 할애한 활동들을 나열해 보길 바란다. 나의 일부 목록은 아래와 같다.

- 아픈 동료 교수를 위해 수업을 했다.
- 나의 아내가 이사로 있는 기관을 위한 비영리 자선 행사에 참석했다.
- 동료 교수의 곧 출판될 책을 읽고 논평했다.

- 음식물 쓰레기를 쓰레기통에 버리는 대신 근처의 퇴비 더미에 옮겨 두었다.
- 동물 복지에 관한 학회에 학습 목적으로 참석했다.
- 구체적인 성과를 기대하기 어렵던 지루한 위원회 회의에 들어갔다.
- 친구에게 스타트업을 운영할 자금 확보에 대한 협상 관련 조언을 해 주었다.
- 다수의 사람 앞에서 내가 일하는 학술 분야에 대한 이야기를 했다. 대화 주제로는 연구 관련 내용이나 교수법 등이 있었다.
- 동료의 부탁으로 워싱턴 D.C.에서 열린 학회에서 보수를 받지 않고 강연했다.
- 친구가 경영하는 자선단체의 개발 담당 책임자를 만났다. 그 친절한 사람은 자선 기부금을 구하고 있었다.

이 목록을 검토한 뒤 나는 대부분 항목에서 시간을 잘 활용했다는 결론을 내렸다. 하지만 일부는 시간을 다시 되돌리고 싶었다. 워싱턴 D.C. 학회는 내가 기여한 바에 비해 너무 많은 시간을 뺏어 갔다. 참석자들은 내 강연을 흥미롭게 들었지만 (내가 바라던 것처럼) 영감을 받았다거나 즉시 자기 단체를 위해 행동할 준비가 된 것처럼 보이지 않았다. 개발 책임자와의 만남은 내 기부에 별다른 변화를 주지 않았고 그는 예의 바르게 행동한 것 외에는 진정한 목적을 달성하지 못했다. 지루한 위원회 회의는 정말로 내가 참석할 필요가 없었다. 하지만 쓰레기를 버리러

가는 산책은 즐거웠고, 그 시간에 여유롭게 강아지 산책도 시킬 수 있었다.

나는 훗날을 위해 검토한 내용을 마음에 새겨 두었고, 이러한 과정을 통해 시간을 더 잘 활용할 수 있기를 바랐다. 하지만 나에게 정말로 필요한 것은(당신도 마찬가지겠지만) 미래의 시간을 분배하는 더욱 구체적인 방법이었다. 다행히 몇 가지 유용한 도구를 찾을 수 있었다.

1817년, 영국의 정치경제학자 데이비드 리카도David Ricardo는 비교우위comparative advantage라는 경제학 개념을 도입했다.[8] 기업의 관점에서 만약 어떤 회사가 경쟁사에 비해 상품이나 서비스를 더 저렴한 가격에 제공할 수 있다면 이를 비교우위가 있다고 말한다. 3장에서 살펴본 세계 무역을 포함한 무역 활동의 이점이 이 개념을 통해 강조된다.

개인적인 관점에서는 어떤 업무를 다른 사람보다 더 낮은 기회비용으로 수행할 수 있을 때 그 사람은 비교우위가 있다고 말한다. '기회비용'이라는 용어가 생소하다면, 주어진 일을 하지 않을 때 그 시간을 가장 잘 활용할 수 있는 것을 생각해 보면 된다. '기회'라는 말은 비교우위와 절대우위의 차이를 잘 보여 준다. 무언가를 가장 잘할 수 있는 사람을 절대우위가 있다고 말한다. 예를 들어, 나의 아내 말라와 내가 40분 안에 강아지를 산책시키고 저녁 식사도 준비해야 한다고 가정해 보자. 말라는 나보다 강아지를 더 잘 산책시킨다(우리 집 강아지 베카의 행복도를 따져 보면 그렇다). 아내는 베카의 산책에 능숙하지만, 요리 실력은 나보다 우월하다. 그래서 내가 우리 가족 중에서 강아지 산책을 가장 잘 시키는 건 아니지만, 강아지 산책에 있어서 절대우위는 없어도 비교우위는 있는 것이다. 말라가 나보다 강아지를 산책시키는 능력이 뛰어나지만 요리하는 능력은 훨씬 더 뛰어나기 때문이다.

아내와 나는 요리와 강아지 산책의 예시 외에도 비교우위의 이점을 활용하여 가치를 실현하고 있다. 우리에게는 둘 다 사회의 선을 실현하고 싶은 열망이 있고, 다수의 박사 학위가 있으며, 매주 많은 시간을 일한다. 하지만 말라는 나보다 비영리단체의 내밀한 경영 방식에 대해 조언하고 평가하는 데 훨씬 유능하고, 성장하고 있는 자선단체의 공동 설립자이며, 중앙 정부의 부패에 저항하는 내용에 관한 블로그를 운영하고(www.marlafelcher.com), 보수가 많지 않은 여러 활동을 하고 있다. 나는 고가의 컨설팅 서비스를 제공할 기회를 찾는 데 유능하고, 어떠한 선도 실현할 것 같지 않은 프로젝트에는 참여하지 않으려고 노력한다. 우리 부부는 내가 높은 급여를 벌어 오고, 말라가 비영리단체를 직접적으로 돕는 데 더 많은 시간을 쏟는 이 관계에 꽤 만족한다. 또한 말라는 우리 부부의 자선 활동 대부분을 결정한다. 결과적으로 이러한 합의를 통해 우리는 돈을 버는 활동과 비영리단체를 위해 일하는 활동을 서로 동등하게 나누지 않고도 더 행복하고 더 많은 가치를 실현하고 있다.

나와 아내의 공동 의사결정 과정은 '모든 사람이 모든 일을 똑같이 나누어서 해야 한다'와 같은 단순한 공평의 개념과는 분명히 다르다는 것을 눈여겨봐야 한다. 주어진 일을 더 쉽게 할 수 있는 사람, 더 즐겁게 할 수 있는 사람, 더 잘할 수 있는 사람을 활용하여 모든 업무를 현명하게 타협한다면 더 많은 가치를 실현할 수 있다. 배우자끼리는 매번 정확한 거래를 할 필요는 없지만, 두 사람 모두 전반적인 업무와 시간에 대한 현명한 타협에서 나올 장기적인 이익을 인지하고 있는지에 대해 확실히 하는 것이 결혼 생활에 도움이 될 것이다.

이와 비슷하게 어떤 스타트업 테크 기업의 창립자가 회사 내에서 세밀한 기술 업무를 가장 잘 수행하는 사람일지라도 두 번째로 실력이 좋은 사람보다 아주 약간 더 잘하는 정도일 것이다. 동시에 창립자는 주요 전략적 파트너나 투자자에게 자기 기업을 대표하는 능력이 매우 뛰어날 것이다. 그러므로 창립자가 기술적인 업무에 대해 절대우위를 점하고 있을지라도 비교우위를 가지고 있지는 않다. 비교우위의 개념은 창립자가 회사에서 가장 잘할 수 있는 일이 무엇인지 잘 나타내는데, 그것은 바로 회사를 대표하는 일이다.

나는 글 쓰는 능력이나 데이터 분석 능력, 지능 등에서 나보다 여러 절대우위를 점하고 있는 박사 과정 학생을 지도한다는 것이 뿌듯하다. 하지만 나는 가능한 최고의 연구 결과를 내기 위해 여러 사람의 비교우위의 이점을 이용하여 연구팀을 구성하기도 했다. 어떤 학생들은 프로젝트 책임자 역할을 잘했고, 일부 학생은 데이터 분석에 강했으며, 놀라울 정도로 창의적인 아이디어를 떠올리는 학생도 있었다. 시스템 2 사고는 주변 사람들의 재능을 활용하고 또 제한된 시간 안에 최대한의 결과를 낼 수 있도록 도와준다.

모든 사람은 비교우위를 가지고 있다. 우리의 시간은 절대우위가 아닌 비교우위가 있는 곳에 쓰는 것이 가장 좋다. 하지만 많은 사람이 절대우위를 가진 업무를 하고 싶어 한다. 그 일에 대해서는 비교우위가 없다 하더라도 말이다. 현명한 조직은 다양한 사람들이 다양한 업무에 제공하는 비교우위에서 이점을 얻을 수 있는 방향으로 직원들을 배치할 것이다.

비교우위의 개념은 다양한 사람에게 업무를 배정할 때 도움이 된다. 하지만 때론 우리가 하지 않으면 누가 이 일을 할지, 또는 이 일을 마칠 수는 있을지 모르는 채로 시간을 투자할지 말지 결정해야 하는 순간도 있다. 당신이 비슷한 시기에 지역 개선위원회에 가입하고, 비영리단체의 이사 자리를 맡고, 당신의 조언으로 도움을 받을 수도 있는 친구의 친구를 만나 달라는 요청을 받았다고 가정해 보자. 당신은 도움이 되고 싶지만, 밤을 꼬박 새워도 세 가지 부탁을 모두 들어줄 만한 시간이 없다. 이런 일에 관해서는 비교우위를 따져 보는 것은 효과적이지 않다. 하지만 다른 곳에 시간을 투자했을 때와 비교해 얼마나 많은 선을 실현할 수 있을지 생각해 볼 수 있다. 하나 또는 그 이상의 일을 따져 보고 나면 당신은 많은 가치를 실현하기 어렵다는 결론에 도달할 것이고, 따라서 거절해도 괜찮다는 생각이 들 것이다. 당신이 요청을 거절한 것은 이기적이어서가 아니라 한정된 자원으로 가치를 실현할 수 있는 더 좋은 방법이 있기 때문이다.

## 시간 그리고 최대의 선 실현하기

'8만 시간'(http://80000hours.org/)이라는 단체는 20~35세의 젊은이들이 긍정적인 사회적 영향력을 행사할 수 있는 직업을 찾도록 돕는 곳이다. 8만 시간이라는 이름은 사람이 평생 직장에서 보내는 총시간을 의미한다. 가능한 많은 가치를 실현하는 것을 목표로 한다면 우리는 어떤 직업을 선택해야 할까? 이들은 2장에서 설명한 것과 비슷한 합리적인 의사결정 과정을 권유한다. 먼저 가장 중요한 사회의 문제들을 떠올려 본 뒤 그 문제를 극복하기 어렵게 하는 것은 무엇인지 찾아본다. 그런 다음 그중에서도 당신이 많은 가치를 기여할 의지와 능력이 있는 문제들로 목록을 줄인다. 그리고 가장 많은 영향력을 줄 수 있는 길, 예를 들어 관련 분야의 일자리를 선택하고, 이와 동시에 이 문제의 불확실성이 해결될 경우 어떻게 대처할지

대안도 세운다. 그리고 주기적으로(예를 들어 1년에 한 번) 계획을 검토하고 수정이 필요한지 확인한다.

수천 명의 사람이 8만 시간의 자문 프로그램을 바탕으로 직업의 방향을 수정했다. 이 프로그램은 특히 컴퓨터공학, 분자생물학, 응용수학 같은 기술 관련 분야의 학부생과 졸업생에게 인기가 있다. 사회 초년생들은 지금 당장 기여를 할지 아니면 미래에 더 긍정적인 영향력을 행사하기 위해 기술이나 인맥, 자격증을 쌓아서 경력 자본(전문기술과 지식)을 키울 것인지의 갈림길에 서게 된다. 경력 자본은 정규 교육을 받거나 훌륭한 멘토와 일하고, 기술과 흥미를 키우는 데 주력하는 인턴직에 근무하는 등 여러 방법을 통해 얻을 수 있다. 매우 어려운 선택이겠지만, 미래를 위해 투자한 사람 중에서 그 시간을 후회하는 경우는 거의 없다는 것도 사실이다. 당신 앞에 8만 시간이 있다는 것을 깨닫는다면, 더 먼 곳을 바라보는 좋은 계기가 될 것이다.

어쩌면 8만 시간 단체가 사람들의 8만 시간을 비영리단체를 위해 쓰도록 장려한다고 생각할지도 모른다. 하지만 꼭 그런 것은 아니다. 그보다는 사람들이 평생 최대의 선을 실현할 수 있는 방법을 찾도록 도와준다. 누군가에게는 그 답이 기부단체나 자선단체를 위해 일하는 것이 될 수 있다. 또 다른 사람에게는 더 많이 기부할 수 있도록 영리 조직에서 소득을 극대화하는 것을 의미할 수도 있고, 이를 '기부를 위한 벌이earning to give'(수입의 상당 부분을 기부할 목적으로 고소득 직업을 추구하는 것—옮긴이)라고 부르기도 한다. 영향력을 발휘할 수 있는 또 다른 방법은 더 좋은 사회로 만들어 줄 사업적 혁신을 일으키는 것이다. 질병을 줄이고, 생명을 구하고, 빈곤층에 식량을 공급하고, 사람들을 더욱 효과적으로 교육하는 상품이나 서비스를 개발한다면 당신은 막대한 가치를 실현할 수 있다. 또한 이 단체는 많은 사람이 개인적인 경력을 더 선호한다는 사실을 인정하고 그들이 그 길을 따라가되 수입을 더 많이 기부하도록 장려한다. 8만 시간과 관련 있는 아마 가장 직관에 반하는 단체는 '효율적인 기부를 위한 모금Raising for Effective Giving, REG'일 것이다. 이들은 프로 포커 선수들로부터 효율적인(이 단어의 의미는 다음 장에서 더 깊게 다룬다) 자선 활동을 위한 기금을 모으는 비영리단체다. 이 REG에 가입한 포커 선수는 적어도 상금의 2퍼센트를 이 단체가 제안한 자선단체에 기부하기로 약속한다. REG는 현재 이러한 자유로운 상금 납부를 통해 매년 100만 달러 이상을 창출하여 매우 효율적인 자선 활동을 벌이고 있다.

8만 시간은 사회 초년생에게 집중했지만, 우리는 모두가 최대의 영향력을 발휘하기 위해 어떻게 시간을 잘 활용할 수 있을지가 궁금하다. 직업을 전환한 사람들 중에서 내가 가장 흥미로웠던 것은 우마 발레티Uma Valeti의 이야기다. 발레티는 인도에서 육식주의자로 자랐고, 의과대학에서 채식주의자가 되었다. 그는 메이오 클리닉Mayo Clinic에서 심장학 전임의였으며, 그 후 심장마비로 손상된 심장의 근육조직을 치료하기 위해 줄기세포를 이용하는 연구에 참여했었다. 그는 줄기세포가 심장근육조직을 재생시킬 수 있다면, 동물의 근육조직, 즉 고기를 만드는 데도 똑같이 적용할 수 있다는 생각이 들었다. 그는 다른 과학자들을 설득하여 동물의 희생 없이 (세포 기반) 육류를 생산하는 목적으로 동물 조직을 배양하는 사업을 시작하려고 했으나 실패했고, 이후 발레티는 심장학자라는 직업을 포기하고 배양육을 생산하는 회사를 차렸다.

그는 심장학자로서 사람들에게 도움이 되고 있다고 생각했지만 어느 순간 이런 깨달음을 얻었다고 한다. "나는 앞으로 30년 동안 몇 천 명의 생명을 살릴 수도 있다. 하지만 육류가 생산되는 방식을 바꾸는 데 성공한다면, 몇 십억이 넘는 사람의 생명과 몇 조에 달하는 동물의 생명에 긍정적인 영향을 미칠 것이다."[9]

발레티는 동물을 도살하지 않고 사람들의 건강도 해치지 않는 맛있는 고기를 개발할 수 있다는 믿음이 있었다. 그는 자신의 생물학적 지식을 이용해 고기를 배양하고 유전적으로 개량하여 더 맛있고 저렴하고 건강에 좋은 육류를 만들 계획을 구상했다. 발레티는 이러한 통찰력을 가지고 멤피스 미트Memphis Meats를 설립했다. 이 기업은 현재 배양육 사업에서 선두를 달리고 있으며, 비욘드 미트나 임파서블 버거 같은 배양육 회사의 사회적 영향력에 보탬이 될 것으로 예상된다. 멤피스 미트는 순식간에 빌 게이츠, 리처드 브랜슨, 대형 곡물 기업인 카길Cargill,

타이슨을 포함한 대단한 투자자들을 모았고, 최근에는 추가로 1억 6100만 달러의 투자금을 받았다.

멤피스 미트는 음식 혁명을 주도하는 모험적인 첨단 기술 회사다. 지금까지 우리가 살펴본 내용을 고려하면, 더 많은 선을 실현할 다른 길을 보았다는 이유로 유망한 직업을 포기한 그의 이야기가 더욱 흥미롭게 느껴진다. 아래 글에서 발레티의 생각을 엿볼 수 있다.

> 저는 인간의 건강에 좋은 영향을 주고 싶어서 심장학을 전공했습니다. 멤피스 미트에서의 제 역할은 그 임무가 확장된 것이라고 생각해요. 공공 보건의 관점에서 식품 체계를 개선하는 더 큰 역할을 맡게 되었으니까요. 지구의 인구수는 2030년까지 90억 명을 넘을 것으로 예상됩니다. 대규모 혁신이 일어나지 않는다면 식량을 소비하는 인구가 계속 늘어나면서 공공 보건의 대참사로 이어질 수 있어요. 우리 기업의 혁신은 전 세계에 지속 가능한 식량을 제공하는 필수적인 역할을 주도한다고 생각합니다. 게다가 환경의 지속가능성과 동물 복지의 관점에서도 엄청난 가능성을 가지고 있어요.[10]

발레티는 가치를 실현하는 방법으로 비영리단체에서 일하거나 많은 돈을 기부하는 것을 선택하지 않았다. 그는 훨씬 큰 영향력을 행사하기 위해 위험을 감수했다. 그는 매우 자본주의적인 사고방식으로 이 변화를 택했다. 만약 이 판단이 옳았다면 그는 곧 엄청난 부자가 될 것이다. 그리고 나 역시 그러기를 바란다. 그가 멤피스 미트로 부를 얻는다는 것은 모든 지각 있는 존재를 위해 막대한 가치를 창출한다는 뜻이다.

발레티는 할 수 있는 최대의 선을 실현하기 위해 심장학을 포기하는 어려운 결정을 내렸다. 우리는 시간을 어떻게 분배할 것인지에 대해 작은 선택들을 마주하곤 한다. 고속도로 위의 쓰레기를 치우는 단체에 가입해야 할까? 비영리단체의 이사직을 맡아야 할까? 아니면 시급이 매우 높은 직장에서 반나절 더 일하고 받은 돈을 자선단체에 기부해야 할까? 물론 이건 모두 당신이 결정하기에 달렸고, 어떤 선택지라도 세상에 도움이 될 것이다. 어떤 사람은 '기부를 위한 벌이' 전략이 선한 행동과 너무 동떨어져 있다고 생각하거나 심지어는 엘리트 의식이라고 여긴다. 하지만 8만 시간은 이러한 견해에 동의하지 않는다.[11] 이 단체는 로마의 역사가 살루스티우스Sallustius의 말을 인용한다. 살루스티우스는 로마의 정치인 카토Cato the Younger가 "착해 보이는 것보다 착한 것을 더 선호한다"며 그를 높게 평가했다.[12] 이런 관점에서 보면, 성공한 재무 책임자가 몇 시간의 근무로 많은 소득을 벌 수 있다면 쉬는 날에 고속도로 청소를 돕는 것보다 더 많은 고통을 줄일 수 있을 것이다. 비록 후자가 많은 사람에게 직접적인 선으로 느껴진다 하더라도 말이다.

## No라고 말하면 더 많은 선을 실현할 수 있다!

피츠버그에는 내 친구들이 몇 명 있다. 나는 이 도시에서 자랐고 카네기멜론대학CMU에서 박사 학위를 땄으며 카네기대학을 위해 다수의 외부 평가위원회에서 일했다. 이곳 교수들과도 꽤 친밀한 관계를 유지해 오고 있다. 피츠버그에 사는 친구 중에는 린다 뱁콕Linda Babcock이 있다. 린다는 경제학 교수이자 카네기멜론대학의 정보시스템 및 공공정책 대학의 임시 학장을 맡기도 했었다. 린다와 나는 함께 논문을 쓴 적은 없지만 수십 년간 매우 가까운 분야에서 일하고 있다. 2003년에 출판된 그녀의 책 《여자는 어떻게 원하는 것을 얻는가*Women Don't Ask: Negotiation and the Gender Divide*》는 〈포춘〉이 선정한 가장 똑똑한 비즈니스 책 75위 안에 들기도 했다. 그리고 린다의 동료 중에는 로리 바인가르트Laurie Weingart 교수가 있다. 그녀는 카네기대학 테퍼 경영대의 조직행동 및 이론 분야 교수다. 1980년대에 로리는 내가 교수로 있던 노스웨스턴의 켈로그 경영대학원에서 박사 과정을 밟고 있었다. 나는 로리와 함께 논문을 작성했고, 그녀의 결혼식에도 참석했으며, 못해도 몇 십 년간 친구로 지내왔다. 로리는 테퍼 경영대 부학장에 이어 임시 학장을 맡았다. 훌륭한 학자인 린다와 로리는 카네기대학의 책임감 있는 일원으로서도 인정받고 있는 좋은 사람들이다.

2010년, 린다는 산더미 같은 '승진에 도움 안 되는' 일에 파묻혀 있었다. 학계에서 교수가 하는 일 중에는 굴지의 학술지에 논문을 발표하는 것처럼 보상이 있거나 경력 발전에 도움이 되는 경우도 있지만, 다수의 위원회 활동처럼 승진이나 분명한 보상을 기대하기 힘든 일을 해야 할 때도 있다. 이 이야기를 시작하기에 앞서 유념해야 하는 부분은 카네기대학은 매우 남성 중심적인 분위기이고, 린다와 로리는 여성이며, 카네기대학에는 여성이 눈에 띄는 위원회들을 대표하기를 바라는 좋은 사람이 많다는 사실이다. 게다가 린다와 로리는 모두 일을 잘 해내기로 유명했기에 그만큼 많은 일을 요구받았다. 그리고 린다가 나에게 말해 준 것처럼, 만약 린다가 요청을 거절한다면 위원회에서 일할 사람이 필요한 행정 관계자는 위원회의 여성 대표성이 높다는 것을 분명히 하기 위해 또 다른 여성 동료에게 그 일을 부탁할 것이라는 의미였다. 린다는 큰 보람 없는 업무들이 남성보다 여성에게 많이 돌아가며, 평균적으로 여성이 남성보다 그런 요청을 거절하는 데 어려움을 겪고 있다고 짐작했다. 그래서 그녀는 로리를 포함한 네 명의 동료 교수에게 연락해 술 한잔하면서 그녀의 가설에 대해 의견을 나누자고 했다. 그들은 모두 공감했고, 그 결과 '거절할 수 없어I Just Can't Say NO' 클럽이 탄생했다.

교수와 전문직 종사자로 구성된 이 클럽은 사교 모임을 가졌고, 이 주제에 관한 논문을 썼으며, 각자의 직장에서 시간을 잘 활용할 수 있도록 서로를 도왔다.[13] 그리고 이들이 연구를 통해 알아낸 것은 남자든 여자든 여자가 더 쉽게 자원할 것이라고 예상하는데, 그 이유는 실제로 여성이 더 많이 일을 돕기 때문이라는 것이다. 시간 관리 면에서 보면 린다와 로리는 모두 카네기대학과 동료들 그리고 사회를 위해 기여하고 싶은 마음은 있지만, 시간이 제한되어 있기 때문에 그들에게 주어지는 모든 요청을 받아들이는 것은 현명한 전략이라고 볼 수 없었고 심지어 불가능한 일이었다. '거절할 수 없어' 클럽 덕분에 그들은 가장 많은 가치를 만들 수 있는 방향이 무엇인지 고민했고 또 현명한 결정을 내릴 수 있었다. 그들의 연구는 해야 할 일은 너무 많은데 시간이 부족하다고 말하는 우리 모두에게, 그리고 남자들에게 시사하는 바가 크다. 누군가 당신의 시간을 요청한다면, 그 일이 제한된 시간 안에 가장 효과적으로 선을 실현할 수 있는 길인지 생각해 보는 기회로 이용할 수 있을 것이다. 린다와 로리 그리고 나는 여성들이 거절 의사를 표현하겠다는 의지를 품고 그들의 시간을 더 가치 있는 방식으로 이용한다면 더 많은 선을 실현할 수 있다고 분명히 확신한다. 이 클럽의 여성들은 현재 리스 베스터룬드Lise Vesterlund 그리고 브렌다 페이서Brenda Peysar와 함께 거절하기에 관한 책을 집필하고 있다.

나는 교수 회의에 참석하지 않는 것처럼, 내가 소속되어 있든 아니든 하버드의 다양한 대학원 프로그램에 지원한 사람들과도 만나지 않는다. 조금 가혹하다고 생각할 수 있지만, 내 말을 끝까지 들어주길 바란다. 나는 수많은 사람으로부터 만나거나, 전화 통화를 하거나, 연구 프로젝트를 시작하거나, 한 학기나 1년 정도 하버드에서 함께 일하자는 부탁을 받는다. 이건 내가 개인적인 글쓰기나 연구를 그만두더라도 승낙할 수 있는 수준을 넘어섰다. 하버드 대학원의 입학 절차를 밟고 있는 사람들로부터 만나 달라는 요청을 한 해에만 보통 40~50번 받는다. 많은 이들이 내가 연구하는 분야에 진정한 열정이 있다거나 하버드의 구체적인 프로그램을 알고 싶다는 그럴듯한 이유를 대며 연락을 해 온다. 또는 단순히 입학 절차에 도움이 될 수 있다는 기대를 품고 하버드에 있는 누구라도 마음을 움직이려는 사람도 있었다. 지원자들은 대부분 내가 그들을 도울 수 없다는 사실을 잘 알지 못했다. 나의 조언이나 추천서는 보통 입학 절차에 아무런 영향을 주지 않는다. 그리고 만약 실제로 그렇다고 한다면 그들을 만나는 것은 그런 만남을 요청하는 것이 가능한지도 모르는 사람이나 나를 만나러 케임브리지대학으로 올 만한 여유가 안 되는 사람들을 차별할 수 있는 상황을 만드는 것이다. 나는 이미 유리한 위치에 있는 사람들이 이런 방식으로 연락을 취할 가능성이 크다는 사실을 확신한다. 그래서 약 10년 전 나는 이러한 연락을 또 받게 되면, 입학 절차가 진행 중일 때는 지원자와 만나거나 이야기를 나누지 않겠다는 원칙을 세웠다고 설명하기로 했다. 그리고 나는 입학 결과가 나온 뒤에는, 우리 대학에 오든 안 오든 상관없이 그들과 기꺼이 대화를 나누고 싶다는 말도 덧붙였다. 그러나 한 번 더 연락이 오는 경우는 거의 없었다. 나는 이렇게 절약한 시간을 더 효율적으로 활용했다고 믿는다. 여기서 효율적이라는 건 때로는 내가 도덕적이라고 믿는 방법으로 다른 사람을 돕는 데 그 시간을 쓰는 것을 의미한다.

## 우리 인생의 남은 시간은 어떻게 써야 할까?

나는 다른 사람보다 시간을 최고로 활용할 수 있는 방법에 대해 더 오랜 시간 연구했지만, 8장을 연구하고 글을 쓰는 과정에서 시간을 현명하게 사용하는 것이 얼마나 중요한 일이지 더 큰 깨달음을 얻었다. 특히 그동안 얼마나 시간을 잘못 썼는지 살펴본 것도 흥미로웠다. 일하는 것보다 즐기는 데 더 많은 시간을 쓰자는 뜻이 아니다. 다른 사람을 돕는 데 투자한 시간에 대해 이야기하는 것이다. 나는 가치를 실현할 수 있다고 믿었던 일에 내 시간을 쏟았지만, 나중에서야 그 시간을 다르게 사용했다면 다른 사람을 위해 훨씬 많은 가치를 실현할 수 있었을 것이라는 생각이 들었다.

물론 비교우위와 같은 개념을 너무 좁게 적용하는 것은 조심해야 한다. 극단으로 가게 되면 자칫 왜 내가 베카와 산책을 했는지에 의문을 가지기 쉽다. 자기 시간의 가치를 더 낮게 평가하는 다른 사람이 대신 그 일을 할 수 있는데 말이다. 내 답은 간단하다. 나는 베카를 좋아하고, 베카와 산책하는 것도 좋아하며, 여가의 매 순간을 금전적인 기준으로 생각하고 싶지 않다. 하지만 내가 그랬던 것처럼 당신도 시간을 어떻게 활용하고 있는지 돌이켜본다면 즐겁지 않은 일, 그리고 당신이 흔쾌히 지불할 수 있는 비용으로 다른 사람이 대신 할 수 있는 일을 찾을 수 있다. 게다가 이번 장에서 강조한 가치 창출의 방법을 이용하면 더 많은 선을 실현할 길을 발견할 것이다.

09

# 자선기금의 최대 효과 내기

심각한 재난이 발생하면 바로 기부가 시작된다. 허리케인 미치Mitch가 온두라스를 강타했을 때, 구호물자를 가득 실은 비행기는 활주로를 막고 있는 옷더미 때문에 착륙할 수 없었다. 다수의 겨울 점퍼를 포함한 옷가지 기부물품이 비행기 한 대 물량만큼 들어와 있었다. 온두라스에 겨울 점퍼라니!

허리케인, 수해, 대량 학살, 지진 등 시급한 재난 소식을 들으면 사람들은 그들을 도울 만한 일을 찾는다. 통조림이나 기저귀처럼 옷이나 물품 기부는 단순히 돈을 기부하는 것보다 더 직접적인 기부라는 느낌이 든다. 고통받는 사람들에게 우리의 관심을 보여 주는 물품을 보내고 싶은 충동을 느끼기도 한다. 하지만 인도적 지원 활동가들은 쓸모없는, 가끔은 이해하기 어려

운 기부가 몰려드는 것을 '이차적 재난'이라고 말한다.[1]

2012년 12월 한 무장 괴한이 코네티컷 주 뉴타운에 있는 샌디훅 초등학교에서 20명의 어린이와 6명의 성인을 사살한 사건이 있고 거의 즉시 기부 물품들이 도착했다. 뉴타운의 자원봉사자 크리스 켈시Chris Kelsey가 추정한 기부 물품에 따르면 곰인형은 6만 7000개였고 옷과 장난감이 담긴 상자는 수천 개에 달했다고 한다.[2] "창고로 들어온 많은 물품이 뉴타운에 있는 사람보다 보낸 사람을 위한 것이었어요. 적어도 마지막에는 그렇게 느껴졌어요."[3] 그는 이렇게 말했다. 뉴타운에 있는 모든 아이들은 곰인형을 몇 개씩 받았고, 남은 인형은 대부분의 다른 물품과 함께 돌려보내야 했다.

이 이야기는 재난이 닥친 후에는 곰인형이나 겨울 점퍼보다는 현금 기부가 더 의미 있고 더 필요하다는 주장을 뒷받침한다. 현금은 대체가 가능하다. 필요한 모든 곳에 쓸 수 있고, 거의 모든 곳의 고통을 완화하는 데에도 유용하다.

하지만 때로는 선의의 기부금이 넘쳐나기도 한다. 샌디훅 초등학교의 총기 참사 이후 6년 반 동안, 2만 8000여 명이 사는 코네티컷 남쪽의 이 작은 마을에 1억 달러가 넘는 기부금이 모였다고 〈뉴욕타임스〉는 발표했다.[4] 사건 범인의 아버지가 일하고 있던 제너럴일렉트릭 사에서는 시민회관을 짓는 용도로 1500만 달러를 기부했다. 하지만 생존자에게는 고통스러운 기억을 떠오르게 하여 더 상처를 주는 격이었다.[5] 이 기부금은 뉴타운에서 갈등을 일으켰고, 총기 난사 사건의 원인이었던 사회적 문제를 해결하는 데 도움이 되지 않았으며, 당연히 수많은 죽음 역시 되돌리지 못했다. "뉴타운은 미국의 물질적인 애도의 표현이 회복을 돕기보다 오히려 방해되는 현상에 대한 사례연구 대상이 되고 말았다." 〈뉴욕타임스〉의 결론은 이러했다.

대규모 비영리단체는 기부금을 모으기 위해 자연재해나 인재의 심각성을 강조하며 감정적 자극을 일으키곤 한다. 그래서 때로 이들의 호소는 사람의 마음을 움직이고, 많은 기부가 쏟아진다. 우리는 본능적으로 그들에게 치유가 될 수 있는 방식으로 반응을 보이는 동시에 희생자와 감정적으로 연결되기를 원한다. 하지만 가장 시급한 재난에 감정적으로 반응하는 것이 우리의 기부금을 사용하는 최선의 방법은 아닐 것이다. 기부금이 많든 적든 상관없이 시스템 2 사고 과정을 따라간다면 우리는 다른 사람을 도울 수 있는 더 효과적인 방법을 찾을 수 있다.

## 더욱 효율적인 이타주의를 향해

연말쯤 당신은 가만히 자리에 앉아 다음 해에는 어디에 기부금을 보내야 할지 골똘히 생각한다고 가정해 보자(이미 이렇게 하고 있는 사람에게는 박수를 보낸다). 당신은 아마 개인적인 가치 기준에 따라 삶의 목표나 원칙을 먼저 떠올릴 것이다. 그중에는 최대의 선을 실현하며 사회에 기여하는 목표가 있을 수 있다. 그러기 위해서 당신은 기부금을 효율적이고 효과적으로 사용하는 기관에 기부해야겠다고 결심한다. 또한 평등주의 원칙에 따라 특정 집단을 차별하지 않는 방식으로 기부하고 싶을 것이다. 어쩌면 모든 지각 있는 존재의 고통을 중요하게 여기는 공리주의 사상처럼 동물과 인간의 고통을 줄이는 방안에 관심 있을 수도 있다.

좋은 소식은 같은 목표를 가진 기관들이 많이 있다는 사실이다. https://www.givewell.org/charities/top-charities에서 그 명단을 찾을 수 있다. 이 목표들은 효율적 이타주의의 중심에 있다. 효율적 이타주의란 더 나은 세상으로 만들어 줄 가장 효과적인 방법을 찾기 위해 증거와 추론을 이용하는 현재 빠르게 성장하고 있는 사회 운동이다. 효율적 이타주의 운동에 관한 유명한 책으로는 피터 싱어의 《효율적 이타주의자*The Most Good You Can DO*》와 윌리엄 맥어스킬William MacAskill의 《냉정한 이타주의자*Doing Good Better*》가 있다. 효율적 이타주의는 행동의 결과를 모두 생각한 뒤 가장 긍정적인 영향을 줄 것이라 예상되는 곳에 기부하라고 한다. 이 운동은 공리주의에 뿌리를 두지만 구체적인 철학 사상까지 엄격하게 따르는 것은 아니다. 더 현명하고 효율적으로 기부한다는 목표에 기원을 두는 것뿐이다. 우리가 스스로 효율적 이타주의자인지 아닌지를 판단하기란 불가능하다. '그렇다', '아니다'로 답할 수 없기 때문이다. 하지만 기부를 결정할 때 효율적으로 이타주의를 실현하고자 노력한다면 분명 좋은 결과를 낼 수 있을 것이다.

더 나은 세상을 위한 최선의 행동을 명시하는 순수 공리주의와 대조적으로, 효율적 이타주의는 전보다 나아지는 것에 초점을 둔다. 효율적 이타주의는 사람들을 공리주의의 방향으로 안내하면서도 순수한 공리주의적 행동을 기대하지 않는다. 또한 사람들에게 지금보다 더 많은 돈을 기부하도록 하고, 아직 나이가 어리다면 소득이 많아질 때 더 많이 기부하도록 약속하게 하며, 가장 긍정적인 영향을 줄 수 있는 방식으로 기부하도록 장려한다. 피터 싱어가 이 운동의 중요한 인물인 것은 분명하지만, 그의 철학이 중심에 있는 것은 아니다. 2013년부터 정기적으로 열리는 효율적 이타주의 회담은 젊은 청중들이 많이 모이며 채식 요리가 제공되고 있다. 효율적 이타주의 운동은 가장 큰 영향을 줄 수 있는 기부 대상을 알아내기 위해 가능한 최고의 과학적 증거를 적극적으로 이용한다(무작위 대조 시험도 이용한다). 그리고 논란의 여지가 있지만, 기부는 미국이나 다른 서구 국가에서 멀리 떨어진 가난한 나라에 더 많은 이익이 된다는 결론을 내리기도 한다. 또한 이들의 우선순위에는 공장식 축사에 있는 동물의 고통을 줄이는 것, 그리고 그들의 주장에 따르면 현존하는 인류와 동등한 도덕적 가치를 지닌 미래의 후손을 위해 좋은 환경의 지구를 남겨 주는 것도 포함된다.

효율적 이타주의는 철저한 분석을 기반으로 하여 특정 자선 활동은 다른 것보다 훨씬 효율적이라고 주장하고, 주어진 기부금 안에서 최대의 선을 이룰 수 있는 방법을 찾으려고 노력한다. 그리고 1달러당 연장할 수 있는 '질보정수명quality-adjusted life years, QALY' 같은 유별난 척도를 기준으로 그 영향력을 평가한다. 자, 그렇다면 다양한 자선 활동이 수명을 연장한다고 가정해 보자. 그러면 당신은 기부한 달러당 가장 많은 수명을 구할 수 있는 활동이 무엇인지 알고 싶을 것이다. 물론 어떤 사람들은 기대수명이 더 많이 남아 있으며 우리는 그 기간의 삶의 질 또한 중요하게 여긴다. 똑같은 기부금으로 각각의 자선 활동이 구할 수 있는 질보정수명을 계산하는 것은 효율성을 비교할 수 있는 논리적인 방법이다. 그리고 이것이 바로 효율적 이타주의가 우리에게 요구하는 것이다.

효율적 이타주의 운동은 옥스퍼드대학의 철학자 윌리엄 맥어스킬과 토비 오드Toby Ord가 앞장서 왔다. 이들은 옥스퍼드대학에 효율적 이타주의 센터를 세우는 데 힘을 보탰다. 그리고 현재 이 센터에는 8장에서 언급한 8만 시간 단체와 더불어 기빙왓위캔Giving What We Can의 본사가 자리하고 있다. 기빙왓위캔에서는 효율적 이타주의의 이상을 따라 회원들이 남은 직장 생활 동안 수입의 10퍼센트를 기부하겠다는 서약을 하는데, 2019년 현재 4265명의 회원이 이 서약을 했고 1억 2500만 달러 이상의 기부금이 모였다. 이와 비슷하게 파운더스 플레지Founders Pledge 단체에서는 영리 목적의 스타트업 창업자가 회사를 매각할 경우 개인 수익의 최소 2퍼센트를 기부하겠다는 법적 효력이 있는 서약을 맺는다. 2019년 8월까지 1205명의 사업가가 이 단체에 가입했고, 3억 6500만 달러가 기부되었다. 효율적 이타주의 운동과 관련된 또 다른 중요 기관으로는 기브웰GiveWell, 더라이프유캔세이프The Life You Can Save가 있고, 이들은 기부금이 가장 최대의 선을 실현할 수 있는 곳은 어디인지 과학적 지침을 제공한다. 동물 복지에 관심 있는 사람이라면 비슷한 분석을 하는 에이스Animal Charity Evaluators, ACE 자선 평가기관을 추천한다.

효율적 이타주의 운동에 참여하기 위해 공리주의 철학을 받아들일 필요도 없고, 당신이 완벽한 공리주의자가 되리라고 기대하지도 않는다. 그 누구도 완벽한 공리주의자가 되기란 불가능하지만 말이다. 당신은 그저 더 현명한 기부를 하는 데 집중하면 된다.

효율적 이타주의는 새롭고 대담한 운동임에도 불구하고 자선 세계에서 큰 두각을 드러내지 않는다. 이 운동에는 젊은이들이 주로 활동하고 있다. 효율적 이타주의 운동의 영웅적 존재로는 이언 로스Ian Ross가 있다. 피터 싱어는 그를 보고 "기부의 극대화를 위해 헌신하는 삶의 가장 놀라운 예"라고 표현할 정도였다. 로스는 펜실베이니아대학에서 언어학 박사 학위를 땄고, MIT에서 학부 과정을 밟은 뒤 현재는 페이스북의 제품분석팀에서 일하고 있다. 그는 '기부를 위한 벌이' 목표를 따라 동물의 극심한 고통을 줄이는 데 전념하고 있다. 비거니즘(채식을 하고 동물을 착취하는 제품이나 서비스에 반대하는 사상—옮긴이)의 기본 원칙을 훨씬 뛰어넘는 그는 우리에게 각자 자신이 하는 일과 하지 않는 일에 대한 책임이 있다고 믿으며, 이 논리를 본인 삶의 방식에도 적용한다. 그는 대기업에서 일하는 동시에, 이미 계란의 수요를 낮추고 있는 식물성 계란 대체품 생산 기업인 햄튼크릭푸드 Hampton Creek Foods(저스트푸드Just Foods로 브랜드명을 바꾸었다)의 창립 고문을 맡기도 했다. 2014년에 로스는 세금을 제하고 총 40만 달러의 수입 중 95퍼센트를 자선단체에 기부했으며, 샌프란시스코에 혼자 살면서 1년 예산 9000달러로 안락한 생활을 유지하고 있다고 말했다. 2016년 MIT에서 열린 효율적 이타주의 회담에서 그는 현재 50만 달러 조금 안 되게 벌고 있으며 월세 400달러(샌프란시스코에서 말이다!)를 포함해 1만 달러로 먹고살고 있다고 설명했다. 그는 어쩌면 8장에서 이야기한 '기부를 위한 벌이'의 매우 극단적인 실천가일 것이다. 물론 안전하지 않은 동네에 살면서 종종 강도를 당하기도 하지만, 그는 효율적 이타주의 삶을 살기 위한 작은 대가라고 생각한다. 로스는 자기 삶을 희생이라고 보지 않는다. 그보다는 자신이 가능한 많은 동물의 고통을 줄이기 위한 일종의 도구라고 믿는다.

나는 이안 로스를 존경하지만 생활방식까지 동경하지는 않는다. 그를 효율적 이타주의의 이상적인 예시라고 볼 수 있는지도 조심스럽다. 목표 설정에 관한 여러 연구에서는 가장 효율적인 목표란 도전적이지만 불가능하거나 불합리하게 느껴지지 않는 것이라고 말한다. 로스는 그의 삶이 꽤 즐겁다고 생각할 수 있지만, 다른 사람들이 실천하기에 합리적이거나 가능하다고 느끼기는 어려워 보인다. 그렇게 되면 결국 많은 사람이 행동 양식으로서는 순수 공리주의를 거부할 것이다. 너무 많은 희생을 요구하는 것처럼 보이기 때문이다. 그 대신 우리는 사람들이 기본적인 공리주의의 원칙을 폭넓게 이해하도록 설득하고, 순수한 공리주의적 태도를 막는 아주 기본적인 장애물을 발견하고, 더 나은 선택을 위해 어떤 장애물을 제거할 수 있을지 분석하는 방법을 이용할 수 있다.

## 효율적 이타주의를 향한 근시안적 평가

여러 감시 단체는 기부금 영향력을 극대화하기 위해 자선단체의 효율성을 평가하는 일을 한다. 그 중에서도 특히 채리티 내비게이터는 높은 간접비를 매우 언짢게 생각한다. 이들의 목표는 '국가와 전 지구의 가장 끈질긴 문제를 해결하기 위해 자선 시장이 더 효율적이고 적극적으로 움직이도록 발전시키고, 그 안에서 기부자와 자선단체가 협력하게 하는 것'이다.[6]

많은 사람이 자선단체에 기부하는 행위를 매우 개인적인 문제라고 생각한다. 어떤 비평가들은 효율적 이타주의 운동과 채리티 내비게이터 같은 감시 단체가 독단적인 태도를 보이고, 기부하는 선한 마음을 무시하며, '올바른' 기부 방법을 알고 있다는 거만한 태도를 가졌다는 이유로 비난한다. 당연히 이러한 집단들이 '똑똑한 기부intelligent giving'와 같은 용어를 사용하면 사람들을 불쾌하게 만들 수 있다. 그리고 감시 단체가 보기에 그다지 큰 활약이 없는 비영리단체들로서는 분명 이러한 시선이 반갑지 않을 것이다. 효율적 이타주의자는 감정이 기부의 원인이 될 수는 있어도 기부 방법의 효율성을 떨어뜨린다고 반박한다.

효율적 이타주의자와 자선 감시 단체는 기부의 관점에서 효율성 극대화라는 같은 목표를 공유하는 것처럼 보인다. 그래서 2013년 〈스탠퍼드 사회혁신 리뷰*Stanford Social Innovation Reveiw*〉에서 채리티 내비게이터의 대표 켄 버거Ken Berger와 컨설턴트 로버트 페나Rober M. Penna가 효율적 이타주의를 "불완전한 이타주의"라고 매섭게 비난한 기사를 읽고 매우 놀랄 수밖에 없었다. 버거와 페나는 여러 자선 활동 중에서 최대의 선이 무엇인지 평가하는 (예를 들어, 교육이냐 기아 문제냐) 효율적 이타주의의 목표에 불만을 표했다. 이 목표가 세상의 모든 고통과 즐거움을 비교할 수 있고 측정할 수 있다고 가정했다는 이유에서였다. 그리고 이들은 효율적 이타주의가 자선 활동에 있어 "도덕주의자처럼 굴고, 지나치게 이성적이며, 하향식 접근방법을 이용한다"며 비난했다 (내가 다른 곳에서 읽었던 채리티 내비게이터를 향한 비난의 내용과 크게 다르지 않았다). 또한 한 명의 눈먼 미국인에게 안내견을 제공하는 것과 개발도상지역의 실명한 2000명을 치료하는 것 중에서 비용이 똑같이 든다면 어떤 것을 골라야 할지에 대한 피터 싱어의 유명한 논제에 대해서도 이의를 제기했다. 피터와 효율적 이타주의자들은 분명 2000명의 실명을 치료하는 것이 더 도덕적인 선택이라고 믿는다. 그 수혜자가 기부자로부터 아주 먼 곳에 살고 있다 하더라도 말이다. 이와 반대로 버거와 페나는 간접비가 낮은 자선단체를 고르기만 한다면, 어떤 사회적 문제를 개선하고 싶은지에 대한 결정은 기부자에게 달려 있다고 생각했다. 본질적으로 이들은 자선단체들이 물품이나 서비스를 직접 제공하는 데 기금을 쓰도록 장려하는 지표를 선호하지만, 기부자가 특정 대의나 자기 집단에 따라 선택하는 것에는 문제가 없다. 또한 효율적 이타주의자가 그들이 좋아하는 명분을 그렇지 않은 명분에 비해 높게 평가하는 것을 비난하면서, 한 사람의 자선 활동으로 실현된 가치를 극대화한다는 공리주의의 근본적 논리를 이해할 수도 없고 이를 믿지도 않는다고 말했다.

자선단체를 수치화하는 일의 선두 주자였던 채리티 내비게이터는 더 나은 세상을 만들기 위한 노력의 효율성을 중요하게 여기는 사람들의 마음을 사로잡았을 것이다. 하지만 이들의 목표는 지나치게 편협했다. 한 연구에서는 간접비를 적게 쓰는 자선단체를 찾는 목표가 사람들의 자선 결정에 동기를 부여한다는 것이 밝혀졌다. 하지만 원하는 행동 하나에만 초점을 맞추면 이외의 바람직한 행동들을 무시하게 되는 것도 사실이다.[7] 그러므로 채리티 내비게이터의 기준은 자선 활동가에게 간접비가 낮은 단체만 주목하고 더 중요한 정보는 무시하게 할 가능성이 크다. 그건 바로 그들의 기부금이 얼마나 많은 선을 달성하느냐는 것이다. 다른 정보를 무시한다면 기부자들은 더 나은 결정을 내리지 못할 것이다. 어쨌든 채리티 내비게이터의 낮은 간접비 지표를 사업 투자 평가의 유일한 기준으로 추천하는 재무 이사는 아마 없을 것이다. 세계에서 가장 수익성 높은 기업들도 연구 개발과 높은 연봉에 많은 비용을 투자하면서 결국 간접비가 커진다.

자선 기부를 이끄는 효율적 이타주의와 채리티 내비게이터 등 다양한 운동과 기관은 일반적으로 우리 사회에 해보다는 선을 더 많이 실현한다. 게다가 이러한 기관은 우리가 심리학과 행동경제학에서 배운 것처럼 사람들이 기쁨을 극대화하고 고통을 최소화하도록 유도하는 데 있어 최고의 성과를 낼 수 있다. 이들은 우리가 다양한 자선 행보로 발생하는 영향력에 대해 현명한 타협을 함으로써 더 나은 선택을 할 수 있도록 도와주기도 한다. 하지만 자선단체들이 다른 긍정적인 운동이나 관대한 기부자를 폄하한다면 자선 활동의 매력을 전반적으로 반감시키게 된다. 효율적 이타주의 운동이 실현하는 선을 비난한 채리티 내비게이터는 사회의 가치를 파괴했다. 이들의 웹사이트는 여전히 유용한 조언을 제공하고 있지만, 효율적 이타주의를 향한 이 리더들의 비난으로 생긴 희생이 컸다. 그들은 더 나은 선택을 할 수 있었다.

## 자선활동에 대한 나의 기준

분명히 하자면, 나는 채리티 내비게이터가 주장하는 효율성과 낮은 간접비뿐만 아니라 효율적 이타주의가 옹호하는 효과성과 그 외 목표들을 모두 응원한다. 이 외에도 내가 자선 기부에 관해 따르는 가이드라인은 다음과 같다.

- **사람들은 그들의 선택에 따라 기부할 권리가 있다.** 우리는 세금이 아니라 자발적인 기부에 대해 이야기하고 있기 때문에, 기부를 할지 또는 어떻게 할지에 대한 최종 결정은 그 사람에게 달려 있다는 사실을 받아들여야 한다.
- **직감을 따르기보다 신중하게 고민해야 현명한 결정을 내릴 수 있다.** 단순히 자선 활동이 아니어도, 직감을 그대로 따를 때보다 신중하게 고민할 때 현명한 결정을 내릴 수 있다는 사실은 이미 여러 증거가 뒷받침하고 있다. 시스템 2 사고는 시스템 1보다 더 현명한 선택을 하게 한다. 기부의 관점에서는 이를 더 큰 가치의 실현으로 해석할 수 있다.
- **잘 정리된 정보는 큰 도움이 된다.** 우리는 수많은 정보에 휩싸여 있기

때문에 다양한 자선단체의 특징과 비교 기준을 잘 파악할 수 있도록 정보를 정리하면 아주 큰 도움이 된다.

## 효율적인 자선단체

어떤 단체가 자신의 기부금을 기부하기에 가장 적절한지에 대해 사람들은 저마다 매우 다른 결론을 낸다. 효율적 이타주의자는 그들의 가치관에 따라(8장에서 대략적으로 알아보았다) 몇 가지 확실한 결론에 도달한다.[8] 이들은 규모가 크고(즉 많은 사람의 삶에 상당한 영향을 미치는 것) 해결 가능한 문제에 주목한다. 즉 기부가 실질적인 변화를 만들 수 있는 영역을 선택하는 것이다. 효율적 이타주의자는 생명을 구하고 인간과 동물의 고통을 완화하는 데 효과적인 자선단체를 선호한다. 또한 이들은 사람들의 관심에서 벗어나 있는 문제에 큰 변화를 가져올 수 있다고 믿는다. 예를 들어, 많은 단체와 자선가들은 암 치료법을 찾는 중요한 문제에 관심을 두는 한편, 말라리아 질병에 대해서는 상대적으로 무관심하다. 따라서 효율적 이타주의자는 기부금이 암보다는 말라리아 발병을 낮추기 위해 사용될 때 더 많은 생명을 구할 수 있다는 결론에 도달한다.

이러한 가치관을 종합하여 효율적 이타주의자는 기부금으로 가장 큰 고통을 줄일 수 있는 자선단체를 세 부류로 구별한다.

첫째, 저소득 국가의 극심한 빈곤에 맞서 싸우는 자선단체는 사람들의 고통을 줄일 엄청난 가능성을 가지고 있으며, 여기에는 다양한 해결책의 효과성에 대한 개발경제학적인 명백한 증거도 있다. 말라리아나 기생충은 매년 수백만 명을 사망에 이르게 하지만 쉽게 예방할 수 있는 질병이다. 이처럼 저소득 국가의 영양실조는 예방할 수 있는 수많은 질병으로 이어진다. 이 모든 고통은 비교적 예방하기 쉽다. 단순히 가난한 사람들에게 돈을 전달하기만 해도 비용 대비 효과적으로 그들을 도울 수 있다. 자선단체 기브다이렉틀리Give-Directly는 궁핍한 사람들에게 돈을 직접 나누어 주며, 여기에 들어가는 관리비도 매우 적은 편이다. 이들은 이미 197개 마을에 사는 2만 명에게 수백만 달러를 전달했다. 효율적 이타주의의 가치를 지키는 기브다이렉틀리 단체는 자신들의 원조 효과성을 적극적으로 검토한다. 그리고 이 과정을 통해 이들은 더욱 효율적인 자선단체로 성장할 것이다.

기브웰 단체(앞서 언급했듯이, 어떻게 우리의 기부금이 최대의 선을 달성할 수 있는지에 관한 명백한 데이터를 제공한다)는 가장 효율적이라고 판단하는 자선단체가 예상 수명을 구하는 데 드는 비용을 추산한다. 이 방법은 효율적 이타주의 집단에서 많이 사용하는 비교 추론과 같은 것이다. 그 결과 효율적 이타주의자는 말라리아 치료제보다 말라리아를 막아 주는 침대 모기장에 집중한다. 개발도상국의 거의 모든 자선 활동 중에서 말라리아 치료제가 비용

대비 훨씬 효과적일지라도 말이다.[9]

둘째, 6장에서 논의한 부족주의 문제가 대두되면서 효율적 이타주의에 동의하는 많은 사람이 동물 복지 문제를 눈여겨보기 시작했고, 만약 우리가 동물이 받는 고통을 인간의 고통과 동일하게 여긴다면 동물 복지 운동을 통해 어마어마한 고통의 양을 줄일 수 있다고 주장한다(이 말은 곤충이 인간만큼 중요하다는 의미는 아니다. 인간은 곤충보다 더 많은 고통과 기쁨을 느낄 수 있기 때문이다). 기브웰과 비슷한 동물자선평가 단체인 에이스(https://animalcharityevaluators.org/)는 우리의 기부금이 어디에서 최대의 선을 실현할지 분석하는 온라인 플랫폼으로, 특히 동물 복지에 주목한다. 매년 수십억 마리의 동물이 공장식 축사의 비인도적인 환경에서 자라고, 인간의 음식을 위해 도축되면서 너무 빨리 죽음에 이른다고 한다. 동물 복지 운동가들은 공장식 축사 제품의 소비를 줄이고, 사육되는 동물의 복지를 개선할 법을 제정함으로써 이러한 고통의 대부분을 줄일 수 있다고 주장한다.

이 책을 처음 시작할 때 나의 자선 활동과 투자, 소비를 완전히 바꿔 놓은 브루스 프리드리히의 강연에 대해 이야기했다. 그의 GFI 단체는 동물을 학대하고 도살하여 얻는 제품의 소비를 줄여 줄 차세대 식품 산업을 장려한다. 이들은 자선단체인 동시에 대체육 산업에 자금을 대는 투자 그룹과도 연결되어 있다. 동물의 고통을 줄이기 위한 기부를 넘어서 대체육 산업에 투자하고 이러한 식품을 소비하는 것은 가치 창출의 부가적이고 대체 가능한 전략이다.

동물 복지에 주목하는 마지막 이유는 그들이 자선 활동의 취약한 위치에 있다는 것이다. 미국 자선기금의 2.8퍼센트만 환경과 동물 복지 개선을 위해 사용된다(나머지 97퍼센트는 사람을 위해 쓰인다). 그리고 2.8퍼센트 중에서 대부분은 공장식 축사의 동물이 받는 고통을 완화할 기회가 아주 많음에도 불구하고 가축이나 야생동물을 위해 사용된다.

셋째, 효율적 이타주의자는 현재 인류는 물론이고 미래 세대까지 관심을 넓힌다. 미래의 인구수는 오늘날보다 몇 배는 많을 것이다. 효율적 이타주의자는 미래의 인류 역시 중요하고 우리의 고통과 즐거움처럼 그들의 고통과 즐거움도 중요하게 여겨야 한다고 믿는다. 하지만 사람들은 자기 증손자의 증손자는커녕, 증손자에 대해서도 잘 생각하지 못한다. 후손들에게 유대감을 갖기에 감정적으로 너무 멀리 떨어져 있기 때문이다.

미래 세대의 복지를 비용 대비 효과적으로 발전시키기 위해 우리는 무엇을 할 수 있을까? 이 질문에 대한 몇 가지 답을 추론해 볼 수 있는데, 효율적 이타주의자들의 다양한 과학적 관심사와 전문 지식에 따라 사람들은 서로 다른 결론에 도달한다. 과학계에서는 후손의 복지를 효율적으로 개선하려면 기후 변화 위기에 지금보다 더 많은 관심을 기울여야 한다고 주장할 것이다. 이는 자선 활동보다는 정치적인 문제에 가깝겠지만, 기후 변화를 늦추기 위해 노력하는 자선단체도 많다. 파운더스 플레지의 웹사이트(https://founderspledge.com/)는 기부금으로 기후 변화에 어떻게 잘 대처할 수 있을지 생각해 볼 만한 좋은 출발점이 될 것이다. 파운더스 플레지에서는 열대우림을 위한 국제기구Coalition for Rainforest Nations와 맑은 공기 대책 위원회Clean Air Task Force를 기후 변화에 앞장서는 자선단체로 선정했다.

## 현명한 자선 활동을 방해하는 장애물 뛰어넘기

기부에는 우리의 감정이 매우 큰 역할을 한다. 페이스북에서 마음을 울리는 고펀드미GoFundMe 청원을 보고 동요했거나 텔레비전 광고에서 병에 걸린 개와 고양이의 사진을 본 뒤 기부를 위해 전화기를 든 적이 있을 것이다. 효율적 이타주의의 관점에 설득되었다 하더라도 사회적 관계를 위해 우리는 친구가 자선 마라톤에 참여하는 데 기꺼이 후원할 것이다. 그것이 가장 효율적인 자선 활동은 아닐지라도 말이다. 하지만 우리는 감정적 요인 때문에 기부금을 최대로 활용하지 못할 수 있다는 사실을 명심해야 한다.

당신이 두 가지 서로 다른 자선단체를 위해 기부금을 모금한다고 가정해 보자. 첫 번째 단체는 매우 비효율적인 방식으로 기부금이 전달되고 간접비로 많은 돈이 사용되어 원래 계획한 수혜자에게는 적은 돈이 돌아간다. 하지만 이 단체는 홍보 자료에 감동적인 이야기를 담고, 수혜자가 기부자 주변에 살고 있다. 두 번째 자선단체는 완전히 반대다. 이 단체는 효율적 이타주의 사회에서 높은 점수를 받고 있고, 기부금 달러당 높은 가치를 실현하며 매우 효율적으로 운영된다. 그리고 먼 나라에 사는 사람들에게 도움을 주고, 수혜자가 누구인지 기부하는 사람에게 드러나지 않는다.

자, 이제 당신은 각각의 단체를 대표해 잠재적 기부자들에게 마음을 움직이는 메시지(예를 들어, 고통을 받는 특정 인물이 부각된 영상)나 합리적인 메시지(기부금으로 실현할 수 있는 선의 규모에 대한 자료)를 보내려고 한다. 당신은 어떤 유형의 메시지를 보낼 것인가? 만약 당신의 목표가 단체를 위한 기금을 모으는 것이라면, 첫 번째 자선단체일 경우 감정적인 메시지에 집중하라고 연구 결과는 말한다. 많은 자선단체가 설득력 없는 가치 제안을 보완하기 위해 사람들의 감정을 자극하는 전략을 이용한다. 실제로 많은 컨설턴트가 사람들이 감정에 따라 기부를 결정한다는 사실을 알고 있기 때문에 사업이 번창한다.[10] 이들은 우리가 2장에서 살펴본 능동적 지능의 장애물을 똑같이 이용한다. 즉 기부자가 만족감을 느끼게 하고, 그들의 공로를 인정하고, 기부자와 수혜자 사이에 연대감을 만드는 것이다. 이와 반대로 만약 당신의 자선 활동이 비용 대비 효과가 매우 좋다면, 인지적인 메시지도 함께 전달하여 사람들이 능동적 지능을 활용하도록 할 것이다. 결국 당신이 강렬한 사연을 가지고 있지만 가치 제안은 부실하다면, 사람들이 감정적으로 반응하기를 원하게 된다. 하지만 가치 제안의 설득력이 높아질수록 사람들이 인지적으로 반응하기를 바랄 것이다.

지금까지는 자선단체의 관점이었다. 이제 다시 우리는 기부금으로 최대의 영향력을 미치고 싶은 기부자의 입장으로 돌아가 보자. 당신은 능동적 지능을 활용해 제한된 기부금 안에서 현명한 타협을 이루면서 정직하고 투명하게 운영하는 단체를 찾으려고 노력해야 한다.

자선단체를 선택할 때 다음의 절차를 따르는 것을 추천한다. 첫 번째, 당신의 전체 목표를 곰곰이 생각해 보라. 당신의 기부로 이루고 싶은 것은 무엇인가? 이 과정이 당연해 보일 수 있지만, 사실 많은 사람이 쉽게 지나치는 부분이다. 효율적 이타주의자는 효율적이고 효과적인 방법으로 가능한 최대의 가치를 실현하기 위해 노력한다. 하지만 당신은 공리주의의 일부 논리에 거부감이 들어 약간 바꾸고 싶은 부분이 있을 수도 있다. 예를 들어, 당신은 인간의 고통만큼 동물의 고통을 걱정하지 않거나, 당신이 속한 집단(종교 기관이나 모교)에 특별한 의무감을 느낄 수도 있다. 이 외의 공리주의 논리도 당신의 특정 가치관에 따라 수정할 수 있다. 나는 자선 결정을 아내와 함께하는데, 그녀는 효율적 이타주의자가 대체로 선호하는 자선단체에서 다소 벗어나는 경향이 있다(10장에서 자세히 이야기하겠다). 하지만 우리는 선택한 단체의 효과성을 따져 보았고, 더 효율적인 단체로 옮겼으며, 오랜 시간 우리 수입의 많은 부분을 기부하는 삶을 살아 왔다.

또한 당신의 직감이 효율적 이타주의의 논리나 당신의 신중한 판단과 서로 상충하는 지점을 아는 것도 유용하다. 지난 한 해 동안 당신이 기부한 단체를 살펴보고, 당신이 왜 그러한 기부를 했는지 생각해 보라. 당신이 원했던 곳에 기부금이 쓰이고 있는가? 이러한 과정을 통해 당신의 직관 시스템 1과 신중한 시스템 2가 서로 부딪치고, 당신이 생각하는 현명한 자선 전략에 대한 새로운 정보를 얻을 수도 있다. 그렇지만 당신의 감정적 본성에는 귀 기울여야 하는 중요한 메시지가 있을 것이다. 이러한 불일치를 어떻게 해결해야 할까? 효율적 이타주의는 분명 감정 분석보다 인지 분석을 더 선호한다. 아직 받아들일 준비가 되지 않았는가? 아마 당신은 역사상 가장 뛰어난 의사결정 학자 하워드 라이파의 병렬 분석parallel analysis의 도움을 받을 수 있을 것이다.[11]

이와 관련된 유명한 이야기가 하나 있다. 라이파는 컬럼비아대학 교수로 있을 때 하버드로부터 교수직 제안을 받았다. 그래서 라이파는 그의 친구이기도 했던 컬럼비아대학의 학과장을 만나 그가 어떻게 하면 좋을지 조언을 부탁했다. 학과장은 농담 삼아 라이파의 의사결정 분석에 관한 글을 빌려, 관련 기준을 찾고, 각 기준을 따져 보고, 두 학교를 기준에 따라 평가하고, 결과를 계산하고, 전체 점수가 높은 학교로 가라고 조언했다(효율적 이타주의자가 자선단체를 비교하는 과정과 매우 비슷하다). 그러자 라이파는 이렇게 답했다고 한다. "그럴 수는 없네. 이건 심각한 문제라고!" 세상을 떠나기 전까지 나의 친구이자 비공식적 멘토였던 라이파는 이 이야기를 좋아했지만 사실은 아니라고 여러 번 나에게 말했다. 하지만 그는 또한 직관적 판단과 신중한 사고가 서로 충돌할 때, 당신의 감정이 신중한 의사결정 대신 통찰력을 제공하지는 않는지 생각해 보고, 신중한 사고를 이용해 감정이 당신을 최종 목표에서 멀어지게 하는 과정을 파악하는 것이 현명하다고 주장했다. 자선 활동의 영역에서는 이러한 대비가 만족감이나 인정받고 싶은 욕구, 집단에의 충성 등으로 인한 편견으로부터 당신의 결정을 검토할 수 있도록 한다. 효율적 이타주의가 추구하는 목표를 완전히 수용할 준비가 안 된 사람들에게 좋은 조언이 될 것이라고 생각한다.

명확성을 좀 더 높이고 싶다면, 당신이 무지의 베일에 가려져 있을 때, 즉 당신의 집단이나 부의 수준, 국적을 모를 때 어떠한 선택을 할지 고민하는 방법도 있다.[12] 이렇게 하면 당신의 정체성이 자선 결정에 어떤 편견을 심어 주는지 알 수 있다.

마지막으로, 효과를 늘리는 기부를 계획할 수 있다. 기부 시기를 정하는 두 가지 일반적인 방법을 살펴보자. 먼저 많은 사람이 1년 내내 메일이나 소셜미디어, 또는 교회나 자녀의 가방 속에서 기부 제의를 받고 이를 고려한다. 또 어떤 사람들은 주기적으로 여러 자선단체에 대한 자신의 기부 패턴을 꼼꼼히 따져 보기도 한다. 나 역시 두 가지 방법을 모두 이용한다. 하지만 분명하고 변함없는 사실은, 모든 자선단체를 통틀어 자신의 기부 패턴을 따져 보는 방법이(2장에서 배운 통합 평가) 능동적 지능을 더 발휘하고, 신속하게 합리적인 결정에 도달하고, 더 많은 가치를 실현한다는 것이다. 기부 제안이 있을 때마다 하나씩 자선단체를 고려하면 기부를 호소하는 감정적인 자극에 우리의 관심이 바로 쏠리는 반면, 여러 단체를 한 번에 비교하면 모든 선택지를 논리적으로 분석할 수 있다. 그러니 앞으로 메일함에서 일회성 기부 제안을 받는다면 속도를 늦추고 신중하게 생각하도록 하자. 그리고 더 주기적으로 자신의 자선 활동의 목표와 결정에 대해 깊이 생각하도록 하자.

이번 장을 끝으로 더 많은 가치 창출의 전략을 세울 수 있는 네 가지 영역(평등, 낭비, 시간, 자선 활동)의 탐구를 마무리했다. 마지막 3부에서는 다른 사람의 결정에 영향을 끼침으로써 가치 창출의 능력을 키울 수 있는 실행 방안을 살펴볼 것이다.

BETTER, NOT PERFECT

# 3부

# 사회 전체에 가치 확대하기

Creating More Value for You and the World

10

# 다른 사람을 통해 가치 창출 배가하기

많은 전문가가 사람들이 적당한 수준의 부를 얻은 뒤에는 추가적인 부를 얻어도 더 행복해지지 않는다고 주장했다. 매우 설득력 있고 세밀한 분석이지만 경제학자 벳시 스티븐슨Betsey Stevenson과 저스틴 볼퍼스Justin Wolfers는 이 주장에 반박하며, 추가적인 부는 매우 일관되게 행복을 증진시킨다는 사실을 발견했다.[1] 이들은 인구가 많은 25개국의 시민들을 연구한 결과 산술보다는 기하학에 가까운 관계를 찾아냈다. 수입이 두 배가 되면 행복도 비슷하게 늘어났고, 이는 연봉이 천 달러든 만 달러든 10만 달러든 상관없었다. 즉 1년에 수입이 1000달러에서 2000달러로 증가하면 10만 달러에서 20만 달러로 증가할 때와 똑같이 행복이 늘어났다.

스티븐슨과 볼퍼스의 연구와 피터 싱어의 글을 기반으로 하여 옥스퍼드대학 철학자 윌리엄 맥어스킬은 적당한 수입을 버는 선진국 사람들이 전 세계에 더 많은 행복을 실현할 수 있는 아주 간단한 방법이 있다고 주장했다. 그것은 바로 그 돈을 더 필요한 사람에게 주는 것이다. 이를 통해 맥어스킬이 말하는 "100배 승수100x Multiplier"를 얻을 수 있다. 이는 그의 계산에 따르면 가장 경제적으로 발달한 나라에 사는 사람들의 자원이 그들을 위해 사용할 때보다 지구에서 가장 가난한 사람에게 주어질 때 100배의 혜택을 줄 수 있다는 뜻이다.[2] 맥어스킬의 평범한 수준의 교수 수입으로 따져 보면, 가장 가난한 사람이 1달러에서 얻을 수 있는 이득의 크기는 맥어스킬이 100달러에서 얻을 수 있는 이득과 거의 동일하다고 한다.

여기까지 책을 읽는 내내 우리는 자기 자신과 세상을 위해 어떻게 더 많은 가치를 실현할 수 있는지를 나타내는 3장의 그래프를 계속 살펴보았다. 이미 이야기했듯이 수평축은 수직축보다 더 길다. 그건 우리의 도덕적인 행동이 우리가 치르는 희생보다 다른 사람에게 더 많은 선을 실현할 수 있기 때문이다. 하지만 이 그래프가 정말로 정확하다면 스티븐슨과 볼퍼스의 연구를 기반으로 우리는 수평축이 지면을 넘어 더 길게 뻗어 나갈 것이라고 예측할 수 있다. 다른 사람의 이득에 극적인 변화를 주기 위해 우리가 포기하는 이득으로 발생하는 실제 누적 가치를 나타내려면 수직축보다 수평축이 100배는 더 길어야 할 것이다. 즉 당신은 아주 작은 가치를 포기하여 다른 사람을 위해 막대한 가치를 실현할 수 있다. 물론 효과적인 방법을 이용한다면 말이다.

우리의 부를 가장 필요한 사람에게 전달하는 것은 가치를 배가할 수 있는 많은 전략 중 하나에 불과하다. 앞으로 살펴보겠지만, 그 외의 방법으로는 새로운 아이디어를 철저하게 테스트하기, 중요한 결정에 시스템 2 사고 활용하기, 다른 사람의 결정에 영향력 발휘하기 등이 있다.

## 실험의 도덕적 의무

지금으로부터 25년도 더 전에 경제학자 마이클 크레머Michael Kremer는 케냐에서 무작위대조시험randomized controlled trials, RCTs을 이용하여 그곳의 아이들을 학교에 더 자주 보낼 수 있는 방법을 찾고 있었다.[3] 먼저 그는 교과서를 제공하면 출석률이 올라가는지 실험했다. 학생들은 무작위로 교과서를 받았다. 아마 대부분은 이 방법이 좋은 출발이었다고 생각하겠지만, 크레머는 제공된 교과서가 출석률을 높이는 데 효과적이지 않다는 사실을 알게 되었다.[4] 그는 교실에 칠판을 두는 방법도 시도해 보았지만 아무런 효과가 없었다. 더 많은 선생님을 고용해서 학급 규모도 줄여 보았다. 역시나 실패했다.

크레머는 출석률을 높이기가 매우 어렵다는 사실에 놀랐지만, 포기하지 않고 계속 시도했다. 그다음 그는 구충제를 보급해 보기로 했다. 장내 기생충은 감염을 일으켜 전 세계적으로 10억 명이 넘는 사람들에게 피해를 주고 있었다.[5] 기생충은 수백만 명의 학생들을 병들게 했지만, 돈 몇 푼으로 쉽게 약을 구해 치료할 수 있었다. 구충제를 보급하자 감염으로 인해 학교에 올 수 없었던 아이들이 등교하면서 출석률이 높아졌다. 구충제 보급 방법은 그 자체로 효과가 있었을 뿐만 아니라 구충제에 쓰인 돈이 다른 해결책에 비해 훨씬 극적인 효과를 냈고, 덤으로 아이들의 건강도 챙길 수 있었다.

아이들의 출석률을 높이는 문제에 관해서는 특히 개발경제학 분야에서 깊게 연구해 왔다. 최근 사회과학에서 나타난 한 가지 발전은 '어떠한 문제를 해결하기 위해 가장 효과적인 전략은 무엇인가'를 질문하는 비교 분석을 사용한다는 것이었다. 그리고 그 결과 밝혀진 점은 구충제 보급 방법이 100달러 추가 기부의 효과를 몇 배 이상 늘릴 뿐만 아니라 다른 해결책에 비해 100배 이상 효과적이라는 사실이었는데, 다른 방법들은 효과가 아예 없었기 때문이다.[6] 최근 들어 구충제 보급의 막대한 효과에 대한 일반화 가능성generalizability을 두고 다소 논쟁이 있었지만,[7] 효과를 비교하기 위해 실험집단과 통제집단의 동질성을 갖추는 진실험true experiment을 이용하는 원리는 개발경제학과 다른 분야에도 빠르게 확산되었다.

효율적 이타주의자와 단순히 효과의 극대화를 원하는 사람들은 계획 자체의 효과성뿐만 아니라 또 다른 가능성 있는 해결책과 어떻게 비교할지에 대해서도 관심을 가진다. 여러 가지 해결책의 효과성에 대해 가능한 한 최고의 증거를 찾는다는 논리는 매우 설득력 있으며, 다른 방법에 비해 효과가 100분의 1도 안 되는 해결책에 부족한 자금을 무작정 투입하기 전에 우리 모두 고려해야 할 문제다. 학교 출석률 문제 외에도, 독립적으로는 합리적으로 보이는 해결책보다 100배 이상 효율적인 새로운 해결책에 돈을 투자해 건강과 행복을 증진할 수 있다는 놀라운 증거가 존재한다.[8]

나는 앞서 크레머가 실험 진행 전에는 그럴듯해 보였던 다른 아이디어보다 구충제를 보급하는 방법이 학교 출석률을 높이는 데 훨씬 효과적이었다는 결론에 도달하기 위해 무작위대조시험(또는 임상시험, A/B 테스팅, 단순 실험)을 이용했다고 말했다. 개발경제학에서 무작위대조시험의 힘을 보여 준 크레머의 획기적인 업적은 그가 2019년 노벨경제학상을 받는 데 큰 역할을 했다. 대부분 사람은 의학계에서 시행하는 임상시험이 익숙할 것이다. 예를 들면 제약회사가 어떠한 질병을 효과적으로 치료할 수 있는 약을 개발했다고 믿을 만한 타당한 이유가 있을 때 미국 정부는 시장에 해로운 상품이 들어오지 못하게 하기 위해 제약회사에 여러 가지 절차를 요구하는데, 여기에는 약의 효과성을 판단하는 무작위대조시험도 포함된다. 많은 사람이 '실험experiment'이라는 단어를 '새로운 무언가를 시도하다'라는 말로 사용하지만, 과학자는 더 구체적인 정의를 떠올린다.

로널드 피셔Ronald Fisher는 1925년에 실험의 현대적 개념을 발전시켰다.[9] 오늘날까지 변하지 않은 실험의 목표는 과학적으로 인과관계를 추론하여 무엇이 효과가 있는지 찾는 것이다. 최근 몇 년 동안 현장 실험field experiment(실제 집단이나 환경 속에서 시행되는 엄격하게 통제된 실험)은 개발경제학과 기술 분야, 정부에서 매우 인기가 있었다.[10] 실험은 선한 행동의 가장 큰 승수를 찾기 위한 중요한 도구를 제공한다. 실험의 본질은 무작위로 두 개 이상의 그룹을 만들고, 특정 변수를 서로 다르게 구성한 뒤, 측정된 반응을 비교하는 것이다. 실험집단은 현재 평가 중인 실험 변수를 제공받고, 통제집단은 변수의 개입을 받지 않는 등 다른 조건이 주어진다. 그러므로 제약회사의 실험에서 실험집단은 실제 약을, 통제집단은 위약을 받게 되고, 두 그룹 모두 자신이 어떤 약을 받았는지 알지 못한다. 이런 진실험은 2000년대가 되어서야 다수의 산업에서 효과성을 파악하기 위해 이용하는 일반적이고 명확한 실험 방법으로 발전할 수 있었다.[11]

이러한 실험이 가진 힘에도 불구하고 많은 기관에서는 통제 조건 없이 새로운 아이디어를 실험하고, 효과의 유무를 주관적으로 평가하고, 거의 변화가 없는데도 긍정적인 효과를 발견했다고 착각하곤 한다. 실험을 하지 않고는 새로운 아이디어가 효과가 있을지 그리고 효과의 규모는 어느 정도일지에 대해 까다로운 추론을 끌어내기가 매우 힘들고 오류가 발생하기 쉽다. 실험은 효과가 있는 해결책은 무엇이고 그 해결책이 얼마나 큰 영향력을 미치는지 파악하기 위한 최고의 기준이다.

하지만 실험은 최근 몇 년 동안 비판을 받기도 했다. 페이스북이 사용자의 감정을 조종하는 실험을 했다는 사실이 밝혀지자 사람들은 매우 분개했다.[12] 또 어떤 사람들은 이 실험을 독단적이라고 보았다. 미국 대부분을 관통하는 자유 지상주의적인 성향은 이러한 조작 실험, 특히 정부 기관에 의한 실험에 대해서는 거부감을 보인다.[13] 나는 개인적으로 여러 기관이 직접 시행한 실험의 결과를 어떻게 이용할지에 대해 우려한다. 2013년 하버드 행동통찰 그룹Harvard's Behavioral Insights Group을 공동 설립한 이후, 나는 최근 전 세계적으로 생겨난 '넛지팀nudge units'의 정부 관계자와 회의를 가졌다. 이 조직은 정부가 더 좋은 결과를 내기 위해 설립되었고 때로는 실험을 이용하기도 했다(더 자세한 이야기는 아래에 이어진다). 2016년 12월 오바마 행정부가 끝날 무렵, 미국 인구조사국 관계자가 실험을 이용하여 인구조사의 정확도를 높일 방법을 얻기 위해 하버드로 찾아왔다. 나와 일부 교수들은 첫 회의 이후 좋은 의도를 지닌 넛지팀 관계자들과 더 이상 함께 일하지 않기로 결심했다. 이들은 다가올 트럼프 행정부에서 개선된 인구조사 정보를 강제 추방 대상자들을 찾는 데 이용하지 않겠다고 장담하지 못했기 때문이다. 그리고 2018년 트럼프 행정부가 2020년 인구조사에서 미국 거주자들의 시민권 자격을 파악할 것이라고 발표한 순간 우리의 두려움은 현실이 되었다. 이들의 행보로 인해 엄청난 고통이 야기될 수 있었지만, 2019년 여러 법원의 판결에 의해 저지되었다. 2016년 인구조사국과의 회의에서 나는 나치가 그들의 집단 학살 계획의 일환으로 유대인과 소외된 집단을 모으기 위해 인구통계 정보를 이용했다는 사실을 언급했다.

좀 더 흔하게 볼 수 있는 실험에 대한 비판으로는 '실험 혐오experiment aversion'가 있다. 실험 혐오란 '기니피그', 즉 실험 대상이 되는 것에 대한 두려움을 뜻한다. 많은 사람이 시스템 1의 사고를 거쳐 피험자가 되는 것에 혐오감을 보인다. 반면 체계적인 시스템 2 추론은 일반적으로 이러한 생각으로 연결된다. (1) 새로운 아이디어를 실험하는 것은 좋은 방법이고, (2) 무엇을 어떻게 실험할지에 대해 체계적으로 생각하는 것이 타당하고, (3) 아무런 실험 없이 많은 사람에게 영향을 주게 될 아이디어를 세상에 내놓기보다는 비교적 적은 수의 사람들에게 새로운 아이디어를 실험하는 것이 더 현명하다.[14] 결과적으로 이 논리적 사고 과정은 실험을 실행하는 것은 전체에게 이익이 된다는 사실을 암시한다.

실험은 단순히 말하면 새로운 아이디어를 체계적인 방식으로 평가하는 방법이다. 또한 효율적 이타주의 운동의 능동적 활동이기도 하다. 기브웰 단체는 자선단체가 자기에게 유리하고 편향된 정보에 의존하여 생기는 문제에 주목하며, 때로는 학문적 실험이 더 좋은 답을 낸다는 결론을 내렸다. 학계는 일반 조직의 리더에 비해 편향된 결과를 만들 만한 이유가 적은 편이고, 학계의 동료평가 과정 덕분에 좋은 품질의 증거를 보장할 수도 있다. 실험 방법의 정확성 또한 좋은 근거가 된다. 하지만 모두가 이에 대해 납득하는 것은 아니다. 피터 싱어는 헤퍼 인터내셔널Heifer International의 아프리카 프로그램 부회장인 엘리자베스 빈틀리프Elizabeth Bintliff의 말을 인용했다(이 조직은 효율적 이타주의의 기준에 잘 부합하지 않는다). "우리는 실험 대상이 아닙니다. 이건 실제 사람들의 삶이고, 우리가 믿는 것이 정답이라고 믿어야 합니다. 사람들의 인생을 실험할 수는 없어요. 그들은 그저…… 사람이니까요. 이건 매우 중요해요."[15] 물론 사람들의 삶이 중요하기 때문에 우리는 가능한 최고의 증거가 필요하고, 바로 그 부분을 실험이 도와줄 수 있다. 좀 더 단호하게 표현하면, 가능한 최대의 선을 실현하고 싶다면 우리에게는 실험을 해야 할 도덕적 의무가 있다. 산술 능력이나 분석 기술처럼 실험도 잘못된 사람에게 휘둘리면 해를 끼친다. 하지만 더 많은 선을 원하는 사람들에게 실험은 매우 유용한 도구다. 효율적 이타주의 운동과 특히 맥어스킬의 저서는, 자선 활동이 신중한 고민과 확실한 증거를 바탕으로 이루어졌을 때 기부금의 효과가 극대화되는 데 대해 사람들의 관심을 끄는 큰 역할을 했다.

## 넛지 효과 활용하기

부모나 사업가, 공무원을 포함한 많은 사람이 자신의 결정뿐만 아니라 다른 사람의 결정에도 책임이 있다. 다른 사람의 결정에 영향을 주기 위해 우리는 시스템을 만들거나, 가이드를 제시하고, 또는 결정이 이루어지는 환경을 바꾸는 방법을 이용한다. 그리고 이 중 마지막 방법은 종종 선택설계 또는 넛지라고 부른다. 넛지 효과는 리처드 탈러와 캐스 선스타인이 2008년 《넛지》에서 소개한 개념이다. 심리학자 카너먼, 트버스키, 로버트 치알디니Robert Cialdini 등의 연구에서 시작된 이 책은 우리가 불완전한 인지에서 편견을 제거하는 방법은 잘 모르지만, 선택의 주변 환경을 재설계할 수 있을 만큼 인간의 인지를 잘 이해하고 있기 때문에 결과적으로 더 현명한 결정을 내리게 할 수 있다고 이야기한다.

넛지의 전형적인 예시는 의사결정자가 마주하게 될 디폴트 옵션default option을 바꿈으로써 바람직한 행동을 유도하는 것이다. 디폴트 옵션이란 미리 결정된 행동 방침으로, 의사결정자가 사전에 어떠한 행동을 취하지 않을 경우 적용되는 기본 설정을 말한다. 우리는 이 디폴트를 그대로 받아들이면서 수동적인 선택을 한다. 많은 사람이 표준 계약서에 서명하거나 컴퓨터에 미리 설치된 웹브라우저를 사용한다. 또한 자신에게 가장 적절한 퇴직연금이 무엇일지 고민하지 않은 채 고용주가 제안하는 연금에 가입한다.

디폴트 옵션이 우리의 결정 그리고 우리의 인생을 뒤흔든다는 사실은 분명해 보이지만, 단순한 우리의 직감보다 훨씬 더 중요한 의미가 있다. 디폴트가 가진 힘을 알 수 있는 예시는 장기 기증과 관련 있다. 미국 대부분 주에서는 시민이 운전면허증이나 다른 신분증을 신청할 때 장기 기증 동의 여부를 선택할 수 있다. 이런 지역에서는 적극적으로 선택하지 않는 한 장기 기증에 동의하지 않는 것으로 결정되는데, 이것이 바로 디폴트 옵션이다. 그런데 만약 당신이 사는 주에서 거부 의사를 밝히지 않는 한 장기 기증 시스템에 자동으로 등록되는 옵트아웃opt-out 정책을 도입한다면 어떨까? 심리학자 에릭 존슨Eric Johnson과 댄 골드스타인Dan Goldstein이 유럽 11개국의 장기 기증 정책과 실제 기증 비율을 조사한 결과, 옵트인opt-in 정책을 이용하는 4개국의 장기 기증 비율은 4~28퍼센트였는데 옵트아웃 정책을 이용한 나머지 7개국은 86~100퍼센트에 달했다.[16] 만약 우리의 주된 목표가 가장 많은 생명을 살리는 것이라면 분명 옵트인 정책보다 옵트아웃 정책이 훨씬 나은 선택이다. 하지만 미국의 많은 주에서는 여전히 시민들의 동의를 받아야 하는 비효율적인 정책을 유지하고 있고, 매년 수천 명의 미국인이 장기를 기증받지 못해 죽어 가고 있다.[17]

《넛지》에서는 매우 효율적인 또 다른 넛지 효과들을 많이 볼 수 있다. 셀프서비스 식당에서 몸에 좋은 음식의 선택지를 더 많이 제공하거나, 투표일에 할 일을 미리 계획하게 함으로써 투표율을 높이고, 예측할 수 있고 예방할 수 있는 질병의 백신 접종을 받을 수 있도록 자동 안내 문자를 보낼 수 있다. 또한 넛지의 개념을 적용한 점진적 저축 증대Save More Tomorrow 프로그램은 근로자로 하여금 급여 인상 전에 퇴직연금 저축률을 늘리게 하고, 사전에 설정한 최대금액에 도달할 때까지 급여가 오를 때마다 이 과정을 지속하도록 장려한다고 설명한다.[18] 근로자들은 언제든 이 프로그램을 취소할 수 있지만 대부분 그렇게 하지 않았고, 결과적으로 이들의 저축률은 매우 높았다.

넛지는 많은 사람을 더 나은 방향으로 이끌지만, 비용 대비 매우 효과적인 전략이기도 하다. 슐로모 베나치Shlomo Benartzi, 존 베시어스John Beshears, 케이티 밀크먼Katy Milkman 그리고 이들의 동료들은 연금 저축률과 대학 등록률을 높이고, 에너지를 절약하고, 예방 접종을 잊지 않게 하는 넛지의 비용 대비 효과를 그 외 여러 가지 효율적인 해결책들과 비교해 보았다(옆의 도표에서 자세히 볼 수 있다).[19] 그 결과 선을 실현하는 우리의 능력을 배가시키는 놀라운 넛지의 힘을 확인할 수 있었다.

소위 말하는 넛지팀은 세계의 가치를 실현하기 위해 선택 설계를 이용한다. 영국의 행동통찰팀Behavioural Insights Team, BIT은 비슷한 기관 중에서 가장 먼저 설립된 곳으로 행동과학의 연구 결과를 바탕으로 수많은 정책 변화를 이끌어 냈고 경제적, 대중적으로 놀라운 성공을 거두었다. BIT는 대략 천 번의 현장 실험

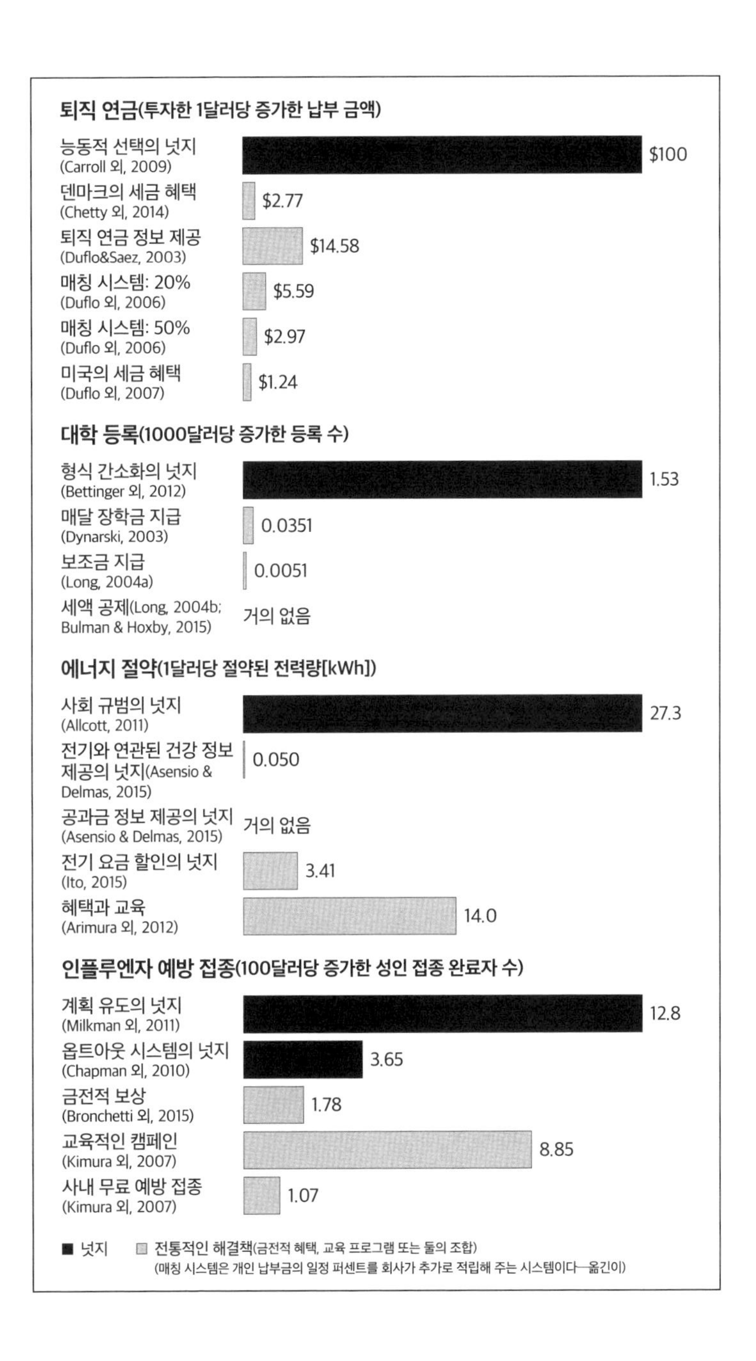
퇴직 연금(투자한 1달러당 증가한 납부 금액)
능동적 선택의 넛지
(Carroll 외, 2009)
$100
덴마크의 세금 혜택
(Chetty 외, 2014)
$2.77
퇴직 연금 정보 제공
(Duflo&Saez, 2003)
$14.58
매칭 시스템: 20%
(Duflo 외, 2006)
$5.59
매칭 시스템: 50%
(Duflo 외, 2006)
$2.97
미국의 세금 혜택
(Duflo 외, 2007)
$1.24
대학 등록(1000달러당 증가한 등록 수)
형식 간소화의 넛지
(Bettinger 외, 2012)
1.53
매달 장학금 지급
(Dynarski, 2003)
0.0351
보조금 지급
(Long, 2004a)
0.0051
세액 공제(Long, 2004b; Bulman & Hoxby, 2015)
거의 없음
에너지 절약(1달러당 절약된 전력량[kWh])
사회 규범의 넛지
(Allcott, 2011)
27.3
전기와 연관된 건강 정보 제공의 넛지(Asensio & Delmas, 2015)
0.050
공과금 정보 제공의 넛지
(Asensio & Delmas, 2015)
거의 없음
전기 요금 할인의 넛지
(Ito, 2015)
3.41
혜택과 교육
(Arimura 외, 2012)
14.0
인플루엔자 예방 접종(100달러당 증가한 성인 접종 완료자 수)
계획 유도의 넛지
(Milkman 외, 2011)
12.8
옵트아웃 시스템의 넛지
(Chapman 외, 2010)
3.65
금전적 보상
(Bronchetti 외, 2015)
1.78
교육적인 캠페인
(Kimura 외, 2007)
8.85
사내 무료 예방 접종
(Kimura 외, 2007)
1.07
■ 넛지 ▨ 전통적인 해결책(금전적 혜택, 교육 프로그램 또는 둘의 조합)
(매칭 시스템은 개인 납부금의 일정 퍼센트를 회사가 추가로 적립해 주는 시스템이다—옮긴이)

을 진행했는데, 전부 심리학적 이론과 현장 실험을 이용하여 정부를 더 좋은 방향으로 운영할 방법을 입증하기 위함이었다. 이들은 학교 출석률을 높였고, 경찰 채용을 다양화했고, 진료 예약 노쇼를 줄이는 등 많은 성과를 이루었다.

리더의 위치에 있는 사람이라면 누구나 다른 사람들이 현명한 선택을 하도록 유도해 그들과 사회를 위해 가치를 실현할 수 있도록 선택 설계를 이용할 수 있다. 대부분 형식만 아주 조금 바꿔도 수백 수천 번의 선택에 긍정적인 영향을 줄 수 있다. 넛지 효과를 잘 활용한다면 세상의 선을 실현하는 우리의 능력이 몇 배는 더 성장할 것이다.

## 기부자 사이의 관계망 만들기

나의 아내 말라는 사업가, 교수, 컨설턴트, 전문가 증인, 교육 및 소비자 보호 활동가, 탐사 기자, 정치 블로거, 자선사업가 등 수많은 직업을 가지고 있다. 말라는 효율적 이타주의 사상에 전부 설득되지는 않았다. 그녀는 효율적 이타주의를 지지하는 교수나 리더와 시간을 보내지만, 그녀가 선호하는 자선 활동은 이들과 일치하지 않는다. 그러나 말라는 영향력을 배가시키는 사람이다. 많은 사람이 말라의 생각에 영향을 받았고, 그녀의 의견을 듣고 싶어 한다. 그래서 우리 집

거실은 말라의 열정에 감명받은 사람들로 가득 차 있곤 한다.

말라가 집착하는 한 가지 생각은 자기 인생을 잘 살아가는 많은 사람들이 도움이 필요한 사람들에게 기부를 잘 하지 않는다는 것이다. 이 지점에서 말라의 생각은 맥어스킬의 주장과 일치한다. 사람들이 우리 집 거실에 모이게 되면, 말라는 놀라운 능력을 발휘해 그녀가 그날 활동하고 온 자선단체에 그들의 재산 일부를 기부하도록 설득한다. 이 때문에 우리 집을 방문하는 것이 달갑지 않다고 생각할지 모르겠지만, 말라는 다정하고 재치 있는 사람이라서 나는 그녀의 이런 매력이 매년 수백 명의 사람들을 집으로 불러들인다고 확신한다.

앞서 언급했듯이, 말라는 TPC의 공동 설립자다. TPC는 매사추세츠의 저소득층을 돕는 자선단체에 기금을 지원하기 위해 여성들에게 기부를 독려하는 기관이다. 말라는 사람들이(특히 여성) 같은 지역의 도움이 필요한 사람들을 알게 되고 비영리단체의 리더와 개인적인 관계를 쌓아 나갈 수 있다면 더 많은 기부를 할 것이라는 생각을 가지고 이 기관을 설립했다.

TPC는 많은 여성이 더 많이 기부할 의지와 능력이 있음에도 그렇게 하지 않는 이유는 단순히 기부를 요청받지 않았거나 자신의 기부가 유용하게 쓰일지 확신할 정보가 없기 때문이라는 주장에 주목한다. (말라는 남성도 마찬가지라고 말했지만, 자기 기관의 여성들에게 집중하기로 결정했다.) TPC 회원은 매년 1175달러를 납부한다. 그중 1000달러는 민주적 절차를 통해 자선단체에 기부된다. 그리고 남은 175달러는 경영비로 쓰이거나 TPC 회원과 기부를 받은 비영리단체 간의 화합을 위한 사교모임에 사용된다. TPC 회원들은 자신들의 영향력을 배가시키기 위해 TPC를 통해 알게 된 비영리단체에 봉사하거나 이사회 일을 하고 더 많은 돈을 기부한다.

TPC는 '실버 라이닝 멘토링Silver Lining Mentoring, SLM'이라는 단체에 좋은 영향을 주기도 했다. SLM은 위탁 보호를 받는 청년들에게 열정적인 멘토 관계와 사회생활에 꼭 필요한 기술 개발을 지원하여 이들의 성장을 돕는 단체다. TPC는 두 번의 연간 보조금 편성 과정에서 실버 라이닝 멘토링에 5만 6000달러를 전달했다. 직접적인 지원 외에도, TPC의 주목 덕분에 SLM은 30명의 개인 기부자와 270만 달러 이상의 추가 기금을 얻을 수 있었다고 SLM의 활동적인 전 전무이사이자 현재는 자매기관인 실버 라이닝 협회의 최고경영자인 콜비 스웻버그Colby Swettberg가 밝혔다. SLM은 TPC의 회원 한 명을 개발 담당 이사로 고용했다. 또한 TPC 덕분에 안나 부로스Anna Vouros라는 의사를 만날 수 있었다.

매사추세츠 제너럴병원MGH의 1차 진료의인 부로스 박사는 보스턴의 비영리단체와 좋은 관계를 맺고 싶었지만, 바쁜 일정 때문에 적당한 기관을 찾기가 어려웠다. 그러던 그녀는 TPC에 가입했고, TPC를 통해 그녀의 호기심을 발동시킨 SLM을 알게 되었다. 부로스 박사는 얼마 지나지 않아 SLM 이사회에 가입하여 리더가 되었고, SLM 관리 위원회에서 일하며, 동료들에게 SLM을 소개하고, SLM의 행사를 주최하고, SLM 기금 모금 행사에 동료와 친구 들을 모으고 또는 SLM 자선 경매에서 물품을 구매하기도 했다(펜웨이 야구장에서 시구하는 상품도 있었다). 이 과정에서 부로스 박사는 다른 사람을 위한 선한 행동은 자신에게 성취감을 준다는 사실을 알게 되었다.

회원들은 TPC에서 생긴 인연으로 인해 TPC의 자금을 받지 못한 기관에는 개인적으로 더 많은 기부를 시작했다고 이야기한다. TPC의 직접적인 파급 효과는 분명 많은 선을 실현하게 한다. 하지만 효율적 이타주의자의 관점에서 TPC가 분배하는 기금은 최대의 선을 실현하지 않고 있다. TPC는 보스턴 도시 안에 있는 기관에만 기금을 지원한다. 이와 대조적으로 효율적 이타주의는 9장에서 배운 것처럼, 우리의 기부금을 비용 대비 효과가 좋은 먼 나라로 보내면 더 큰 영향력을 줄 수 있다고 주장한다. 그럼에도 불구하고 말라와 TPC는 가치를 배가시키고 있다. 그들이 기부하는 특정한 이유 때문이 아니라, 그들의 영향력으로 기부자가 변화하기 때문이다.

효율적 이타주의는 기부자에게 신중한 사고를 거쳐 기부금이 어떻게 최대의 선을 실현할 수 있을지 고민하도록 한다. 말라와 TPC는 자금을 지원할 자선단체에 대해 명확하고 철저한 판단을 하도록 장려하지만, 한편으로는 회원들이 기부를 지속할 수 있도록 감정적 연대를 쌓기도 한다. 감정적 연대가 없다면 기부자들은 아프리카의 말라리아 치료제를 위해 기부하는 대신 자녀를 위해 더 많은 돈을 남기려고 할 것이다. 말라는 관련 정보와 사회적 유대감을 앞세우며 사람들 마음속에 숨어 있는 자선 활동의 욕구를 끌어내는 특별한 능력을 가졌다.

효율적 이타주의 운동에 조금 더 설득된 사람으로서 나는 TPC가 지금보다 더 효과적인 목적을 위해 기금을 모을 수 있었을 것이라고 생각한다. 하지만 분명 그녀라면 TPC의 많은 회원은 대부분 기부금을 미국에서 수천 마일 떨어져 있는 사람들을 돕거나 고통받는 닭을 구하는 데 사용하는 기관에는 마음이 움직이지 않는다고 답할 것이다. 말라는 질보정수명QALYs보다 기부자의 수를 배가시킨다.

## 당신의 가치를 널리 퍼뜨려라

나는 협상을 가르치고 있다. 그것도 아주 많이! 1984년부터 MBA 학생과 기업가에게 협상을 가르치고 있다. MIT의 슬론 경영대학원, 노스웨스턴대학교의 켈로그 경영대학원, 하버드 케네디 스쿨, 하버드 비즈니스 스쿨에서 수업을 했다. 그리고 30개국의 수많은 굴지의 기업을 위한 교육 프로그램에도 참여했다. 대충 추산해 보면 3만 명 이상에게 효율적으로 협상할 수 있는 방법을 가르쳤다. 다행히 나는 이 일을 좋아한다.

내가 협상에 대해 가르친다고 하면 사람들은 좋은 가격에 거래하는 방법이나 상대에게 내가 원하는 것을 유도하는 방법을 가르친다고 생각한다. 물론 이것도 사실이다. 하지만 이보다 광범위하고 중요한 내용을 더 많이 가르친다. 다른 사람의 결정에 대해 생각하고, 그들의 요구를 이해하고, 가치를 실현할 기회를 찾는 법이다. 3장에서 간단하게 설명했듯이, 협상학자들은 대부분의 복잡한 협상이 가치 실현의 필요성과 가치 획득의 필요성 사이의 갈등으로 구성되어 있다고 본다.[20] 협상 교수가 가치를 실현할 수 있는 가장 중요한 방법 중 하나는 수백 수천 명의 학생들로 하여금 고정된 파이에 대한 미신을 깨부수고 창의적이고 상호 이익이 되는 해결책을 찾아서 가치를 실현하도록 돕는 것이다.

협상가는 자신의 이해관계에 대한 정보를 공유하는 것에 불안을 느낀다. 상대가 가치 획득에 그 정보를 이용할 것이라는 두려움 때문이다. 하지만 정보 공유는 상대와 함께 가치를 실현하는 데 있어 매우 중요한 부분이다. 교수로서 나는 학생들이 가치 획득 면에서 단기적 손해를 우려하기보다 가치 실현의 장기적 이익을 높이 평가하도록 도울 수 있다. 그리고 이 과정에서 우리는 모두의 긍정적 이익을 극대화하는 방향으로 나아간다.

다른 교수들과 마찬가지로 나는 협상 외에도 무엇을 어떻게 가르칠지 수많은 결정을 내린다. 그리고 그 결정은 무수한 학생들에게 장기적인 영향을 미칠 수도 있다. 내가 가르치는 주제의 윤리적 요소에 얼마나 중점을 둘 것인지 결정한다. 내가 하는 건 설교가 아니라 교육이긴 하지만, 주어진 상황에서 도덕적인 선택은 무엇인지에 대한 나의 생각을 언제 이야기할지 결정한다. 그리고 학생들의 가치 실현에 영향을 줄 수 있다면 정책에 관한 토론을 할 수도 있다. 많은 교수가 이러한 선택을 내리고 있으며, 나는 모든 교수에게 그들이 창출할 가치를 명심하도록 독려하고 있다.

또한 교수들은 자기가 삶을 살아가는 방식을 통해 다른 사람들의 규범에 영향을 준다. 우리는 힘든 상황에서 조언이 필요한 학생에게 시간을 내주는가? 어쩌면 영원히 만나지 않을 누군가에게 매우 큰 도움이 될 수도 있는 이메일에 5분의 시간을 투자하는가? 돌리 추그가 말한 것처럼, 학생들이 존중받는다고 느낄 수 있도록 그들의 이름을 익히는 데 30초의 시간을 투자하는가?[21] 우리는 삶을 어떻게 꾸려 나가느냐로 가치를 실현할 수 있지만, 교수로서 다른 사람이 따르는 규범을 만들 수도 있다.

나는 수만 명의 학생을 가르치는 것뿐만 아니라 협상, 행동경제, 윤리 분야에서의 차세대 학자를 양성하는 일에도 깊게 관여하고 있다. 그리고 내 뒤를 이을 수십 명 학자와의 협력 연구나 멘토링에 많은 시간을 쏟고 있다. 나의 제자와 제자의 제자까지 확인할 수 있는 웹사이트 https://scholar.harvard.edu/bazerman/advisee-network 속 관계망을 볼 때면 매우 뿌듯하다(여기에 나온 대부분 제자는 현재 교수가 되었다). 그리고 나의 대규모 연구팀이 가치 창출의 목적을 잘 알고 있는 집단이라는 사실이 자랑스럽다. 이 팀에 있는 성공한 교수들은 세상의 가치를 실현하는 방향으로 삶을 이끌어 가고 있다. 하버드 케네디 스쿨의 교수 토드 로저스Todd Rogers는 지구상의 그 누구보다 투표율과 학교 출석률을 높이기 위해 노력한 사람이다. 버클리 하스 경영대학원의 교수이자 《지나친 자신감》과 《판단과 결정》의 저자 돈 무어는 의사결정 분야에서 큰 발전을 이룬 중요한 학자다. 노트르데임대학 교수이자 《이기적 윤리》의 공저자인 앤 텐브룬셀은 행동 윤리 연구의 선두 주자다. 뉴욕대학 교수이자 《상처 줄 생각은 없었어》의 저자 돌리 추그의 TED 강연은 400만 명 이상의 사람들에게 각자의 도덕적 기준에 맞게 살도록 도전 의식을 일깨웠다(그리고 분명 이 책에서 다루는 '최선better'이라는 주제에도 영향을 주었다). 펜실베이니아 와튼 스쿨의 교수이자 《슈퍼 해빗How to Change》의 저자 케이티 밀크먼은 뛰어난 재능으로 더 나은 세상을 만드는 행동 변화 연구에 전념했다. 자랑하기 미안하지만 놀라운 업적을 이룬 나의 제자들도 많다. 우리 학자 집단은 다른 사람을 돕는 명확한 규범을 가지고 있다. 특히 한 사람의 작은 노력으로 다른 사람을 위한 큰 가치를 창출할 수 있을 때 더욱 그렇다.

이들은 이상하게도 업적에 대한 공을 일부 나에게 돌리고, 멋진 상의 후보로 나를 추천하고, 마치 내가 그들을 위해 희생이라도 한 것처럼 행동한다. 비밀 아닌 비밀은 멘토링하는 과정에서 나는 그 어떤 희생도 없었다는 사실이다. 그들과 함께 일하면서 내 삶도 행복해졌다. 그게 내가 많은 시간을 멘토링에 투자하는 큰 이유다. 이 일을 하면 할수록 나는 더 많은 것을 받았고, 그 결과 세상은 더 좋아졌다. 이것이 바로 성공적인 협력과 멘토링, 가르침의 본질이다. 그리고 또한 기부하는 것이 인생의 행복을 증진시키는 아주 성공적인 방법이라는 리즈 던Liz Dunn과 마이클 노턴Michael Norton의 연구와도 일치한다(실제로 실험해 본 것은 아니지만, 시간을 기부하는 것도 같을 것이라고 생각한다).[22]

그런데 사실 우리는 모두 가르치는 사람이다. 가르치는 일을 업으로 하지 않더라도 말이다. 부모는 가르치는 사람이다. 코치나 멘토도 가르치고, 정치인이나 경영자도 마찬가지다. 잘 가르친다면 긍정적인 영향을 받은 우리의 제자들이 앞으로 몇십 년간 많은 가치를 실현할 것이다.

## 위험 감수하기

1798년 영국의 성직자이자 경제학자였던 토머스 맬서스Thomas Malthus는 모든 사람을 먹일 만큼 식량을 생산하는 인간의 능력에 비해 지구의 인구가 더 빠르게 증가하고 있다고 주장했다. 그는 해결책을 마련하지 않으면 심각한 유행병과 조기 사망, 기아, 전쟁으로 이어질 것이라고 했고, 그의 추종자들은 이를 '맬서스의 재앙Malthusian catastrophe'이라고 불렀다. 맬서스의 예측 이후 약 200년이 넘는 시간 동안 수많은 끔찍한 사건이 일어났지만, 지구 인구는 매우 크게 증가했고 맬서스의 재앙은 발생하지 않았다. 맬서스는 새로운 길을 찾아내는 인간의 능력을 과소평가했고, 바로 그 문제해결 능력이 사회가 번영해 왔던 이유 중 하나다.[23]

미국의 농학자 노먼 볼로그Norman Borlaug는 잘 알려진 사람은 아니지만, 맬서스의 재앙을 피하게 해 무려 10억 명의 생명을 구한 그의 업적을 높이 사는 사람들이 있다. 맬서스는 식량 생산량이 점진적으로 증가할 것이라고 예측했다. 하지만 1940년대부터 1970년대 말까지 농업이 급격히 발달하는 녹색혁명이 발생했고, 이 시기에는 곡물의 다수확 품종 개발, 경작 기술의 현대화, 교배종자와 합성비료 사용을 비롯한 새로운 농업 기술 혁신이 많이 일어났다. 볼로그는 햇빛의 양과 상관없이 여러 기후에서 자랄 수 있고 병해에 강한 다수확 밀 교배종을 개발했다. 키 큰 밀은 우리가 먹을 수 없는 줄기를 키우는 데 많은 에너지를 쏟았고 키가 자라면 쉽게 넘어지곤 했는데, 볼로그의 '난쟁이 밀'이 이 문제를 해결했다.

볼로그의 업적은 북아메리카에서 시작됐지만, 1960년대에 그는 인도와 파키스탄의 식량문제에 주력했고 동남아시아 전역에 흔했던 기아 문제를 종결짓는 데 큰 역할을 했다. 그는 1960년대 초부터 1970년대 말까지 인도와 파키스탄의 밀 수확량을 600퍼센트까지 늘렸다. 그리고 인도는 처음으로 밀 순 수출국이 되었다. 볼로그는 노벨 평화상과 미국 의회 명예 황금 훈장, 그리고 대통령 자유 훈장을 받았다.

많은 전문가가 2050년까지 인류가 전 세계 인구에게 충분한 단백질을 생산할 수 없을 것이라고 말한다. 하지만 이 예측은 동물성 단백질을 생산하는 현재 방식을 기준으로 삼고 있으며, 굿푸드 운동으로 일어나고 있는 혁명은 고려하지 않았다. 구체적으로 말하면, 동물에게 추가적인 해를 끼치지 않고 훨씬 지속 가능한 방법으로 실제 동물의 단백질을 생산하게 될 가능성을 무시한 것이다. 8장에서 만나 본 우마 발레티나 멤피스 미트 사가 단백질 부족을 해결할 키를 쥐고 있는지 알 수는 없지만, 이 문제를 해결할 혁신을 일으키는 사람들은 그들이 생산하는 제품 그 이상의 가치를 실현할 엄청난 가능성을 가지고 있는 것이 분명하다. 하지만 막대한 가치 실현을 위해 혁신을 꾀하는 과학자와 기업가 들은 위험한 도박을 하고 실패의 위험을 감수해야 한다. 불확실성을 기꺼이 받아들이는 것은 미래를 위한 가치 승수를 만드는 꼭 필요한 과정이다.

노먼 볼로그만큼 영향력을 배가시킬 수 있는 사람은 거의 없지만, 우리 모두 더 많은 가치를 실현할 방법을 고민함으로써 더 나은 선택을 할 수 있다. 우리가 더 관대해지고, 관대함에 대해 더 생각하고, 다른 사람에게 영향을 미치고, 혁신을 일으키는 등 가치 실현을 배가시키기 위해 노력한다면 우리는 한 걸음 더 나아갈 것이다.

## 11 지속 가능한 최대 선

2019년 봄 이 책의 초고를 절반 정도 썼을 무렵, 버몬트대학의 철학자 마크 부돌프슨Mark Budolfson의 강연에 참석했다. 그는 2018~2019학년도에 하버드 사프라 윤리학 센터Safra Center for Ethics에 머무르고 있었다. 마크는 서로 다른 동물 종의 고통과 기쁨을 어떻게 비교할 것인지에 대한 강연을 했고, 나는 이 주제에 큰 흥미를 느꼈다. 강연 후 나는 그에게 직접 만나 의견을 나누고 싶다는 메일을 보냈다. 함께 만난 자리에서 나는 완벽보다는 성장에 초점을 두는 목표에 대한 생각을 털어놓았다. 그리고 그날 만남 이후 그는 이메일을 통해 여러분이 지금 읽고 있는 이 책의 전체적 맥락이 "이타주의의 '지속 가능한 최대 수준'을 찾는 데 중점을 두기 때문에 지속가능성의 개념과 연관이 있다"는 의견을 전해 왔다. 그는 "지속 가능한 최대 생산량을 목표로 삼아 어획 수준을 관리하는 개념과 비슷하다"고도 말했다. 나는 마크의 말을 살짝 비틀어 '지속 가능한 최대 선maximum sustainable goodness'이라는 개념을 생각해 냈다.

마크는 '최대지속생산량maximum sustainable yield, MSY'이라는 환경 관리 차원의 개념을 언급한 것이었다. 최대지속생산량이란 개체수 중에서 자연적으로 증가하는 개체들을 수확함으로써 최대 성장률의 수준으로 개체수를 유지하는 개념으로, 개체수가 무한정 생산될 수 있다. 최대지속생산량은 그해의 최대 어획량이나 최대 수확량과는 다르다. 물고기를 모두 어획해 버리면, 미래의 우리를 위해 물고기를 생산할 물고기가 남지 않기 때문이다. 1930년대 뉴저지 벨머에 있는 어장을 시작으로 많은 사람이 최대지속생산량을 고민하고 있다는 사실이 드러났다.[1] 최대지속생산량은 일반적으로 환경 보호의 적절한 행동을 설명할 때 사용되는 개념이다.[2]

나는 앞서 사람들에게 지속 가능한 최대 선보다 훨씬 더 높은 기준, 즉 순수 공리주의나 완벽한 정의를 요구하면 이 목표를 터무니없거나 불가능하다고 여겨 거부할 것이며, 그들이 힘겹게 노력하는 모습을 본 다른 사람들이 시도조차 하지 않을 수 있다고 주장했다. 이와 비교해, 완벽이 아닌 성장하는 목표는 훨씬 실행하기 쉽다. 우리는 목적이 있는 즐거운 삶을 이어 나가기 위해서 얼마나 많은 가치를 실현할 수 있을지 고민할 것이고, 언젠가는 우리의 능력을 발전시켜서 더 많은 선을 실현할 희망도 품을 수 있다. 대부분 사람은 이러한 성장의 기준으로 작년에 비해 올해의 가치 창출이 적당히 증가했는가를 떠올릴 것이다. 사람들은 이 목표를 합리적이고 동기부여가 되며 유용하다고 생각하는 경향을 보였다.

그리고 이 개념은 최근 기후변화에 대한 UN의 보고와도 연결된다. UN은 인류가 식습관을 바꾸지 않으면 아무리 온실가스 배출을 규제해도 우리가 예측한 비관적인 수준보다 한참 부족할 것이라고 경고했다. 소나 다른 육류 생산 가축을 사육하는 땅에 중점을 두고 있는 '기후변화에 관한 정부간 협의체 Intergovernmental Panel on Climate Change, IPCC'는 부유한 나라의 사람들에게 육류 소비량을 줄이고 채식 식단을 지향할 것을 촉구했다. 왜 그냥 채식주의자가 되라고 말하지 않는 걸까? "우리는 사람들에게 무엇을 먹으라고 말하고 싶지 않습니다." IPCC 보도 위원회에 있는 한스오토 포르트너Hans-Otto Pörtner가 말했다.[3] 이 위원회는 선의의 육식주의자 대부분이 채식주의자가 되라는 권유는 거부하지만 육류 소비를 줄이라는 말은 진지하게 고려할 수 있다는 사실을 깨달았을 것이다.

## 지속 가능한 수준

1장에서 언급한 2018년 효율적 이

타주의 회담에서 나는 효율적 이타주의를 지지하는 많은 청중 앞에서 인터뷰를 했다. 진행자의 첫 번째 질문은 "당신은 효율적 이타주의자라고 생각하시나요?"였다.[4] 이 질문을 듣고 복합적인 생각이 들었지만, 진행자가 '그렇다', '아니다'의 답을 원했기 때문에 "아니요"라는 말로 답변을 시작했다. 그리고 나는 자칭 효율적 이타주의자라는 200여 명 앞에 서 있기 때문에, 종종 유제품을 먹고, 가죽 제품을 입고, 수입의 50퍼센트를 기부하지 않고, 효율적 이타주의라면 선택하지 않을 만한 이유로 기부를 하는 등 완벽하지 않은 행동으로 조금씩 훼손되고 있는 나의 지위를 내세우고 싶지 않다고 덧붙였다. 나는 우리 모두에게 있어 이타주의의 효과, 더 광범위하게는 도덕적 행동의 효과는 끊임없이 변화하는 연속체에서 찾을 수 있다고 주장했다. 하지만 내가 받은 질문은 이 책을 쓰는 이유와 관련 있다. 나는 완벽함이란 어떤 모습인지, 완벽함에 도달하지 못하게 막는 방해물은 무엇인지, 어떻게 올바른 방향으로 나아갈 수 있는지 설명하려고 노력해 왔다. 이러한 탐험을 거쳐 온 결과, 나는 2018년에 이 질문을 받았을 때보다 올해에 더 많은 가치를 실현했다. 그래서 나는 이제 조금 더 효율적 이타주의자라고 말할 수 있다!

미국 ABC뉴스의 기자 댄 해리스Dan Harris는 그의 책 《10%의 행복*10% Happier*》에서 명상이 모든 문제를 해결해 주지는 않지만, 효과적으로 활용한다면 우리는 10퍼센트 더 행복해질 수 있다고 주장했다.[5] 나는 명상에 대해서는 회의론자다. 하지만 어떤 특별한 해법이 우리를 완전히 행복하게 만든다고 기대하는 건 합리적이지 않아도, 10퍼센트 행복해지는 것은 현실적이고 대단한 성취라는 해리스의 의견은 높이 산다. 이처럼 당신이 작년보다 올해에 10퍼센트 더 많은 가치를 실현할 수 있다면 그것 역시 아주 훌륭한 성취다. 정확히 계산하기는 어렵지만, 10퍼센트는 조금 힘들어도 성취할 수 있는 목표처럼 보인다. 그에 비해 대부분 사람에게 70퍼센트나 80퍼센트 더 많은 가치를 실현하는 것은 불합리하게 느껴진다. (하지만 이 목표에 도달할 수 있을 것 같다면 도전해 보라!) 우리는 모두 단순히 능동적 지능을 필요로 하는 것부터 더 나은 세상을 위해 약간의 희생을 필요로 하는 것까지, 선한 행동에 있어 지속 가능한 수준의 최대 변화를 추구할 수 있다. 비록 우리가 완벽해지지 않는다 해도 말이다.

지속 가능한 최대 선을 고려하는 것과 유사한 또 다른 문제는 우리의 식단에서 찾을 수 있다. 현재 나는 188센티미터의 큰 키에 눈에 띄는 비만은 아니지만 15년 전에는 혈중 지방 성분을 나타내는 지질 수준, 그중에서도 특히 트리글리세라이드 수치가 매우 안 좋았다. 그리고 약간의 조사 끝에 프랭크 색스Frank Sacks라는 보스턴의 심장병 학자이자 지질 검사에 관한 연구를 진행했던 박사를 찾게 되었다. 그가 나에게 제시한 해결법은 스타틴이라는 콜레스테롤 억제제를 섭취하고, 운동을 하고, 몸에 해로운 지방 섭취를 줄이라는 것이었다. 당시 나는 이미 채식을 하고 있었고, 식단도 꽤 건강한 편이었다. 그래서 내 건강을 위협하는 수준의 검사 결과가 나오자 약간 좌절감이 들었다. 나는 맛있는 음식과 적당히 즐기는 술을 정말 좋아했다. 그렇다면 먹고 마시는 즐거움과 건강한 삶에 대한 열망 사이에서 어떻게 균형을 맞출 수 있을까? 먼저 나는 걸어서 통근할 수밖에 없도록 하버드 주차권을 구매하지 않았고, 그 결과 하루에 만 보씩 걷게 되었다. 그리고 프랭크 박사의 말에 자극을 받은 나는 식단에 대해 현명한 타협을 보았다. 일단 버터는 기꺼이 포기하고 대신 올리브오일을 선택했다. 그저 그런 빵은 더 이상 먹지 않았지만, 아주 맛있는 빵이 눈앞에 있으면 먹었다. 아이스크림은 완전히 줄였다. 내가 정말 좋아하는 맛있는 피자는 먹었지만, 그저 그런 피자는 입에 대지 않았다. 술 중에서도 나는 까베르네 와인(궁금해할까 봐 말하자면 그중에서도 실버오크, 세코야 그로브, 그로스, 스톤스트리트 브랜드를 좋아한다)과 스타우트 맥주(샘 스미스 초콜릿 스타우트)를 좋아한다. 관련 자료를 찾아본 결과 까베르네가 스타우트보다 조금 더 건강하다는 사실을 알게 되었고, 스타우트를 포기함으로써 까베르네 음주량이 증가했다. 쿠키나 파이는 더 이상 먹지 않고, 과자는 먹는 양을 줄였다. 이러한 변화에는 약간의 수정이 필요했지만, 힘든 일은 거의 없었다. 전체적으로 나의 식단은 더 건강해졌고, 지질 검사 결과도 매우 좋아졌으며, 여전히 맛있는 음식을 먹고 있다. 마침내 지속 가능한 최고의 식단을 찾은 것 같다!

피터 싱어는 현실적인 관점에서 볼 때 최대 선을 실현하려면 잘 적응된 인간이 되어야 한다고 주장했다.[6] 그는 보스턴 지역에 사는 활동적인 효율적 이타주의자 줄리아 와이즈Julia Wise가 아이를 가질지 말지 결정할 때 겪었던 고민에 대해 이야기했다. 효율적 이타주의자로서 줄리아는 아이의 양육비(식비, 교육비, 대학 등록금 등)로 인해 자신과 배우자가 가능한 최대의 기부를 하지 못할 것이라고 걱정했다. 하지만 아이를 갖지 않는다면 정서적 불안과 불행으로 이 세상에 선을 실현할 또 다른 방법들의 효율이 떨어질 것이라는 생각도 들었다. 2019년 글을 쓰고 있는 지금, 줄리아는 기빙왓위캔의 회장이자 기브웰의 이사로 일하고 있으며 '기빙 글래들리Giving Gladly'에서 효율적 이타주의에 관한 글을 연재하고 있다. 또한 줄리아 부부는 다섯 살과 세 살 두 아이의 자랑스러운 부모이고, 그들이 찾은 가장 효율적인 자선단체에 수입의 절반을 기부하고 있다. 줄리아는 완벽해지려고 애쓰지 않는 대신 더 나은 삶을 살 방법을 터득한 것 같다.

## 지속 가능한 방법으로 주변에 좋은 영향 주기

당신에게 육류 소비를 가능한 많이 줄이겠다는 목표가 있다고 가정해 보자. 그리고 당신의 친구도 육류 소비를 줄이는 쪽으로 유도할 생각이 있다. 오늘 친구와 함께 점심을 먹기로 했다. 오늘 만나기로 한 식당은 당신이 전에 몇 번 온 적 있는 곳이다. 약속 장소에 먼저 도착한 당신에게 친구는 조금 늦을 것 같으니 베지 버거veggie burger를 주문해 달라는 문자를 보냈다. 이 식당이 처음인 그는 원래 고기를 먹는 사람이지만 당신의 식습관을 고려해 배려하려는 것 같다는 생각이 들었다. 그리고 당신은 친구가 채식을 더 많이 하도록 유도할 좋은 기회임을 직감한다. 메뉴판에는 당신이 이미 먹어 본 두 가지 선택지가 있다. 하나는 아주 맛있는 베지 버거(비건 음식은 아니다. 여기에는 버거를 촉촉하게 하고 내용물을 서로 잘 붙게 할 계란이 들어간다)이고, 다른 하나는 당신도 좋아하지 않았던 뻑뻑하고 담백한 맛의 비건 버거다. 이 친구를 위해 어떤 메뉴를 주문할 것인가? 토바이어스 리나르트Tobias Leenaert는 《비건 세상 만들기 *How to Create a Vegan World: A Pragmatic Approach*》에서 비건 버거가 이상적인 선택지일지 몰라도, 친구에게 긍정적인 영향을 주고 지속 가능한 최대 선을 실현할 가능성이 높은 것은 베지 버거라고 주장한다.[7] 그러므로 다른 사람을 더 큰 선의 방향으로 이끌고 싶다면 실행 가능하고 지속 가능한 수준의 변화를 생각하는 것이 도움이 된다. 좀 더 넓게 생각하면 다른 사람에게 좋은 영향을 줄 최고의 방법은 도달할 수 없는 이상적인 목표에 집중하기보다 그들의 사고방식을 고려하는 것이다. 나는 이 책의 맨 처음 일화에서 처음 보는 사람에게 '생선주의자'라고 비꼬면서 보기 좋게 실패했지만 말이다.

## 선한 행동을 즐겨도 괜찮을까?

'이타주의'라는 말을 처음 만든 프랑스 철학자 오귀스트 콩트Auguste Comte는 이를 "다른 사람의 이익을 위한 자기희생"이라고 정의하며 "도덕적 행동이란 오직 다른 사람의 행복을 증진시키는 행동"이라고 말했다.[8] 콩트의 주장에 따르면, 어떤 행동이 타인의 행복 증진 외의 이유로 행해졌다면 그건 도덕적으로 정당하지 않다. 자선 기부로 세금 공제를 받는다면, 콩트의 극단적인 견해에 의하면 그 기부는 더 이상 이타적 행동이 아니다. 만약 자신의 관대한 행동을 즐기거나 이 행동을 '계몽화된 이기심enlightened self-interest'(타인의 이익을 도모하기 위해 행동하는 사람은 결국 자기 이익을 충족한다는 윤리 철학—옮긴이)이라고 여긴다면, 이 또한 콩트의 기준에 부합하지 않는다. 역시 나는 철학자의 기준이 너무 극단적이라고 생각한다. 그 누구도 콩트의 기준을 충족할 수 없으며, 이러한 생각을 가지면 사람들은 더 이상 노력하지 않거나 실제로 실현할 수 있는 가치도 제한될 가능성이 크다. 나는 마틴 루터 킹Martin Luther King Jr.이 제시한 관점을 따르고 싶다. 킹은 "모든 사람은 창조적인 이타심의 빛 속을 걸어갈지, 파괴적인 이기심의 어둠 속을 걸어갈지 선택해야 한다"라고 주장했다.[9] 그에게는 이타적인 행동을 하면 더 의미 있고 행복한 삶을 살게 된다는 확실한 믿음이 있었다.

진화학자들은 이타주의의 뿌리가 진화에 있다고 믿는다. 협력과 관대함이 인류의 생존을 도왔다는 것이다. 하지만 이타주의에서는 이 외에도 시스템 2와 같은 뿌리를 많이 찾아볼 수 있다. 이타주의는 사회심리학자가 친사회적이라고 부르는 행동에 속한다. 친사회적 행동은 다른 사람에게 도움이 되는 행동을 뜻하며 동기가 무엇인지, 주는 사람이 어떤 이익을 받는지는 상관없다. 심리학자가 말하는 친사회적 행동의 이유에는 여러 가지가 있다. 친사회적 행동은 뇌의 쾌락 중추를 자극하고, 친절한 행동에 대한 긍정적 강화를 경험하게 하고, 사회적 규범을 충족시켜 주며, 정서적인 이익도 준다. 이러한 이익이 이타주의자에게 생기기 때문에 이들은 모두 콩트가 정의한 이타주의에 부합하지 않는다. 일부 심리학자는 진정한 콩트식 이타주의가 존재한다고 믿는 반면, 다른 심리학자는 이에 반대하며 사람은 항상 거래를 통해 무언가를 얻는다고 말한다. 종종 사람들은 이타적 행동에는 부차적인 동기가 있으며 '인정받기 위해 그런 행동을 한다'고 비판한다. 하지만 우리가 이타적이라고 정의할 수 있는 모든(모두는 아닐지라도) 행동들, 사람들에게 장려하고 싶은 그런 행동들은 콩트의 관점에서 보면 이타주의자에게 이익을 줄 가능성이 있다. 우리는 사람들이 이타적인 행동으로 얻는 이익을 비판하기보다 포용해야 한다. 그들은 더 많은 가치를 실현하는 길로 나아가고 있기 때문이다.

그렇지만 예외는 있다. 예를 들어, 나는 부패와 직결된 자선 기부금에는 찬성하지 않는다. 앞서 자세히 설명한 특례 입학 정책처럼 말이다. 그러므로 누군가가 '돈을 써서' 엘리트 기관에 들어간다면, 그 부패 행동이 4장에서 살펴보았듯이 가치를 파괴하기 때문에 나는 그 행동을 지지하지 않는다. 하지만 사람들이 가치 창출에 대해 자부심을 느끼거나 공개적으로 인정받고 싶어 한다면 우리는 그 공로를 인정해 줘야 한다. 그리고 이 과정에서 그들은 더 많은 가치를 창출할 것이다. 더 나은 선택을 자랑스러워하는 것에는 아무런 문제가 없으며, 그 뿌듯한 감정이 우리 행동의 본질적 가치를 빼앗지도 않는다. 실제로 가치 창출의 내적 동기에 외적 동기를 더하면 그 답으로 훨씬 좋은 선택을 얻을 것이다.

어떤 사람들은 공리주의의 높은 목표를 따르면 성장의 즐거움이 사라질까 봐 걱정한다. 우리는 모두 특정 대의에 굉장히 열광하는 사람들을 알고 있고, 그 대의는 때로 효율적 이타주의와 거리가 멀기도 하다. 선을 극대화하려고 애쓰다 보면 열정을 잃는 희생이 따르지 않을까? 인지 능력은 아주 많이 필요하지만 감정은 너무 부족하지 않을까? 두 질문 모두 충분히 있을 수 있는 걱정이다. 하지만 나는 우마 발레티와 브루스 프리드리히처럼 최대 선을 실현하고자 노력하는 사람들의 생각과 행동에서 놀라운 열정을 본다. 심지어 자신이 어떤 사람이나 동물을 돕는지 모르고 자신의 행동으로 이익을 얻는 사람을 만나지 않아도, 그들은 자신이 실현할 수 있는 매우 높은 수준의 지속 가능한 선에 아주 큰 자부심을 느낀다. 개인적으로 나는 더 많은 선을 실현하기를 열망하면서도, 더 많은 선을 실현하는 나의 역할을 즐긴다.

## 미래를 향해

어쩌면 당신은 지금까지 이룬 성과를 평가하고 싶을 수 있다. 우리는 저마다 지속 가능한 최대 선에 도달했을까? 다행히 이 질문에 적합한 몇 가지 측정 기준이 있다. 작년에 비해 올해의 기부금은 총 얼마인가? 작년과 비교해 올해 기부한 단체는 얼마나 효율적인가? 도덕적 선택의 순간에 더 신중히 생각하고 있는가? 시간을 낭비하지 않고 더 현명하게 쓰고 있는가? 지구를 공유하고 있는 다른 생명체와 사람들을 더 평등하게 대하려고 노력하는가? 미래의 후손을 보호하기 위해 행동하고 있는가?

당신의 행동이 도덕의 철학적 기준에 부합하는지 고민하는 것보다 이러한 질문의 답을 찾는 일이 훨씬 즐거울 것이다. 그렇지만 과거에 대한 반성을 넘어서 미래를 생각하고 싶을 수 있다. 만약 나처럼 당신도 작년보다 내년에 더 성장하겠다는 목표가 있다면, 어떻게 그곳에 도달할 수 있을까? 나 같은 경우에는 쉬운 목표부터 시작한다. 무언가 결정을 내리기 전에, 어떻게 다른 사람을 도울 것이고, 어떻게 타협할 것이며, 낭비하고 있는 것은 무엇이고, 어디에 기부할 것인지 고민하라. 당신의 현재 행동을 다른 사람에게 권유하고 싶은가? 아니라면 이유는 무엇인가? 그리고 오래된 습관을 버리고 새로운 습관을 쌓으려면 어떻게 해야 할까? 지난 10년 동안 나는 언제 '예스'라고 말할지 신중하게 생각했고, 예전보다 더 많이 기부했고, 어디에 기부할지 현명하게 선택했으며, 지식인 집단에 도움이 되려고 노력했고, 자선단체에 내 시간을 투자했고, 환경 문제에 양심적으로 행동하려고 노력했다. 하지만 나는 공리주의의 북극성으로부터 아직 멀리 떨어져 있다. 내년에는 조금 더 가까워지겠지만 여전히 멀 것이다. 그렇지만 나는 지속 가능한 최대 선으로 향하는 이 매력적인 길 위에 서 있다. 당신도 그 길을 간다면 이 책이 도움이 되기를 바란다.

# 감사의 말

나는 학사 과정을 마치면 일자리를 찾을 생각으로 펜실베이니아대학의 회계학과에 입학했다. 실용을 중시하는 18세 소년이었던 나는 철학 수업을 수강할 생각은 전혀 하지 않았다. 철학이 얼마나 실용적인 학문이지 그때 알았다면 참 좋았을 텐데.

그로부터 한참 후인 1990~1991년도에 노스웨스턴대학 켈로그 경영대학원의 윤리학 교수직에 앉을 새로운 인재를 찾고 있었는데, 이는 매우 고된 일이었다. 당시 경영대학원에는 행동윤리 분야가 없었고, 그래서 노스웨스턴의 종신 교수가 될 만한 학위가 있는 학자를 찾기가 어려웠다. 나는 샌타바버라에 있는 캘리포니아대학의 심리학 교수 데이비스 메식을 채용하는데 주력하고 있었다. 데이비드는 높은 평가를 받는 사회심리학자로, 공정성과 사회 비교 과정, 다수의 윤리와 관련 있는 대인

관계를 연구한 학자였다. 나의 목표는 학교가 어려운 교수 채용 문제를 해결하도록 돕는 것이었고, 이 결정이 내 연구의 궤도를 바꿀 것이라는 생각을 조금도 하지 못했다.

그렇게 데이비드가 켈로그 대학원에 왔을 즈음 앤 텐브룬셀이 박사 과정에 들어왔다. 그녀는 데이비드나 나와 일했고, 점차 셋이 함께 일하기도 했다. 하지만 나는 분명 데이비드와 앤을 켈로그의 조직행동 분야 윤리학자라고 생각했고, 나는 의사결정과 협상 분야 연구자이자 교수라고 여겼다. 그러나 1990년대 말 켈로그에서 하버드로 옮길 때까지 내 연구의 상당 부분이 윤리적 문제와 연관되어 있었다.

새롭게 피어난 행동윤리에 대한 관심은 하버드에서 돌리 추그, 마자린 바나지와 함께 논문을 쓰고 심리학에서의 도덕적 행동에 대해 많은 것을 배우면서 높아졌다. 그리고 우리의 연구는 제한된 윤리성, 즉 선한 사람도 나쁜 행동에 관여하게 되는 체계적이고 예측할 수 있는 과정에 관한 개념을 발전시켰다.

2005년 조슈아 그린은 하버드의 심리학과에 합류했다. 2006년 3월 그와 나는 함께 점심을 먹으면서 급속도로 가까워졌고, 우리는 다양한 도덕적 논쟁에 동의한다는 사실을 알게 되었다. 공리주의 철학에 몸담고 있던 조슈아는 프린스턴대학에서 철학 박사 학위를 받은 다음 신경사회심리학 연구원으로 일했다. 2006년 이후, 조슈아와 나는 다수의 논문을 공동 집필했다. 내게 훨씬 중요했던 건 조슈아로부터 철학에 대해 개인 지도를 받았다는 사실이다. 우리가 만나기 전 나는 철학에 대해 아는 게 거의 없었다. 그와 함께 연구하면서 조슈아의 명료한 사상과 그가 윤리적 분석 대부분에 이용한 공리주의의 북극성에 끊임없이 감명받았다. 이 책의 많은 내용이 조슈아와의 대화에서 시작되었다.

이 책을 쓰기까지 오랜 시간이 걸렸고, 때로는 한 발 물러서서 철학에 관한 많은 글을 읽어야 했다. 그리고 더 많이 읽을수록, 내가 도달하려는 것이 무엇인지 더 잘 알 수 있었다. 시간이 흐르고 흘러 피터 싱어의 여러 글(예를 들어 《실천윤리학*Practical Ethics*》)에서 아주 명쾌한 답을 찾았다. 조슈아에게 그가 쓴 훌륭한 책 《옳고 그름》에 대해 이야기할 때면 그는 싱어가 아주 오래전 비슷한 주제에 관한 책을 썼다고 이야기하곤 했다. 이 책을 쓰면서 나 역시 조슈아와 싱어의 과거 글에서 매우 큰 영향을 받았다는 생각이 들었다. 내가 그들의 업적에 새로운 관점을 제공했기를 바란다.

나는 또한 굿푸드 운동을 접하며 매우 큰 도움을 받았다. 굿푸드 운동은 현재 시스템에서 동물에게 고통을 주지 않으면서도 전 세계의 단백질 수요를 충족할 수 있도록 식물성 단백질과 배양육을 개발함으로써 동물의 고통을 줄이려는 사람들로 구성되어 있다. 앞서 살펴보았듯이, 대체 단백질은 2018년 이후 나에게 엄청난 영향을 주고 있다. 이 여정 속에서 안내자가 되어 준 사람들로는 레이철 애치슨, 에이미 트라킨스키Amy Trakinski,

브루스 프리드드리히, 에일론 스테인하트Aylon Steinhart, 세바스티아노 코시아 카스틸리오티Sebastiano Cossia Castiglioni, 마크 랭글리Mark Langley, 수잔 비트카Susan Vitka, 리사 페리아Lisa Feria, 니나 게히만Nina Gheihman, 메이시 메리어트Macy Marriott, 데이비드 웰치David Welch가 있다. 여기의 매력적인 채식주의자 중 많은 이들이 이 책의 핵심이 된 철학적 관점을 제공한 것은 아니지만, 내 생각을 훨씬 명료하게 정리할 수 있도록 도와주었다.

내 친구들은 내가 이 책에 아주 오랜 시간 매달려 있었다는 사실을 안다. 다양한 아이디어를 친구들에게 이야기하고, 학술 발표회에서 이를 테스트하기도 했다. 그리고 최근에는 몇 명의 친구와 동료에게 책 전체의 초고를 보여 주었다. 한마디로 말하자면, 그들은 아주 방대한 양의 통찰력 있는 논평을 보내 왔고 결과적으로 더 좋은 책이 나올 수 있었다.

철학자 조슈아 그린, 피터 싱어, 윌리엄 맥어스킬, 루이시스 카비올라, 마크 부돌프슨은 이 책의 초고를 읽고 다양한 철학적 관점의 입장을 너그럽게 설명해 주었다. 앤 텐브룬셀(나의 책 《이기적 윤리》의 공저자다)과 돌리 추그는 이 책을 자세히 읽고 훌륭한 피드백을 주었으며, 행동윤리의 실증 문헌에 관한 나의 표현이 정확해지도록 해 주었다. 케이티 밀크먼은 더 큰 영향력을 발휘하기 위해 생각을 표현하는 방법을 명확하게 알려주었다. 아내 말라 펠처와 나의 출판 에이전트 마고 베스 플레밍Margo Beth Fleming은 더 이상 남아 있지 않은 수많은 초안을 읽었고, 이 책의 구조를 완전히 재구성했다. 나는 심리학자 더그 메딘에게 이 책을 보내 서문의 이야기를 읽어 보도록 했고, 그는 이 책 전체에 대한 사려 깊은 논평을 들려주었다. 나는 최근에 하버드 경영대학원의 경영진 프로그램을 수강하는 애리조나대학의 산부인과 의사 캐서린 리드Kathryn Reed를 만났다. 캐서린은 나의 여러 최근 논문과 더불어 이 책의 통찰력 있는 논평가가 되어 주었다. 8장의 중심인물이었던 린다 뱁콕과 로리 바인가르트는 다수의 개념적 문제를 명확하게 짚어 주었다. 마리오 스몰Mario Small은 내 모든 독자를 통틀어 가장 비판적인 사람이었고, 수많은 문제에 대한 나의 해석에 의문을 제기하며 유용한 사회학 이론을 제시했다. 마리오의 조언 덕분에 나의 주장을 많이 바꾸었다. 저스틴 볼퍼스는 10장에 대해 아낌없는 조언을 해 주었다. 현재 세계은행World Bank에서 일하는 나의 예전 동료 애비 돌턴Abby Dalton도 처음부터 끝까지 통찰력 있는 안목을 보여 주었다.

또 다른 도움이 되었던 의견은 예상치 못한 곳에서 얻었다. 말라와 나 그리고 베카가 매사추세츠 케임브리지에 살고 있는 이 집을 건축한 마틴 카파소Martin Cafasso는 옥스퍼드대학에서 철학 석사 학위를 받은 친구였다. 그는 훌륭한 디자이너이자 건축업자였을 뿐만 아니라, 이 책을 읽은 후 계속 시간을 내서 나에게 독특한 통찰력을 제공해 주었다. 나의 아주 먼 친척인 스튜어트 베이서만은 윤리에 관한 나의 글을 보고 연락해 왔고, 보험사의 부정행위를 줄이기 위해 컨설턴트로 나를 고용했으며, 우리는 좋은 친구가 되었고, 그가 이 책의 초고에 대해 아주 많은 지혜를 전해 주었다. 그리고 굿푸드 운동의 핵심 활동가인 마크 랭글리와 레이철 애치슨은 대체 식품 운동을 뛰어넘는 통찰력을 제공했고, 그 과정에서 이 책은 한층 더 나아질 수 있었다.

나의 하버드 교수 지원 전문가 엘리자베스 스위니Elizabeth Sweeny는 이 책을 쓰는 내내 편집과 관련해 훌륭한 도움을 주었다. 하버드 비즈니스 출판사에서 이 책의 편집을 맡은 스테파니 히치콕stephanie hitchcock과 홀리스 하임바우치Hollis Heimbouch는 중요한 편집 방향을 제시했다. 그리고 나의 모든 책이 그랬듯이, 개인 편집자 케이티 샹크Katie Shonk가 이 책의 아이디어와 대부분 문장을 훨씬 좋게 고쳐 주었다. 가끔 나의 글솜씨를 칭찬하는 말을 들을 때가 있는데, 그 주인공인 케이티에게 온 마음을 다해 공을 돌린다.

곰곰이 되짚으면서 얼마나 많은 사람이 이 책을 위해 도움을 주었는지 깨닫고 매우 놀랐다. 이들의 노력 덕분에 이 책이 얼마나 달라지고 얼마나 더 좋아졌는지도 깨달았다. 이제껏 책을 쓰면서 이번처럼 철저한 배움의 과정이 필요했던 적은 없다. 자신의 시간과 글쓰기 기술과 아이디어를 제공한 모든 너그러운 이들에게 감사를 전한다. 이들 덕분에 더 나은 책을 만들 수 있었다. 이제 여러분도 알다시피, 더 나은 것이야말로 내가 원하는 바다.

# 주

## 01. 완벽이 아닌 최선을 향해

1. 행동 통찰에 관한 맥스 베이저만의 인터뷰—EAGxBoston 2018, 2018년 4월 21일, 2018. https://www.youtube.com/watch?v=B8TOz25ctGw.
2. Max H. Bazerman and Ann E. Tenbrunsel, *Blind Spots: Why We Fail to Do What's Right and What to Do about it* (Princeton, NJ: Princeton University Press, 2011).
3. 앞의 책.
4. Howard Raiffa, *The Art and Science of Negotiation* (Cambridge, MA: Belknap Press of Harvard University Press, 1982).
5. Margaret A. Neale and Max H. Bazerman, *Cognition and Rationality in Negotiation* (New York: Free Press, 1991); Margaret A. Neale and Max H. Bazerman, "Negotiator Cognition and

Rationality: A Behavioral Decision Theory Perspective," *Organizational Behavior & Human Decision Processes* 51, no. 2 (1992): 157-75.

6. Baruch Fischhoff, "Debiasing," in *Judgment under Uncertainty: Heuristics and Biases*, ed. Daniel Kahneman, Paul Slovic, and Amos Tversky (Cambridge, MA: Cambridge University Press,1982), 422-32; Max H. Bazerman and Don Moore, *Judgment in Managerial Decision Making*, 8th ed. (Hoboken, NJ: John Wiley, 2013).
7. Don A. Moore, *Perfectly Confident: How to Calibrate Your Decisions Wisely* (New York: Harper Business, 2020).
8. Keith E. Stanovich and Richard F. West, "Individual Differences in Reasoning: Implications for the Rationality Debate," *Behavioral & Brain Sciences* 23 (2000): 645-65; Daniel Kahneman, "A Perspective on Judgment and Choice: Mapping Bounded Rationality," *American Psychologist* 58 (2003): 697-720.
9. Daniel Kahneman, *Thinking, Fast and Slow* (New York: Farrar, Straus & Giroux, 2011).
10. Richard H. Thaler and Cass Sunstein, *Nudge: Improving Decisions About Health, Wealth, and Happiness* (New Haven, CT: Yale University Press, 2008).
11. Philippa Foot, *Virtues and Vices* (Oxford: Blackwell, 1978)의 내용을 각색함; Judith Jarvis Thomson, "Killing, Letting Die, and the Trolley Problem," *The Monist* 59, no. 2 (2011): 204-17; Joshua Greene, *The Moral Self* (New York: Penguin Group, 2011).
12. Greene, *The Moral Self*.

13. James G. March and Herbert A. Simon, *Organizations* (New York: John Wiley, 1958).
14. Joshua Greene, *Moral Tribes: Emotion, Reason and the Gap Between Us and Them* (London: Atlantic Books, 2013).
15. Philippa Foot, "The Problem of Abortion and the Doctrine of the Double Effect," in *Virtues and Vices* (Oxford: Basil Blackwell, 1978)의 내용을 각색함; Thomson, "Killing, Letting Die, and the Trolley Problem," 204-17; Greene, *the moral self*.
16. Greene, *The Moral Self*; Fiery A. Cushman, "Crime and Punishment: Distinguishing the Roles of Causal and Intentional Analyses in Moral Judgment," *Cognition* 108, no. 2 (2008): 353-80.
17. Greene, *The Moral Self*.
18. Greene, *Moral Tribes*.
19. Foot, *Virtues and Vices*.
20. Elizabeth Kolbert, "Gospels of Giving for the New Gilded Age: Are today's donor classes solving problems-or creating new ones?" *The New Yorker*, August 20, 2018, https://www.newyorker.com/magazine/2018/08/27/gospels-of-giving-for-the-new-gilded-age.
21. Jann Hoffman, "Purdue Pharma Warns That Sackler Family May Walk Away from Opioid Deal," *New York Times*, September 19, 2019, https://www.nytimes.com/2019/09/19/health/purdue-sackler-opioid-settlement.html.
22. Anand Giridharadas, *Winners Take All: The Elite Charade of Changing the World* (New York: Knopf, 2018).

## 02. 능동적 지능 기르기


1. S. Fiske and E. Borgida, eds., *Beyond Common Sense: Psychological Science in the Courtroom* (Hoboken, NJ: Wiley-Blackwell, 2007).
2. Max H. Bazerman and Don Moore, *Judgment in Managerial Decision Making*, 8th ed. (Hoboken, NJ: John Wiley, 2013).
3. Don Moore, *Perfectly Confident: How to Calibrate Your Decisions Wisely* (New York: Harper Business, 2020).
4. Bazerman and Moore, *Judgment in Managerial Decision Making* 의 내용을 각색함.
5. 앞의 책.
6. 앞의 책; William H. Desvousges, F. Reed Johnson, Richard W. Dunford, Kevin J. Boyle, Sara P. Hudson, and K. Nicole Wilson, "Measuring Non-use Damages Using Contingent Valuation: Experimental Evaluation Accuracy," Research Triangle Inst. Monograph 92-1, 1992.
7. Daniel Kahneman, "Comments on the Contingent Valuation Method," in *Valuing Environmental Goods: A State of the Arts Assessment of the Contingent Valuation Method*, ed. Ronald G. Cummings, David S. Brookshire, and William D. Schulze (Totowa, NJ: Roweman and Allanheld, 1986), 185-94.
8. Daniel Kahneman, Ilana Ritov, and David Schkade, "Economic Preferences or Attitude Expressions? An Analysis of Dollar Responses to Public Issues," *Journal of Risk and Uncertainty* 19, no. 1-3 (1999): 203-35.
9. Deborah A. Small, George Loewenstein, and Paul Slovic, "Sympathy

and Callousness: The Impact of Deliberative Thought on Donations to Identifiable and Statistical Victims," *Organizational Behavior and Human Decision Processes* 102, no. 2 (2007): 143-53.

10. Karen Jenni and George Loewenstein, "Explaining the Identifiable Victim Effect," *Journal of Risk and Uncertainty* 14, no. 3 (1997): 235-57.

11. D. Kahneman, I. Ritov, K. E. Jacowitz, and P. Grant, "Stated Willingness to Pay for Public Goods: A Psychological Analysis," *Psychological Science* 4 (1993): 310-15.

12. P. Singer, "Affluence, and Morality," *Philosophy and Public Affairs* 1, no. 3 (1972): 229-43.

13. Nicholas Epley and Eugene M. Caruso, "Perspective Taking: Misstepping into the Others' Shoes," in *Handbook of Imagination and Mental Simulation*, ed. Keith Douglas Markman, William M. P. Klein, and Julie A. Suhr (New York: Psychology Press, 2009), 295-309.

14. Boaz Keysar, "The Illusory Transparency of Intention: Linguistic Perspective Taking in Text," *Cognitive Psychology* 26, no. 2 (1994): 165-208.

15. Moore, *Perfectly Confident*.

16. Nicholas Epley, Eugene Caruso, and Max H. Bazerman, "When Perspective Taking Increases Taking: Reactive Egoism in Social Interaction," *Journal of Personality and Social Psychology* 91, no. 5 (2007): 872-89.

17. Bazerman and Moore, *Judgment in Managerial Decision Making*.

18. Dolly Chugh, "Societal and Managerial Implications of Implicit

Social Cognition: Why Milliseconds Matter," *Social Justice Research* 17, no. 2 (2004): 203-22.

19. 2020년 이 글을 쓸 당시 미국 대통령은 전적으로 시스템 1 사고에만 의존하는 것 같았다.

20. Max H. Bazerman, Holly A. Schroth, Pri Pradhan Shah, Kristina A. Diekmann, and Ann E. Tenbrunsel, "The Inconsistent Role of Comparison Others and Procedural Justice to Hypothetical Job Descriptions: Implications for Job Acceptance Decisions," *Organizational Behavior and Human Decision Processes* 60, no. 3 (1994): 326-52.

21. Iris Bohnet, Alexandra van Geen, and Max Bazerman, "When Performance Trumps Gender Bias: Joint Versus Separate Evaluation," *Management Science* 62, no. 5 (2016): 1225-34.

22. John Rawls, *A Theory of Justice* (Cambridge, MA: Harvard University Press, 1971).

23. Joshua D. Greene, Karen Huang, and Max Bazerman, "Veil-of-Ignorance Reasoning Favors the Greater Good," *Proceedings of the National Academy of Sciences of the United States of America* (in press).

24. Claudia Goldin and Cecilia Rouse, "Orchestrating Impartiality: The Impact of Blind Auditions on Female Musicians," *American Economic Review* 90, no. 4 (2000): 715-41.

25. Linda Chang, Mina Cikara, Iris Bohnet, and Max H. Bazerman이 관련 자료를 수집하고 있다.

## 03. 현명한 타협하기

1. Lucius Caviola, Nadira Faulmuller, Jim A. C. Everett, Julian Savulescu, and Guy Kahane, "The Evaluability Bias in Charitable Giving: Saving Administration Costs or Saving Lives?" *Judgment and Decision Making* 9, no. 4 (2014): 303-15.
2. Deepak Malhotra and Max H. Bazerman, *Negotiation Genius* (New York: Bantam Books, 2007).
3. Program on Negotiation email, "Sunday Minute," September 16, 2018.
4. Tejvan Pettinger, "Benefits of Free Trade," EconomicsHelp, July 28, 2017, https://www.economicshelp.org/trade2/benefits_free_trade/.
5. Steven Kuhn, "Prisoner's Dilemma," in *The Stanford Encyclopedia of Philosophy* (Winter 2019), https://plato.stanford.edu/archives/win2019/entries/prisoner-dilemma/.
6. A. W. Tucker, "The Mathematics of Tucker: A Sampler," *The Two-Year College Mathematics Journal* 14, no. 3 (1983): 228-32.
7. Carter Racing, [A] [B] [C], Jack W. Brittain and Sim B. Sitkin, Dispute Resolution Research Centre, Northwestern University, 1988 Carter Racing Case and Teaching Notes.
8. Carter Racing에 관한 나의 수업은 Max H. Bazerman, *The Power of Noticing* (New York: Simon & Schuster, 2014)에 더 자세히 나와 있다.

## 04. 부정부패 근절하기


1. Centers for Medicaid and Medicare Services, https://www.cms.gov/Research- Statistics-Data-and-Systems/Statistics-Trends-and-Reports/NationalHealth ExpendData/downloads/highlights.pdf.
2. 나는 Schering-Plough와 Upsher-Smith 사건을 포함한 Federal Trade Commission(FTC)의 다수 소송에 전문가 증인으로 참석했다. 여기에서의 의견은 FTC가 아닌 나의 생각이라는 사실을 밝힌다.
3. James Gillespie and Max H. Bazerman, "Parasitic Integration," *Negotiation Journal* 13, no. 3 (1997): 271-82.
4. 나는 Cephalon 제약회사를 상대로 한 소송에서 FTC의 전문가 증인으로 참석했다.
5. Sana Rafiq and Max Bazerman, "Pay-for-Monopoly? An Assessment of Reverse Payment Deals by Pharmaceutical Companies," *Journal of Behavioral Economics for Policy* 3, no. 1 (2019): 37-43.
6. Josh Campbell, "America's Shredded Moral Authority," CNN, June 21, 2018, https://www.cnn.com/2018/06/20/opinions/united-states-moral-credibility-is-badly-tarnished-campbell/index.html.
7. Center for American Progress Action Fund, Progress Report, June 5, 2018, https://www.americanprogressaction.org/progress-reports/the-cost-of-corruption/.
8. Sarah Chayes, *Thieves of State: Why Corruption Threatens Global Security* (New York: W. W. Norton, 2016).
9. James Risen, *Pay Any Price: Greed, Power, and Endless War* (Boston: Houghton Mifflin Harcourt, 2014).
10. Washington Post Editorial Board, "Trump Slanders Khashoggi

and Betrays American Values," *Washington Post*, November 20, 2018, https://www.washingtonpost.com/opinions/global-opinions/trumps-latest-statement-on-khashoggi-was-a-betrayal-of-american-values/2018/11/20/f4efdd80-ecef-11e8-baac-2a674e91502b_story.html?noredirect=on&utm_term=.beba86178ba1.

11. 앞의 글.
12. Mark Mazzetti, "Year Before Killing, Saudi Prince Told Aide He Would Use 'a Bullet' on Jamal Khashoggi," *New York Times*, February 7, 2019, https://www.nytimes.com/2019/02/07/us/politics/khashoggi-mohammed-bin-salman.html.
13. *Washington Post* Editorial Board, "Trump Slanders Khashoggi and Betrays American Values."
14. Donna Borak, "Consumer Protection Bureau Drops Payday Lender Lawsuit," January 18, 2018, CNN Business, https://money.cnn.com/2018/01/18/news/economy/cfpb-lawsuit-payday-lenders/index.html.
15. *United States v. Arthur Young & Co.* (1984).
16. Max H. Bazerman, Kimberly P. Morgan, and George F. Loewenstein, "The Impossibility of Auditor Independence," *MIT Sloan Management Review* 38, no. 4 (1997); Don A. Moore, Lloyd Tanlu, and Max H. Bazerman, "Conflict of Interest and the Intrusion of Bias," *Judgment and Decision Making* 5, no. 1 (2010): 37-53.
17. Bazerman, Morgan, and Loewenstein, "The Impossibility of

Auditor Independence"; Moore, Tanlu, and Bazerman, "Conflict of Interest and the Intrusion of Bias."

18. Karl Evers-Hillstrom, Raymond Arke, and Luke Robinson, "A Look at the Impact of Citizens United on Its 9th Anniversary," OpenSecrets.org, January 21, 2019, https://www.opensecrets.org/news/2019/01/citizens-united/.

19. Max H. Bazerman and Ann Tenbrunsel, *Blind Spots: Why We Fail to Do What's Right and What to Do about It* (Princeton, NJ: Princeton University Press, 2011).

20. Deborah L. Rhode, *Cheating: Ethics in Everyday Life* (Oxford: Oxford University Press, 2017).

21. Lisa L. Shu, Nina Mazar, Francesca Gino, Dan Ariely, and Max H. Bazerman, "Signing at the Beginning Makes Ethics Salient and Decreases Dishonest Self- Reports in Comparison to Signing at the End," *Proceedings of the National Academy of Sciences* 109, no. 38 (2012): 15197-200, https://doi.org/10.1073/pnas.1209746109.

22. 앞의 글.

23. A. Kristal, A. Whillans, M. Bazerman, F. Gino, L. Shu, N. Mazar, and D. Ariely, "Signing at the Beginning vs at the End Does Not Decrease Dishonesty: Documenting Repeated Replication Failures," *Proceedings of the National Academy of Sciences of the United States of America* 117, no. 13 (March 31, 2020).

24. https://slice.is/.

25. Max H. Bazerman, *The Power of Noticing: What the Best Leaders See* (New York: Simon & Schuster, 2014).

## 05. 부패를 알아차리는 도덕적 의무

1. Ting Zhang, Pinar O. Fletcher, Francesca Gino, and Max H. Bazerman, "Reducing Bounded Ethicality: How to Help Individuals Notice and Avoid Unethical Behavior," *Organizational Dynamics* 44, no. 4 (2015, Special Issue on Bad Behavior): 310-17.
2. Max H. Bazerman and Ann Tenbrunsel, Blind Spots: *Why We Fail to Do What's Right and What to Do about It* (Princeton, NJ: Princeton University Press, 2011).
3. John Carreyrou, *BadBlood: Secrets and Lies in a Silicon Valley Startup* (New York: Knopf, 2018).
4. https://en.wikipedia.org/wiki/Theranos#cite_note-20.
5. https://en.wikipedia.org/wiki/Theranos#cite_note-22.
6. Jack Ewing, *Faster, Higher, Farther: The Inside Story of the Volkswagen Scandal* (New York: W. W. Norton, 2017).
7. 앞의 책.
8. 앞의 책.
9. Lisa D. Ordóñez, Maurice E. Schweitzer, Adam D. Galinsky, and Max H. Bazerman, "On Good Scholarship, Goal Setting, and Scholars Gone Wild," *Academy of Management Perspectives* 23, no. 3 (2009): 82-87.
10. Ewing, *Faster, Higher, Farther.*
11. 앞의 책.
12. James B. Stewart, "Problems at Volkswagen Start in the Boardroom," *New York Times*, September 24, 2015, https://www.nytimes.com/2015/09/25/business/international/problems-at-

volkswagen-start-in-the-boardroom.html.

13. Melissa Eddy, "Rupert Stadler, Ex-Audi Chief, Is Charged with Fraud in Diesel  Scandal," *New York Times*, July 31, 2019.
14. Bazerman and Tenbrunsel, *Blind Spots*.
15. 앞의 책.
16. Brianna Sacks, "Olympic Organizations and the FBI Knew Larry Nassar was  Abusing Young Gymnasts but Didn't Do Anything for Over a Year," BuzzFeed News, July 30, 2019.
17. Warren G. Bennis and Robert J. Thomas, *Geeks and Geezers* (Boston: HBR Press, 2002).

## 06. 부족주의를 완화하고 평등한 사회 만들기

1. D. M. Messick, "Mortgage-Bias Complexities," *Chicago Tribune* March 1, 1994.
2. Joshua Greene, *Moral Tribes: Emotion, Reason and the Gap Between Us and Them* (London: Atlantic Books, 2013).
3. Steven Pinker, *Enlightenment Now: The Case for Reason, Science, Humanism, and Progress* (New York: Viking, 2018).
4. Anemona Hartocollis, "What's at Stake in the Harvard Lawsuit? Decades of  Debate Over Race in Admissions," *New York Times*, October 13, 2018, https://www.nytimes.com/2018/10/13/us/harvard-affirmative-action-asian-students.html.
5. Anemona Hartocollis, "Harvard Does Not Discriminate Against Asian-Americans in Admissions, Judge Rules," *New York Times*

October 1, 2019.

6. Peter Singer, *Practical Ethics* (Cambridge: Cambridge University Press, 1979); Greene, *Moral Tribes*.
7. Max Larkin, "Lawsuit Alleging Racial 'Balancing' at Harvard Reveals Another Preference—for Children of Alumni," October 12, 2018, WBUR, https://www.wbur.org/edify/2018/10/12/harvard-admissions-legacy-preference.
8. 이 수치가 다른 모든 독립 변수들을 통제한 것은 아니다. 하지만 그러한 통제를 고려하더라도 여전히 차이는 크다.
9. Larkin, "Lawsuit Alleging Racial 'Balancing' at Harvard Reveals Another Preference—for Children of Alumni."
10. 앞의 책.
11. 앞의 책.
12. 앞의 책.
13. 앞의 책.
14. Maggie Servais and Jake Gold, "Legacy Applicants Admitted to U.Va. at Nearly Two Times the Rate of Non-legacies in 2018," *Cavalier Daily*, July 2, 2018, http://www.cavalierdaily.com/article/2018/07/legacy-applicants-admitted-to-at-nearly-two-times-the-rate-of-non-legacies-in-2018.
15. E. O. Wilson, *Sociobiology: The New Synthesis* Cambridge, MA: Harvard University Press, 1975).
16. Greene, *Moral Tribes*.
17. Gerd Gigerenzer and Reinhard Selten, eds., *Bounded Rationality: The Adaptive Toolbox* (Cambridge, MA: MIT Press, 2001); Gerd

Gigerenzer, Peter M. Todd, and the ABC Research Group, *Simple Heuristics That Make Us Smart* (Oxford: Oxford University Press, 1999).

18. Laurie R. Santos and Alexandra G. Rosati, "The Evolutionary Roots of Human Decision Making," *Annual Review of Psychology* 3 (2015): 321-47.
19. Greene, *Moral Tribes*.
20. Wilson, *Sociobiology*: Peter Singer, *The Expanding Circle* (Princeton, NJ: Princeton University Press, 1981).
21. Anthony Greenwald and Mahzarin Banaji, *Blindspot: Hidden Biases of Good People* (New York: Delacorte Press, 2013).
22. Amy Wu, "Scholar Spotlight: Dolly Chugh Discusses Her New Book," Ethical Systems, October 30, 2018, https://www.ethicalsystems.org/content/scholar-spotlight-dolly-chugh-discusses-her-new-book.
23. Singer, *Practical Ethics*.
24. 앞의 책.
25. Jeremy Bentham, *Introduction to the Principles of Morals and Legislation* (1789).

## 07. 낭비 없애기

1. Tom Kemeny and Taner Osman, "The Wider Impacts of High-Technology Employment: Evidence from U.S. Cities," Working Paper, London School of Economics and Political Science, September 16, 2017, http://www.lse.ac.uk/International-

Inequalities/Assets/Documents/Working-Papers/Working-Paper-16-The-Wider-Impacts-of-High-Technology-Employment-Evidence-from-U.S.-cities-Tom-Kemeny-and-Taner-Osman.pdf.

2. Dennis Green, "The Professor Who Predicted Amazon Would Buy Whole Foods Says Only 2 Cities Have a Shot at HQ2," *Business Insider*, February 12, 2018, https://www.recode.net/2018/11/9/18077342/amazon-hq2-headquarters-jeff-bezos-dc-ny-virginia-long-island-kara-swisher-scott- galloway.
3. Lauren Feiner, "Amazon Says It Will Not Build a Headquarters in New York," CNBC, February 15, 2019, https://www.cnbc.com/2019/02/14/amazon-says-it-will-not-build-a-headquarters-in-new-york-after-mounting-opposition-reuters-reports.html.
4. Derek Thompson, "Amazon's HQ2 Spectacle Isn't Just Shameful-It Should be Illegal," *Atlantic*, November 12, 2018, https://www.theatlantic.com/ideas/archive/2018/11/amazons-hq2-spectacle-should-be-illegal/575539/.
5. Ed Shanahan, "Amazon Grows in New York, Reviving Debate Over Abandoned Queens Project," *New York Tmes*, December 6, 2019, https://www.nytimes.com/2019/12/06/nyregion/amazon-hudson-yards.html.
6. Alexander K. Gold, Austin J. Drukker, and Ted Gayer, "Why the Federal Government Should Stop Spending Billions on Private Sports Stadiums," Brookings Institution, September 8, 2016, https://www.brookings.edu/research/why-the-federal-government-should-stop-spending-billions-on-private-sports-stadiums/.

7. 앞의 글.
8. 앞의 글.
9. Max H. Bazerman, Jonathan Baron, and Katherine Shonk, *You Can't Enlarge the Pie: Six Barriers to Effective Government* (New York: Basic Books, 2001).
10. Garrett Hardin, "The Tragedy of the Commons," *Science* 162 (1968): 1243-48.
11. Max H. Bazerman and William F. Samuelson, "I Won the Auction but Don't Want the Prize," *Journal of Conflict Resolution* 27 (1983): 618-34.
12. 앞의 글.
13. Amy Liu, "Landing HQ2 Isn't the Right Way for a City to Create Jobs. Here's What Works Instead," Brookings Institution, August 7, 2018, https://www.brookings.edu/blog/the-avenue/2018/08/07/landing-amazon-hq2-isnt-the-right-way-for-a-city-to-create-jobs-heres-what-works-instead/.
14. Harish, "Animals We Use and Abuse for Food We Do Not Eat," Counting Animals website, March 27, 2013, http://www.countinganimals.com/animals-we-use-and-abuse-for-food-we-do-not-eat/.
15. A. Leonard, *The Story of Stuff*, http://www.thestoryofstuff.com.
16. F. Shahidi and J. R. Botta, "Seafoods: Chemistry, Processing Technology and Quality," Springer Science & Business Media, 2012.
17. Maria Martinez Romero, "Tristam [sic] Stuart Uncovers the Global

Food Waste Scandal," *Morningside Post* March 25, 2017, https://morningsidepost.com/articles/2017/9/9/tristam-stuart-uncovers-the- global-food-waste-scandal.

18. Harish, "Animals We Use and Abuse for Food We Do Not Eat."
19. Tim Searchinger, Richard Waite, Craig Hanson, Janet Ranganathan, World Resources Institute, "World Resources Report: Creating a Sustainable Food Future," July 2019, https://www.wri.org/our-work/project/world-resources-report/world-resources-report-creating-sustainable-food-future.
20. "Plant-Based Food Growing at 20 Percent, Data Shows," *FSR*, July 30, 2018, https://www.foodnewsfeed.com/content/plant-based-foods-growing-20-percent-data-shows.
21. About, Glasswall Syndicate, https://glasswallsyndicate.org/ (accessed October 28, 2019).
22. Beth Kowitt, "Tyson Foods Has Invested in a Startup That Aims to Eradicate Meat from Live Animals," *Fortune*, January 29, 2018, http://fortune.com/2018/01/29/tyson-memphis-meats-investment/.
23. https://phys.org/news/2011-04-energy_1.html.
24. Mike Snider, "Dozens of Fake Charities Scammed Donations for Veterans Then Pocketed the Cash: FTC," *USA Today*, July 19, 2018, https://www.usatoday.com/story/money/business/2018/07/19/charity-call-help-vets-scam-so-were-many-others-ftc/797959002/.
25. 앞의 글.
26. GrantSpace, "How Many Nonprofit Organizations Are There in

the United States?" https://grantspace.org/resources/knowledge-base/number-of-nonprofits-in-the-u-s/ (accessed October 28, 2019).

27. Janet Greenlee and Teresa Gordon, "The Impact of Professional Solicitors on Fundraising in Charitable Organizations," *Nonprofit & Voluntary Sector Quarterly*, September 1998.
28. Bazerman, Baron, and Shonk, *You Can't Enlarge the Pie.*
29. Sacha Pfeiffer, "Does Boston Have Too Many Nonprofits? Some Say Yes," *Boston Globe*, July 4, 2016, https://www.bostonglobe.com/business/2016/07/04/does-boston-have-too-many-nonprofits-some-say-yes/XMnV259wjXdugZqrOl3CvI/story.html.

## 08. 당신의 가장 소중한 자산, 시간 배분하기

1. Amos Tversky and Daniel Kahneman, "The Framing of Decisions and the Psychology of Choice," Science 211 (1981): 453-58의 내용을 각색함; Max H. Bazerman and Don Moore, *Judgment in Managerial Decision Making*, 7th ed. (New York: John Wiley, 2009).
2. 독자들은 아마도 여기에 들어가는 기름 값과 자동차의 마모 정도를 생각할 테지만, 이 조건은 두 문제에 모두 똑같이 적용된다.
3. Tversky and Kahneman, "The Framing of Decisions and the Psychology of Choice"의 내용을 각색함.
4. Cassie Mogilner, Ashley Whillans, and Michael I. Norton, "Time, Money, and Subjective Well-being," *Handbook of Well-Being* (Salt Lake City, UT: DEF, 2018). Retrieved from nobascholar.com.
5. 앞의 글.

6. Ashley Whillans, *A Happier Time* (Cambridge, MA: Harvard Business School Press, 2020).
7. 앞의 책.
8. David Ricardo, *On the Principles of Political Economy and Taxation* (Mineola, NY: Dover, 2004). Originally published in 1817.
9. Mary Allen, "How a Cardiologist Is Using Meat to Save More Lives," Good Food Institute, August 10, 2018, https://www.gfi.org/how-a-cardiologist-is-using-meat-to-save.
10. 앞의 글.
11. Ben Todd, "Your Career Can Help Solve the World's Most Pressing Problems," 80,000 Hours, October 2019, https://80000hours.org/key-ideas/#further-reading-5.
12. Scott Alexander, "Efficient Charity: Do Unto Others," Effective Altruism, September 3, 2013, https://www.effectivealtruism.org/articles/efficient-charity-do-unto-others/.
13. Linda Babcock, Maria Recalde, Lisa Verterlund, and Laurie Weingart, "Gender Differences in Accepting and Receiving Requests for Tasks with Low Promotability," *American Economic Review* 107 (2017): 714-47.

## 09. 자선기금의 최대 효과 내기

1. Scott Simon, "When Disaster Relief Brings Anything but Relief," CBS News, September 3, 2017, https://www.cbsnews.com/news/best-intentions-when-disaster-relief-brings-anything-but-relief/.

2. 앞의 글.
3. 앞의 글.
4. Elizabeth Williamson, "A Lesson of Sandy Hook: 'Err on the Side of the Victims,'" *New York Times*, May 25, 2019, https://www.nytimes.com/2019/05/25/us/politics/sandy-hook-money.html.
5. Simon, "When Disaster Relief Brings Anything but Relief."
6. C-SPAN, "Charity Navigator," https://www.c-span.org/organization/?112167/Charity-Navigator (accessed October 28, 2019).
7. Lisa D. Ordóñez, Maurice E. Schweitzer, Adam D. Galinsky, and Max H. Bazerman, "Goals Gone Wild: The Systematic Side Effects of Over-Prescribing Goal Setting," *Academy of Management Perspectives* 23 (2009): 6-16.
8. "Introduction to Effective Altruism," Effective Altruism, June 22, 2016, https://www.effectivealtruism.org/articles/introduction-to-effective-altruism/.
9. William MacAskill, *Doing Good Better: How Effective Altruism Can Help You Help Others, Do Work That Matters, and Make Smarter Choices about Giving Back* (New York: Avery, 2016).
10. 예를 들어, 다음 글을 확인하라. Sara Cappe, "Why Emotional Connections Drive Donations: Lessons from Academic Literature," Maru/Matchbox, January 18, 2018, https://marumatchbox.com/why-emotional-connections-drive-donating-lessons-from-the-academic-literature/.
11. Max H. Bazerman, "Raiffa Transformed the Field of Negotiation-and Me," *Negotiation and Conflict Management Research* 11

(2018): 259-61.

12. John Rawls, *A Theory of Justice* (Cambridge, MA: Harvard University Press, 1971).

## 10. 다른 사람을 통해 가치 창출 배가하기

1. Betsey Stevenson and Justin Wolfers, "Subjective Well-Being and Income: Is There Any Evidence of Satiation?" *American Economic Review, Papers and Proceedings* 101 (May 2013): 598-604.
2. William MacAskill, *Doing Good Better: How Effective Altruism Can Help You Help Others, Do Work That Matters, and Make Smarter Choices about Giving Back* (New York: Avery, 2016).
3. 앞의 책.
4. 가장 성적이 좋은 학생들에게는 작은 효과가 있었다.
5. MacAskill, *Doing Good Better*.
6. Toby Ord, "How Many Lives Can You Save? Taking Charity Seriously," March 25, 2013, https://www.youtube.com/watch?v=iGCVRA7T7FE&feature=youtu.be.
7. D.C. Taylor-Robinson, N. Maayan, S. Donegan, M. Chaplin, and P. Garner, "Deworming School Children in Low and Middle Income Countries," Cochrane, September 11, 2019, https://www.cochrane.org/CD000371/INFECTN_deworming-school-children-low-and-middle-income-countries.
8. Dean T. Jamison, Joel G. Breman, Anthony R. Measham, George Alleyne, Mariam Claeson, David B. Evans, Prabhat Jha, Anne Mills,

and Philip Musgrove, *Disease Control Priorities in Developing Countries* 2nd ed. (New York: Oxford University Press and the World Bank, 2006). See also: https://docs.google.com/spreadsheets/d/1OvRumP4GAx5GZ2IYJpUE3CPMG1e9r4g8kWugKmOPFHE/edit#gid=1.

9. R. Fisher, *Statistical Methods for Research Workers* 13th ed (Edinburgh: Oliver & Boyd, 1963).
10. Michael Luca and Max H. Bazerman, *The Power of Experiments* (Cambridge, MA: MIT Press, 2020).
11. 앞의 책.
12. 앞의 책.
13. Barry Schwartz, "Why Not Nudge? A Review of Cass Sunstein's Why Nudge," Psych Report, April 17, 2014, http://thepsychreport.com/essays-discussion/nudge-review-cass-sunsteins-why-nudge/.
14. Luca and Bazerman, *The Power of Experiments*.
15. Peter Singer, *The Most You Can Do* (New Haven, CT: Yale University Press, 2015).
16. Eric J. Johnson and Daniel G. Goldstein, "Do Defaults Save Lives?" Science 302 (2003): 1338-39.
17. 옵트아웃 방법과 사람들에게 직접 선택하도록 하는 방법 중에 어떤 것이 더 나은 전략인지에 대해서는 활발한 논쟁이 있다. 여기에서는 이 책의 목적을 위해 단순히 옵트인과 옵트아웃의 차이점을 강조하고 있다.
18. Richard Thaler and Cass Sunstein, *Nudge: Improving Decisions*

*about Health, Wealth, and Happiness* (New Haven, CT: Yale University Press, 2008).

19. Shlomo Benartzi, John Beshears, Katherine L. Milkman, Cass Sunstein, Richard H. Thaler, Maya Shankar, Will Tucker, William J. Congdon, and Steven Galing, "Should Governments Invest More in Nudging?" *Psychological Science* 28 (2017): 1041-55.
20. Howard Raiffa, *The Art and Science of Negotiation* (Cambridge, MA: Belknap, 1982); David A. Lax and James K. Sebenius, *The Manager as Negotiator: Bargaining for Cooperation and Competitive Gain* (New York: Free Press, 1986); Deepak Malhotra and Max H. Bazerman, *Negotiation Genius: How to Overcome Obstacles and Achieve Brilliant Results at the Bargaining Table and Beyond* (New York: Bantam, 2007).
21. Dolly Chugh, *The Person You Mean to Be: How Good People Fight Bias* (New York: Harper Business, 2018).
22. Elizabeth Dunn and Michael Norton, *Happy Money: The Science of Happier Spending* (New York: Simon & Schuster, 2014).
23. Steven Pinker *Enlightenment Now: The Case for Reason, Science, Humanism, and Progress* (New York: Penguin, 2019).

## 11. 지속 가능한 최대 선

1. Edward S. Russell, "Some Theoretical Considerations on the 'Overfishing' Problem," *ICES Journal of Marine Science* 6 (1931): 3-20; Michael Graham, "Modern Theory of Exploiting a Fishery,

and Application to North Sea Trawling," *ICES Journal of Marine Science* 10 (1935): 264-74.

2. Ray Hilborn and Ulrike Hilborn, *Overfishing: What Everyone Needs to Know* (Oxford: Oxford University Press, 2012).
3. "U.N. Report Urges Plant-Based Diets to Combat Climate Change," Animal Equality, August 16, 2019, https://animalequality.org/blog/2019/08/16/un-report-urges-plant-based-diets-to-combat-climate-change/.
4. 행동 통찰에 관한 맥스 베이저만의 인터뷰—EAGxBoston 2018, April 21, 2018, https://www.youtube.com/watch?v=B8TOz25ctGw.
5. Dan Harris, *10% Happier: How I Tamed the Voice in My Head, Reduced Stress Without Losing My Edge, and Found Self-Help That Actually Works—A True Story* (New York: HarperCollins, 2014).
6. Peter Singer, *The Most Good You Can Do* (New Haven, CT: Yale University Press, 2015).
7. Tobias Leenaert, *How to Create a Vegan World* (New York: Lantern Books, 2017).
8. https://mises.org/wire/altruism-really-virtue.
9. Martin Luther King Jr. *Strength to Love* (Minneapolis: Fortress Press, 2010).